陈越光 主编

中国文化书院导师名作丛书

儒学十五论

汤一介 著

海南出版社

·海口·

图书在版编目（CIP）数据

儒学十五论 / 汤一介著 . -- 海口 : 海南出版社，
2024. 12. -- (中国文化书院导师名作丛书 / 陈越光主
编). -- ISBN 978-7-5730-1923-3

Ⅰ . B222. 05

中国国家版本馆 CIP 数据核字第 20244HK794 号

儒学十五论

RUXUE SHIWU LUN

作　　者	汤一介
主　　编	陈越光
策 划 人	吴　斌　彭明哲
特约编审	江　力
责任编辑	高婷婷
执行编辑	车　璐　王桢吉
责任印制	郄亚楠
印刷装订	天津联城印刷有限公司
读者服务	张西贝佳
出版发行	海南出版社
总社地址	海口市金盘开发区建设三横路 2 号
邮　　编	570216
北京地址	北京市朝阳区黄厂路 3 号院 7 号楼 101 室
电　　话	0898-66812392　010-87336670
电子邮箱	hnbook@263.net
经　　销	全国新华书店
版　　次	2024 年 12 月第 1 版
印　　次	2024 年 12 月第 1 次印刷
开　　本	880 mm × 1 230 mm　　1/32
印　　张	12.25
字　　数	265 千字
书　　号	ISBN 978-7-5730-1923-3
定　　价	100.00 元

致敬大时代狂飙中迎风而立的几代学人

——"中国文化书院导师名作丛书"总序

陈越光

2024 年，中国文化书院成立 40 周年。

20 世纪 80 年代"文化热"中涌现的中国文化书院，集合了一批在文化学术界卓有声望的导师。导师，是中国文化书院标志性的存在。创院院长汤一介先生说："对中国文化书院来说，也许最为宝贵的是，书院集合了一批有志发展和创新中国文化的老中青三代学者。"[①]

10 年前，我在中国文化书院 30 周年庆典致辞中做了这样的概括：中国文化书院是 80 年代有全国性重要影响的民间文化团体中唯一保持活动至今的，它在今天代表了 80 年代精神和思想的延续；中国文化书院是 80 年代文化热中唯一提出以中国文化为本位的全国性文化团体，它代表了一个历史的维度；中国文化书院汇聚了一批五四以来历尽动荡与政治风霜的学术老人和老中青三代

---

① 汤一介：《〈师道·师说：梁漱溟卷〉总序一》，载《师道·师说：梁漱溟卷》，东方出版社，2013 年 1 月第 1 版，第 1 页。

学者，它体现了中国知识分子坚守学术尊严与梦想的传承。

在代际意识凸现的 20 世纪 80 年代，中国文化书院建构了一种跨代际文化的集合，在文化书院的发起人和最早的导师队伍里，年龄跨度整整 60 年，正好呈现三代人的架构：以"创院五老"梁漱溟、冯友兰、张岱年、季羡林、任继愈为代表的老先生一代，诞生于十九世纪末至二十世纪二十年代前；以汤一介、庞朴、李泽厚、乐黛云、孙长江等为代表的中年一代，诞生于二十世纪二三十年代；以李中华、魏常海、林娅、王守常、鲁军等为代表的青年一代，诞生于二十世纪四五十年代。

这三代知识精英，如何在 80 年代创建中国文化书院的过程中融汇于时代，完成一次跨代际的文化结集呢？

经历了五四，经历了抗战，在新中国成立前已有了自己的学术和社会根基的老一代学人，当 20 世纪 40 年代末中国大地上摧枯拉朽的新的时代风暴席卷而来时，他们或赞同，或反对，或观望，或接受，无论怎样，表达的是他们的态度，他们自己的根还是扎在原来的土壤里。即使后来，曾经反对的成为赞成，以前观望的改为拥护，依然是对有的事心服，对有的事口服，偶尔还有心口皆不服的。80 年代来了，他们从自己的根基上直起腰来，将完成一次伸展。中国文化书院与其说是他们的舞台，不如说是他们在自我伸展中愿意照应的一片绿林。

在青春的前半期目睹抗战胜利后国民党统治的腐败与无能，倾心左翼意识形态，在青春的后半期投身于火红岁月的中年一代，他们在时代飓风来临时随风而去，他们当时还没有扎根，就企图让自己的根生长在风暴里，让自己成为时代风暴的一分子。

但风暴不是土壤，他们多被风暴抛弃。80年代，他们大多已过天命之年，少数耳顺之际，对他们中的大多数人来说，真正属于自己的学问生命之根这时候才开始扎下，汤一介说："走了30年的弯路，把最可能有创造力的时光白白度过。我想，这不是我一个人遇到的问题，而是一两代学人遇到的问题。正如冯友兰先生所说，他在20世纪50年代之前的学术历程中是有'自我'的，但在50年代后则失去了'自我'，只是到80年代又找回了'自我'。因此，严格地说，我是80年代才走上学术研究的正轨。"①正是在这种学术生命的意义上，他们属于80年代，他们是80年代的人。中年一代是中国文化书院的中流砥柱，80年代的中国文化书院是他们的舞台。

　　对于当时的年轻一代来说，时代风暴不是外来物，它是诞生他们的母体，又是他们生命成长的摇篮，他们就是风暴之子。他们还"时刻准备着"以生命和热血掀起新的风暴。然而，就一代人的整体来说，这一代人的自我觉醒，往往比中年一代更早。对于80年代，他们有一种特殊的认同，他们理解为是他们的时代。在80年代的中国文化书院，他们不是这个舞台上最辉煌的舞者，但他们融演者和观者为一体，他们是衔接未来的建构者。

　　今天，老一代导师均已作古，中年一代已渐行渐远，当年的年轻一代也多入耄耋之年。生命之路每一步都是远去，历史行程中尚未解答的问题却不随时间消失。我们依然面对贯穿20世纪

---

① 汤一介：《汤一介集·第一卷·哲学家与哲学工作者》，中国人民大学出版社，2014年4月第1版，第1页。

中国学人的三大命题：传统文化创造性转化的现代性转型，通人之学到分科立学的学术范式转型，传统士人到现代知识分子的身份转型。

只要我们还没有真正实现传统文化的创造性转化和创新性发展，我们就依然难免在传统的传续或叛逆间失重；只要我们还没有拿出全球视野里令人敬畏的学术成果，我们就依然要寻思中国学术的现代范式如何确立；只要我们还没有树立现代社会公民个体的主体自觉，还不能在传授知识和开展社会批评外，承担对人的终极关怀和社会应然理想建设的使命，我们就依然要问："何谓知识分子？"

然而，一百年过去了，中华民族踏出其世界化进程中独特的现代化之路，成长中的新一代学人，又将如何面对前辈探索者的累累伤痕和他们留下的丰富遗产？在对待历史遗产的问题上，被法国大革命的火光照亮的几代社会变革者，在全球范围内都留下过遗憾，中国并不例外。历史哲学家柯林武德认为，历史"进步并不是以好的代替坏的，而是以更好的代替好的"，在这里"最困难的事，就莫过于要使在一个变动着的社会中正以自己的新方式生活着的某一代人，同情地进入前一代人的生活里面去"。① 这种"同情地进入前一代人的生活"，在学术传承中就是共情地理解前辈的人生，从而真正懂得他们的境界和学问。

为此，我们组织编辑中国文化书院导师名作丛书，精选数十

---

① ［英］R.G.柯林武德：《历史的观念》，何兆武、张文杰译，中国社会科学出版社，1986年，第369页。

位导师有代表性、有影响力的作品，每人一册，附以导论和学术年谱，每年一辑，4 年出齐。这套书由大家所著、名家导读，名为"中国文化书院导师名作丛书"，经时间洗礼，历风云变迁，以回望 20 世纪中国文化冲撞、反思、传承与重建的百年史，以致敬在大时代的狂飙中迎风而立的几代学人。

2024 年 6 月　北京

导　言
探赜索隐阐旧迹，钩深致远创新声

李中华

　　汤一介先生（1927—2014）是当代中国学术史上一位具有广泛影响力的学问大家。他的学术研究领域和学术视野宽广深厚，其学问所及不仅广涉中西古今、儒道玄佛，且对中国哲学和中国文化均有深入研究和独到见解。在其十卷本的文集中，最具代表性的著作有四种：《郭象与魏晋玄学》《早期道教史》《佛教和中国文化》《在儒学中寻找智慧》。这四种著作不仅可以反映汤一介先生学术体系的构成，也可反映其由玄入道，由道入佛，由佛返儒的学术根脉和学术历程，其学术体系和学术思想的特点，可谓"三教递进，尤精儒学"。

　　汤一介先生之精于儒学，其表现主要体现在《儒学十五论》中。关于此书的来龙去脉，有许多故事和背景。今天出版的《儒学十五论》，是在北京大学出版社 2009 年出版的《儒学十论及外五篇》一书基础上修订而成。而《儒学十论及外五篇》，原本是汤先生为主编并亲自撰写多卷本《中国儒学史》中的一卷而准备的材料。据我的记忆，《中国儒学史》当初只设计为九卷，分别为"先秦卷""两汉卷""魏晋南北朝卷""隋唐卷""宋元卷""明代卷""清代卷""近代卷""现代卷"。之后，聘请九位对各卷有专门研究的学者各担纲一卷分别撰写。在撰写过程中，我曾向汤先生建议，是否可再增加一"儒学总论"卷，作为《中国儒学史》的第一卷或最后一卷。我同时又建议"儒学总论卷"可由汤先生亲自撰写。汤先生当时表示同意，但可能感到他总揽《儒藏》编纂的任务太重，很难抽出更多时间专门撰写这一卷，只是同意考虑一下。后来，汤先生确实感到时间不足，再加之精力有限（此时汤先生已年过七十），"总论卷"的撰写便延宕下来。此后我又提议，能否由我写出"总论"提纲，大家讨论确定后，再请九位作者各自承担一章，共同完成"总论"的撰写。汤先生同意我的意见，并让我先写出一章或一节看看，同时他也表示先收集一下他已有的儒学研究材料和已有的儒学研究的文章，还是准备"总论卷"的撰写。又隔了很长一段时间，汤先生告诉我，他实在没有精力独自完成一卷，但他答应会为九卷本的《中国儒学史》写一长序，以补没有"总论卷"的不足。由此，"总论卷"的计划基本放弃了。

据我推断，《儒学十论及外五篇》及中国人民大学出版社2014年出版的《汤一介集》第五卷《在儒学中寻找智慧》这两部论文集应该是或可能是"儒学总论"的准备材料或未成稿。汤先生之所以放弃把它作为"儒学总论"一卷，可能觉得还不够充分和逻辑化，这充分反映了汤先生做学问的严谨和认真。现在看来，汤先生的《儒学十论及外五篇》或《在儒学中寻找智慧》两书，如再稍整理、补充并使之逻辑化，完全可以成为多卷本《中国儒学史》的"总论卷"。我至今感到遗憾和后悔的是，没有坚持和帮助汤先生做好"总论卷"的撰写工作；至今也还觉得九卷本《中国儒学史》似乎缺点什么。

《儒学十五论》可以说是汤先生儒学研究的精华，本书即将结集出版，也勾起我对汤先生的很多回忆。当初，汤先生让我先写出"总论卷"的一章或一节，我遵命很快写出，却没有拿给汤先生看。但后来，"总论卷"从延宕到放弃，我写出的这一节也置之高阁。现在我把它抄录在这里，也算对汤先生的一种纪念和对《儒学十五论》的一些学术铺垫。

儒学自孔子创立至今，已逾两千五百年。在中华民族漫长的历史发展和文化记忆中，作为中国文化主干和主流的儒家思想，可以说一直没有中断过。它像滔滔不断的长江、黄河，既有其源，又有其流。尽管有时因高山阻隔或水旱影响，其流向、流速和流量因时因地而异，但既然能最终流入大海，说明其流未断。我们今天谈国学或传统文化，首先必涉及儒学，在一定意义上说，国学或传统文化的核心在儒学。因此，要了解国学或传统文化，就一定要了解儒学；要了解儒学，就该了解儒学的根脉源流及其称谓和内涵。

"儒学"一词，一般是对儒家思想和学说的概称，最早出现于汉代。《史记·五宗世家》有"河间献王德，以孝景帝前二年用皇子为河间王。好儒学，被服造次必于儒者"；《后汉书·伏湛传》亦有"累世儒学，素持名信，经明行修，通达国政"等提法。这可能是"儒学"一词的最早出处。因儒家学派为孔子所创，故在孔子前，似无"儒学"的提法。古代"儒"字所代表的意义，最初盖指巫、史、祝、卜等早期宗教的教职中分化出来的一批知识分子。后世学者如俞樾、章太炎、钱穆等遂把原始儒者称为方士或术士。《说文》："儒，柔也，术士之称。从人，需声。"钱穆据《说文》称："柔乃儒之通训，术士乃儒之别称。"章太炎称："儒之名盖出于'需'，需者，云上于天，而儒亦知天文，识旱涝。"因此，原始意义上的儒，应该是一种宗教性、政治性和教化性的职业。

随着中国古代理性的发展和三代文明的转型，从事原始巫术礼仪活动的儒，逐渐从宗教与巫术中分化出来，开始向两个路向发展：其中一部分利用他们所掌握的原始礼仪知识，成为国君或诸侯的助手，致仕后又多为政府进行贵族子弟的培养和教育；一部分则散于民间，利用他们所具有的礼的知识和经验，成为专门为贵族相礼的实践家。

在孔子以前的古代文献中，儒学比较晚出。《诗》《书》《易》三部文献中都没有儒字。《论语》中只两见，《孟子》中亦两见，《庄子》内七篇中仅一见，并且都未做具体说明。在先秦的著作中，从孔子开始，方见儒字。其后，《墨子》《庄子》《孟子》《荀子》等著作中又有儒者、儒术、大儒、小儒、雅儒、俗儒等称谓，其中一部分是对孔子以前儒义的追述，如《周礼·天官·大宰》说：

以九两系邦国之民：一曰牧，以地得民；二曰长，以贵得民；三曰师，以贤得民；四曰儒，以道得民；五曰宗，以族得民；六曰主，以利得民；七曰吏，以治得民；八曰友，以任得民；九曰薮，以富得民。

这里所列举的协调和维系邦国之民的九条官制，与儒有关的是三、四两条。这两条内容，不仅与孔子以后的儒家均有关系，而且也透露出孔子以前儒的意义。"师，以贤得民"，郑玄注说："师，诸侯师氏，有德行以教民者。"贾公彦疏云："'三曰师，以贤得民者'，谓诸侯以下，立教学之官为师氏，以有三德、三行，使学子归之，故云'以贤得民'，民则学子是也。"这里所谓三德三行，按《周礼·师氏》："（师氏）以三德教国子，一曰至德，以为道本；二曰敏德，以为行本；三曰孝德，以知逆恶。教三行：一曰孝行，以亲父母；二曰友行，以尊贤良；三曰顺行，以事师长。"以上是师氏之所掌教。"四曰儒，以道得民"，郑玄注："儒，诸侯保氏，有六艺以教民者。"贾公彦疏："诸侯师氏之下，又置一保氏之官，不与天子保氏同名，故号曰'儒'。掌养国子以道德，故云'以道得民'，民亦谓学子也。"按《周礼·地官·保氏》："保氏掌谏王恶，而养国子以道，乃教之六艺。"

上述材料说明，虽然在官职上，师氏与保氏有高低之别，但其所掌工作之内容却极为相似，都是以教育、教化为主，即后世所谓"师保之教"。不仅职务基本相同，其掌管的教育、教化的内容也基本一致，这些内容，在后世的儒家学者身上，都可以得到充分的体现。另外，《周礼·地官·大司徒》也谈到儒，且师儒连称曰：

以本俗六安万民：一曰媺宫室，二曰族坟墓，三曰联兄弟，四曰联师儒，五曰联朋友，六曰同衣服。

本俗，即原有的基本礼俗。以旧有的基本礼俗来安定万民，其中一俗即"联师儒"。郑注:"师儒,乡里教以道艺者。"贾疏:"以其乡立庠,州党及遂皆立序,致仕贤者,使教乡间子弟。乡间子弟皆相联合,同就师儒,故云联师儒也。"这里,师儒连称,反映了儒之内涵的演变,且可以看作孔子以前,从巫、史、祝、卜中分离出来以后的儒的主要含义之一。

20世纪30年代,关于孔子以前有儒无儒的问题,学术界有许多辩论。胡适持孔子以前有儒说,认为"最初的儒,都是殷的遗民","他们负背着保存故国文化的遗风,故在那几百年社会骤变,民族混合同化的形势之中,他们独能继续保存殷商的古衣冠,也许还继续保存了殷商的古文字语言。在他们自己民族的眼里,他们是殷礼的保存者与宣教师"。(《说儒》)冯友兰的看法与胡适相反,认为在孔子以前既已有儒是不可能的。其理由主要有二:其一是"在孔子以前的书上,我们没有见过儒这个字";其二是,儒是起于贵族政治崩坏以后,所谓"官失其守"之时,"贵族多有失势贫穷而养不起自用之专家者,于是在官之专家,乃失业散于四方"(《原儒墨》),而贵族政治崩坏,又恰在孔子之时,因此孔子之前无儒,儒是自孔子时才出现的。

胡、冯二氏的辩论,从今天的眼光看来,各自都有一定的道理。就儒的狭义方面说,冯友兰先生的看法较为妥当;而就儒的广义方面说,胡适先生的看法有合理性。其实,任何文化的发展都具有缓变的性质,儒与儒家(或儒学)虽然并非一回事,但它们之间必有一定的历史渊源关系。因此,说孔子之前无儒家是对的;但说孔子之前无儒,就显得有些绝对。因为孔子创立儒家学派,建立儒学体系,并不是凭空完成的,必然依据历史遗留下来的材料和历史发展的逻辑，在此基础上方可创造或完成一个重要的学派。这一点除上引《周官》的两条材料外，还有一些材料可透露此中消息。

第一，《左传》哀公二十一年，"秋八月，公及齐侯、邾子盟于顾。齐人责稽首，因歌之曰：'鲁人之皋，数年不觉，使我高蹈。唯其儒书，以为二国忧。'……"鲁哀公二十一年（公元前474年），上距孔子之死仅迟五年，盖当时《论语》尚未编出，而此之所谓儒书，是较早出现的儒与书的连用，其含义一方面盖指孔子教授弟子《周礼》或六艺之学；同时也不能排除孔子以前的儒学古义。

第二，孔子以前虽无儒之名，却有儒之实。专以相礼为职业者即是其一。其二是在官的礼乐专家，以殷周以来的礼乐典章教授贵族子弟，即前面所提到的"师保之教"。如《国语·楚语》载，楚庄王派士亹为太子师傅，士亹请教申叔时。叔时曰："教之'春秋'，而为之耸善而抑恶焉，以戒劝其心；教之'世'，而为之昭明德而废幽昏焉，以休惧其动；教之'诗'，而为之导广显德，以耀明其志；教之'礼'，使知上下之则；教之'乐'，以疏其秽而镇其浮；教之'令'，使访物官；教之'语'，使明其德，而知先王之务用明德于民也；教之'故志'，使知废兴者而戒惧焉；教之'训典'，使知族类，行比义焉。"这里，申叔时所提出的"春秋""世""诗""礼""乐""令""语""故志""训典"等内容，基本上都与后来儒家所提倡的"六经"或"六艺"有关。其中，除"春秋"非鲁春秋及"易"没有被列举外，其他"五经"的内容几乎都包括在这个简要的书目中，只是当时还没有明确化而已。

申叔时还对士亹说：如果上述典章文献的教育还不足以使太子恭顺向善，则需要进一步实施具体化的教育内容，即："明施舍以导之忠，明久长以导之信，明度量以导之义，明等级以导之礼，明恭俭以导之孝，明敬戒以导之事，明慈爱以导之仁，明昭利以导之文，明除害以导之武，明精意以导之罚，明正德以导之赏，明齐肃以耀之临。若是而不济，不可为也。"（《国语·楚语》）申叔时这段话更明确地表示出儒家之前早期儒者或"师保之教"的从教思想及其基本精神。这里提出的"忠""信""义""礼""孝""事""仁""文""武""罚""赏""临"等观念及内容，亦多为后来的儒家、儒者所继承。楚庄王在位时间是公元前613—前591年，共在位22年，以折中计，下距孔子出生早五十余年。由此可以说明，早在孔子前，即已产生了与后来儒家关系甚为密切的早期儒者。他们一面做官，一面成为王公贵族子弟的师保，后来遂演变为专以教书为职业的儒。

这就是说，在孔子以前既已有儒的职业，而且孔子以前之儒，又多与殷周以来的文化传统有密切关系，其中尤其着重于诗、书、礼、乐等文物典章制度。这一方面体现了当时社会政治的需要，同时也体现了贵族子弟教育的需要。在孔子以前，只有贵族才有教育，处于社会下层的民众很少或根本没有受教育的机会和权利。到了孔子所处的春秋末期，"王纲解纽"，贵族制度开始崩坏，于是出现"天子失官，学在四夷"和"礼失而求诸野"的局面。汉代刘歆提出"诸子出于王官论"，论及儒家乃言出于司徒之官。而《淮南子·要略篇》论及儒家时，亦称："孔子修成康之道，述周公之训，以教七十子。使服其衣冠，修其篇籍。故儒者之学生焉。"儒学开始于孔子，遂成定论。

孔子以前有儒，但尚未成其学。这一点十分重要，因为它可证明儒学不是孔子别出心裁的创造，而是取法历史，继承古学，发明新义，而取合于时代，故孟子屡称孔子为"圣之时者也"。

从上面对古儒的追溯可知，孔子所创立的儒家学派或建立的儒学思想，一方面保持了古儒的特点、特征；同时又使古儒跃升为新的儒学，因此也就具有了新的意义。第一，从内容上看，《诗》《书》《礼》《乐》《易》《春秋》，这些被汉代人称为"六经"的三代元典，远在孔子以前，既已成为儒者教授贵族子弟的基本科目，孔子后，遂即成为儒家遵循的重要经典；第二，上述内容虽有传续，但至春秋后期，随着社会的动荡和时代的迁流，三代元典渐趋散乱，虽在官府时有教授，但若无孔子的修订、整理和传授，中国传统儒学则大有断裂的危险；第三，在孔子以前，"六艺"或"六经"的内容，多是贵族政治赖以存在的理论形态和主导思想，孔子后修其为学，使之更加系统化、完整化和规范化；第四，孔子首开私人讲学之风，把古代文献和传统学术思想从原来官方独揽的局面转化为向民间普及，从而奠定了中国社会传统教育的基础，为以后士阶层的形成、发展与巩固，准备了从形式到内容的完整模式；第五，由于古代儒者与后来儒家均以"六艺"为宗，故使儒家学派从始至终对中国社会现实、人们的道德修养、人生的进退出处充满了热忱和关怀，从而与事功、作为及历代政治结下了不解之缘，树立了远离宗教和关心人文的现实态度及实用理论的传统。

前面提到，儒学或儒家是后来汉代人的说法，孔子本人在《论语》中只谈到"大人儒"与"小人儒"的问题（《论语》中，"儒"字仅此两见）。《孟子》中，"儒"字亦仅两见。到了荀子，情况则大有改观，《荀子》中专有《儒效》篇以释儒，提出所谓"大儒""小儒""雅儒""俗儒"等概念，以阐释孔子所称的"大人儒"与"小人儒"的差别及义涵。他说："圣人也者，道之管也。天下之道管是矣，百王之道一是矣，故《诗》《书》《礼》《乐》之归是矣。《诗》言是，其志也；《书》言是，其事也；《礼》言是，其行也；《乐》言是，其和也；《春秋》言是，其微也。……天下之道毕是矣。乡是者臧，倍是者亡。乡是如不臧，倍是如不亡者，自古及今，未尝有也。"这里所谓的圣人，实为荀子所谓的"大儒"之效。王先谦解"天下之道管是矣，百王之道一是矣"之"是"，乃谓"管，枢要也；是，是儒学"。荀子认为，作为圣人之大儒，乃是天下之道的总汇，而"天下之道""百王之道"所依据、所通行者，即是儒学。《诗》言儒志、《书》言儒事、《礼》言儒行、《乐》言儒和、《春秋》言儒之微言大义。总之，此段文字所言"是"者，皆谓儒也，也就是说，荀子认为，天下之道皆以儒为归依，遵循它，国家即可得治，违背它，国家即遭衰亡。

这里，荀子明确地把《诗》《书》《礼》《乐》《春秋》作为儒家或儒学的归依，"天下之道""百王之道"均以此为指导，能行此道者，"在本朝则美政，在下位则美俗，儒之为人下如是矣。……其为人上也广大矣：志意定乎内，礼节修乎朝，法则度量正乎官，忠信爱利形乎下，行一不义、杀一无罪而得天下，不为也。此君义信乎人矣，通于四海，则天下应之如謹"（《儒效》），"此之谓大儒"。这些都可看作荀子对儒或儒学所给予的理解或初步界定。

在荀子稍后的时代，虽然仍未现儒家、儒学的概念，但对儒的规定更加具体化，以《礼记·儒行》篇为例，其对儒或儒者的思想、行为做了详细规定，其中包括容貌、品行、举贤、援能、修身、交友等等，在列举了十几条儒者所应具有的品德之后，《儒行》篇的作者进一步总结说："温良者，仁之本也。敬慎者，仁之地也。宽裕者，仁之作也。孙接者，仁之能也。礼节者，仁之貌也。言谈者，仁之文也。歌乐者，仁之和也。分散者，仁之施也。儒者兼此而有之，犹且不敢言仁也。其尊让有如此者。"这里，作者把仁作为儒者最重要的思想内涵提出来，并从温良、敬慎、宽裕、孙接、礼节、言谈、歌乐、分散等八个方面规定了儒者的思想和行为，突出了仁对儒者的本质界定。该文最后又特别强调："儒有不陨获于贫贱，不充诎于富贵，不慁君王，不累长上，不闵有司，故曰'儒'。今众人之命儒也妄，常以儒相诟病。"

以上这两条材料，可看作对儒者的首次定义。其中亦透露出作者对当时"常以儒相诟病"和"众人命儒也妄"的批评。这其中的批评，亦应包含孔子死后"儒分为八"所造成的儒家学派的分化与相互攻诘带来的思想混乱，故有重新厘定何谓儒、何谓儒学的思想动机。由此看来，《儒行》篇的出现，不会早于荀子，也不会晚于秦汉，一定是从荀子到秦汉间的儒家著作，因为无论是荀子，还是《儒行》篇，都未出现儒家和儒学这两个概念。这两个概念都是秦汉以后出现的。

值得注意的是，直到司马谈《论六家要旨》，方对儒学的性质及功能做出说明，但却始终未发现儒学或儒家的概念，而是以儒者称之。如其言："儒者博而寡要，劳而少功，是以其事难尽从。""夫儒者以六艺为法。六艺经传以千万数，累世不能通其学，当年不能究其礼，故曰'博而寡要，劳而少功'。若夫列君臣父子之礼，序夫妇长幼之别，虽百家不能易也。"这是中国历史上继荀子以后，对儒家或儒学基本特征的最早描述，但还谈不上是对儒家或儒学的定义。对儒家或儒学具有定义性描述和评论者，要数两汉之际的大儒刘歆，其在《七略》的《诸子略》中，正式提出儒家和儒学的概念，且对儒家的起源、性质、特点等做了较为细微的描述和评论。他说：

> 儒家者流，盖出于司徒之官，助人君顺阴阳明教化者也。游文于六经之中，留意于仁义之际，祖述尧舜，宪章文武，宗师仲尼，以重其言，于道最为高。孔子曰："如有所誉，其有所试。"唐虞之隆，殷周之盛，仲尼之业，已试之效者也。然惑者既失精微，而辟者又随时抑扬，违离道本，苟以哗众取宠。后进循之，是以五经乖析，儒学寝衰，此辟儒之患。

上述刘歆对儒家或儒学的看法，可构成何为儒家、何为儒学的定义，其中既涵盖儒家之起源，又涵盖儒学之基本内涵，同时也揭示了儒学在历史上的功能和效用，而且还探讨了"五经乖析""儒学寝衰"的原因。刘歆对儒家的这种分析评论，对后世产生巨大影响。

可见，究竟何谓儒、何谓儒学，自古以来就没有统一的说法，但这并不影响人们对儒或儒学的了解。儒家"六经"所包含的内容，可以说都是儒学的内容，其中包括社会、政治、经济、哲学、艺术、伦理、人生、道德等庞杂内容。在如此诸多的内容之中，又贯穿着儒家的宇宙观、形上学、人生观和方法论。因此，要给儒家或儒学下一个完全周延的定义，几乎是不可能的。因此也只能从某一角度或某一侧面概括其某一特点。近现代以来的许多学者就是如此，如梁漱溟从儒家伦理的角度出发，认为所谓儒学，即是"反躬修己之学"（1985年2月在中国文化书院举办的"中国文化讲习班"上的演讲）。冯友兰在其《新原人》中，认为儒学主要是"关于人生境界的学问"。而钱穆则认为，"儒为术士，即通习六艺之士"（《先秦诸子系年考辨》），由此亦可推出"儒学即六艺之学"。还有的学者认为"儒学即是人学"等等。这些言简意赅的概括，都有一定的道理，但又都缺乏周遍性。如果把古往今来的这些意见综合起来，能否说：

所谓儒学，是指孔子开创的以"五经""四书"为主要经典，以天人合一和中庸为主要原则，以仁义礼智信五常之道为基本观念的劝学、修为、务本、入世的人道理论和人文思想。

这样一个定义，能否在外延上与中国古代其他重要学派如道家、墨家、名家、法家、阴阳家等划分清楚，而在内涵上又能一定程度地揭示儒学的基本性质和基本特征，从而避免以往儒学定义所存在的同义反复和某种片面性？在中国历史上，儒家思想的发展演变，实际上已不同程度地吸收或融汇了先秦诸子各派的思想精华，与其他各派相比，儒学或儒家学派是比较开放和包容的，其中包括从魏晋至唐宋，儒学对玄、佛、道的吸收，近现代以来，儒学对西方思想的吸收等等。也正因为如此，儒学或儒家思想才成为中国传统文化之主流、主干，离开儒学，中国传统文化或将失去其基本内核。

汤先生的《儒学十五论》，可以说是以哲学家的眼光对儒学基本内核的理论透析，它代表了汤先生对儒家哲学体系的完整概述和儒学基本内涵的系统分析。在汤先生看来，天人合一是儒学或中国哲学中讨论天人关系的最重要的命题，"它不仅是一根本性的哲学命题，而且构成了中国哲学的一种思维方式"，在中华民族的生存发展历史上，它成为历代哲学家和思想家们的普遍共识，成为早期中国文化认识和理解构成人类处境的外部环境的理论思考和贯通一切的思维方式。这种思维方式，是把包括人类在内的整个宇宙看作一个有机、有序和不可分割的生命共同体，是一个动态的、模糊的和充满生机的大化流行。因此，天人合一作为一种普遍性的哲学思考，"它表达着人与天有着内在的相即不离的有机联系，而且在人实现天人合一境界过程中，达到人的自我超越"。汤先生还认为，只有把"天人合一"思想做哲学的理解，"这样才能认识其真精神和真价值"。

汤先生论知行合一，重点强调知行问题不仅仅是一个认识论问题，"在儒家哲学中，它更是一个伦理道德问题"，它要求人在社会生活中，不仅应知，而且应行（实践，身体力行）。认识问题如果不与道德修养问题相结合，就会产生知与行的严重割裂，从而造成人格的分裂。汤先生在该论中，引王夫之的话说："智者，知礼者也；礼者，履其知也。履其知而礼皆中节，知礼则精义入神，日进于高明而无穷。"汤先生认为，这正是儒家哲学中做人的道理所在。所以，知行合一无非是要求人们既要知天道、人道，又要行天道、人道，以体现宇宙大化的流行，这样就会有一个高尚的精神境界，使知识不流于空疏，使行为不流于污浊，其中最重要的就是要做到知行合一。

　　汤先生论情景合一，乃是从艺术和美学角度，讨论审美主体与审美客体的相即相融关系，揭示儒学强调从人的心灵深处去体悟道德之善，从而达到由天人合一向情景合一的贯通和渗透，以实现儒学在人生境界上的艺术美与心灵美的有机统一。在汤先生看来，情景合一不仅是美学命题，而更重要的是一个哲学命题。汤先生引用明代谢榛《四溟诗话》说："情融乎内而深且长，景耀乎外而远且大。"情是内在于人的，景是外在于境的。把审美主体之情，融入审美客体之景，才能体现艺术作品的生命跃动。也即是说，只有情与景相融，心与境相通，内与外相即，才能成为上乘的艺术作品，从而达到主客合一的最高审美境界。这也即是儒家"为人生而艺术"的审美观和艺术观。这种"为人生而艺术"的审美观，对人之性情的陶冶，对人格修养的润泽，乃至对人生境界的培育都起到了决定性的作用。汤先生充分肯定儒家的情景合一的文艺美学命题，它是人们追求高尚的人生境界不可或缺的重要环节，是构成儒家哲学体系的三大支柱之一。

　　总之，在汤先生看来，《儒学十五论》的核心即是上述三个合一。天人合一是要求人在生生不息的天道变化中实现自我与天的认同，其所体现的是人类对真的探求；知行合一要求人在社会生活中认知并实践天人合一，这是人类在身体力行中，自我完其善的过程（即《易传》所谓"一阴一阳之谓道，继之者善也，成之者性也"）；情景合一是要求人在探求真、善的过程中，不断深化其思想感情而感受天地造化之功，而达到情景交融、主客合一的尽美境界，体现真、善与美的统一。

汤先生认为，儒家哲学关于真、善、美之所以可用天人合一、知行合一和情景合一来表述，这正体现中国传统哲学以追求一种人生理想境界为目标，而天人合一正是中国的一种在人与天地万物之间有着相即不离和相互依存的整体有机的宇宙观和思维方式。

汤先生对儒家哲学的理解，具有对儒学现代诠释的意义，从中可以看出汤先生尝试建立自己的中国哲学体系的雏形，即通过揭示儒家哲学的基本范畴，归纳出儒家哲学以天人合一、知行合一和情景合一这三大核心命题为主线，构建儒家哲学的真、善、美这三重人生哲学的重要理念，突出了中国哲学重人生的基本特质。

从基本范畴到核心命题，再到真、善、美三重理念的建构，最后落实到中国的人生哲学或理想境界，这是纵向延伸的逻辑结构。同时还有其哲学体系的横向逻辑结构：由天人合一、知行合一和情景合一的三大核心命题，推衍出中国哲学的三个重要构成部分或三大基本理论体系，即普遍和谐论、内在超越论、内圣外王论。普遍和谐理念体现儒家哲学的宇宙论和人生论，内在超越精神体现儒家哲学的境界论和修养论，内圣外王之道体现儒家的社会政治论。此外，在《论〈周易〉哲学》和《论和而不同》两篇文章中体现出知识论和方法论倾向。

《儒学十五论》是汤先生儒学研究的经典之作。实际上在"十五论"之外，汤先生还有大量的儒学研究成果。这些成果基本上都是围绕儒学所展开的讨论，其中包括中国哲学范畴体系问题、新轴心时代问题、中国解释学问题、文明共存问题、中西古今会通问题、反本开新问题、儒学与马克思主义的关系问题、普遍价值问题、儒学与外来文化关系问题以及儒学的现代转化问题。这十大问题与《儒学十五论》都有紧密的联系。"儒学十五论"具有微观研究性质，"十大问题"则具有宏观研究性质，因此，我们在阅读汤先生的《儒学十五论》时，还要参考上述"十大问题"的研究，这样才能全面理解汤先生的历史忧思和他的文化关系。

在海南出版社出版汤一介先生的《儒学十五论》之际，出版社嘱我为该书写导言，汤先生是国学大家，我是汤先生的后学，因此不敢称导言，仅为学习心得而已。

儒学的现代意义

对于一种学说作出价值判断，可以从多种角度来考虑，可以从政治的、经济的、科学技术的等等方面来考虑，但是也许最重要的应是对它的价值作哲学的判断。为此，我们必须了解我们的社会、我们的国家、当前全人类面临的重大问题，以此作为我们思考哲学问题的出发点。

当前人类社会存在的重大问题有什么？我想，归纳起来有三大问题：人和自然的矛盾；人与人（人与社会）的矛盾；人自身的矛盾。这些矛盾如何解决？我认为，我国儒家的"天人合一""人我合一""身心合一"这三个哲学命题，也许可以为我们解决上述三大矛盾提供某些宝贵的思路和应该特别重视的思想资源。当然，我并不是说，这些问题光靠儒家思想都可以解决。

一、人与自然之间的矛盾

关于"人和自然的矛盾"的问题，1992年，世界1575名科学家发表了一个《世界科学家对人类的警告》，在其开头就说，人类和自然正走上一条相互抵触的道路。我认为，这话深刻地认识到人类社会如果如此发展下去，将会遇到严重的危机。科学技术高度发达，虽然可以给人们造福，但作为自然一部分的人，在征服自然的过程中，不仅掌握了大量破坏自然的工具，而且也掌握了毁灭人自身的武器。对自然界的无量开发和破坏，资源的浪费，不仅造成"自然和谐"的破坏，而且严重地破坏了"人与自然的和谐"，这些已严重地威胁着人类自身生存的条件。

这种情况的存在，应该说和西方哲学"主—客"二分的思维方式有关，正如罗素在《西方哲学史》中说："笛卡尔的哲学……他完成了或者说极近完成了由柏拉图开端而主要因为宗教上的理由经基督教哲学发展起来的精神、物质二元论……笛卡尔体系提出来精神界和物质界两个平行而彼此独立的世界，研究其中之一能够不牵涉另外一个。"这就是说，西方哲学长期把精神和物质看成是各自独立的，互不相干的，因此其哲学以"外在关系"（"人"和"自然"是互不相关的二元）立论，或者说其思维模式以"心""物"为独立的二元，研究一个可以不牵涉另外一个（但西方哲学在现代有一转向，例如怀特海的《过程哲学》，对西方原有的二元思维方式进行了批评）。这就是说西方的思维模式从轴心时代的柏拉图起就是以"主—客"（即"心—物"或"天—人"）二分立论。然而中国哲学在思维模式上与之有着根本的不同，也是在轴心时代就以"天人合一"（即"主客相即不离"）立论。

中国哲学的源头之一可以说是《周易》。在1993年于湖北荆门出土的"楚简"有一段非常重要的记载："易，所以会天道、人道也。"这条竹简大概是公元前300年前的东西。从这个记载看，"易，所以会天道、人道也"，说的是《周易》是研究天道（天的规律）和人道（人社会的秩序）会通道理的书。这就是说，在中国古代很早就注意到，研究"天"不能不牵涉到"人"，研究"人"也不能不牵涉到"天"，这就是"天人合一"思想。

从人类社会的发展上看，人们最初遇到的问题就是"人"与"自然界"（天）的关系问题，因为人要生存就离不开"自然界"。所以在中国古代一直都在关注"天人关系"问题。当然如何处理和看待"天人关系"，自古就有各种不同的看法，有的学者主张应顺应自然；有的学者认为应利用"天"来为人服务，"制天命而用之"；有的学者主张"天人交相胜"；等等。但儒家思想的主流多主张"天人合一"。所谓"天人合一"是说"天"离不开"人"，"人"也离不开"天"。

为什么有这样的思想？可以说其起源很早。我们知道，《周易》本来是一部卜筮的书，它是人用来占卜、问吉凶祸福的。向谁问？是向"天"问，"人"向"天"问吉凶祸福，《易经》记述了这些，所以就成为"天""人"关系的书。所以宋儒对"天人合一"思想发挥得更加深刻了，例如程颐说："安有知人道而不知天道者乎？道，一也。岂人道自是一道，天道自是一道？"朱熹说得更明白："天即人，人即天。人之始生，得之于天；即生此人，则天又有人矣。"在人产生之初时，虽然得之于天（由天产生的），但是一旦有了人，"天"的道理就要由"人"来彰显，即"人"对"天"就有了一个责任。如果没有"人"，如何能体现"天"的活泼气象，如何体现"天"的"自强不息"，"地"的

"厚德载物"呢？所以人应该知道"为天地立心"就是"为生民立命"，不能分割为二。所以，郭店楚简《语丛一》中说："知天所为，知人所为，然后知道。知道然后知命。"知道了"天道"（自然运行的规律）和"人道"（人类社会生活的规律），这样才叫作知道"天"和"人"有一个统一的道理，然后才可以知道"天"（天道）和"人"（"人道"、社会）发展的趋向。我们可以说，"内在关系"与"外在关系"不同，"外在关系"是说在"天"与"人"二者之间是各自独立的，各不相干的；而"内在关系"是说在"天""人"二者之间存在着相即不离的关系。因此，"天人合一"虽是中国哲学中的一很古老的哲学命题，但它是中国儒家思想的基石，它同时也是一常新的人类社会需要不断给以新的诠释的命题。我们在考虑人类自身问题时，必须考虑与"天"（自然界）的关系问题，而且应结合"天人合一"的观念来不断深入探讨"天"和"人"存在着的相即不离的内在关系。当前人类社会不正是由于长期严重地忽略了"天"与"人"的相即不离的内在关系正在受惩罚吗？不是"人类"和自然正走上一条相互抵触的道路吗？

由《周易》开出的"天人合一"思想（即"易，所以会天道、人道也"的思想），作为一种思维模式，对于解决当今"人与自然"的矛盾，或者可以给我们以下三点启发：

（一）"人"既要"知天"，更要"畏天"

"天人合一"作为一种思维模式，它要求人们不能把"人"看成是和"天"对立的，这是由于"人"是"天"的一部分，

"人之始生，得之于天"。破坏"天"就是对"人"自身的破坏，"人"就要受到惩罚。因此，"人"不仅应"知天"（认识自然，以便合理地利用自然），而且应该"畏天"（对自然界应该敬畏，要把保护"天"作为一种神圣的责任）。

现在人们只强调"知天"，只是一味用"知识"来利用"天"，征服"天"，以至无序地破坏"天"，而不知对"天"应有所敬畏，这无疑是"科学主义"（科技万能）极端发展的表现。"科学主义"否定了"天"的神圣性，从而也就否定了"天"的超越性，这样就使人们的人文精神失去了依托。

中国人的"天人合一"学说认为，"知天"和"畏天"是统一的，"知天"而不"畏天"，就会把"天"看成一死物，不了解"天"乃是有机的、生生不息的刚健的大流行。"畏天"而不"知天"，就会把"天"看成是外在于"人"的神秘力量，而使人不能真正得到天的恩惠。"知天"和"畏天"的统一，正是"天人合一"的重要表现，从而表现着"人"对"天"的一种内在责任。"天人合一"这个哲学命题，体现着"天"与"人"的复杂关系，它不仅包含着"人"应该如何认识"天"，同样也包含着"人"应该尊敬"天"，因为"天"有其神圣性。这也许正是由于中国儒家没有成为一般意义上的宗教（如佛教和基督教等），但是它却具有一定的"宗教性"。也许正因为如此，在中国，儒家思想可以起着某种宗教的功能，这就是它认为"人"依"天"所具有的"内在"品德经过自我德行修养而实现其"超凡入圣"的"超越性"。

（二）"天即人，人即天"，"天"和"人"相即不离

我们不能把"天"和"人"的关系看成是一种外在关系，这是因为"天即人，人即天"，"天"和"人"是相即不离的。"人"离不开"天"，离开"天"，则"人"无法生存；"天"离不开"人"，离开"人"，则"天"的道理无法彰显，谁来担当实现"天道"的责任呢？这种对存在于"天"和"人"之间的内在关系的认知正是中国哲学的特点。王夫之对此有一重要的说明，他说："抑考君子之道，自汉以后，皆涉猎故迹，而不知圣学为人道之本。然濂溪周子首为《太极图说》，以究天人合一之原，所以明夫人之生也，皆天命流行之实，而以其神化之粹精为性，乃以为日用事物当然之理，无非阴阳变化之秩叙，而不可违。"

王夫之的话，可以说是对"天人合一"思想，也就是"易，所以会天道、人道也"的很好的解释。"人道"本于"天道"（因"人"是"天"的一部分），讨论"人道"不能离开"天道"，同样讨论"天道"也必须考虑"人道"，这是因为"人道"的"日用事物当然之理"，也是"天道"的阴阳变化的秩序。所以张载说，《周易》这部书"得天而未始遗人"。

（三）人生意义在于体证"天道"，
人生价值在于成就"天命"

为什么说儒家哲学认为，在"天"和"人"之间存在着一种相即不离的"内在关系"？盖自古以来，至少由西周以来，在中国的思想中就有"天听自我民听，天视自我民视"的传统思想，

从孔孟到程朱陆王都是这样认识的。在这个问题上，朱熹有个说法也许反映出孔子"仁学"的一贯思想，他说："仁者""在天则盎然生物之心，在人则温然爱人利物之心，包四德而贯四端者也"。"天道"生生不息，以仁为心，"天"有使万物良好地生长发育的功能，故"人"要效法"天"，要对人慈爱，对万物使之得益。这是因为"天人一体"，"人"得"天"之精髓而为"人"，故人生在世当以实现"天"的"盎然生物之心"，而有"温然爱人得物之心"，"天心""人心"实为一心。"人"有其实现"天道"的责任，人生之意义就在于体证"天道"，人生之价值就在于成就"天命"，故"天""人"关系实为内在关系。

就以上几点来讨论"天人合一"，我们从哲学的角度理解，才能洞见其真精神、真价值。它是作为一种世界观和思想方式，一种思考问题的路径来看"天人关系"的，它的意义在于赋予"人"一种不可推卸的责任。"人"必须在"同于天"的过程中（提高到"天"的境界），实现"人"的自身超越，达到理想的"天人合一"的境界。

当然，儒家的"天人合一"思想不大可能直接具体地解决当前人类社会存在的一个一个"人和自然的矛盾"的问题，但是，"天人合一"作为一哲学命题，一种思维模式，认为不能把"天""人"分成两截，而应把"天""人"看成相即不离的一体，"天"和"人"存在着内在的相通关系，无疑会对从哲学思想上为解决"天""人"关系，提供一有积极意义的思路。"哲学"不大可能直接解决人类存在的具体问题，正如金岳霖先生所说：哲学可以被视为"无用之学"，因为它不能一一解决具体问题。但它思考问题的路子，却可启迪人们的智慧，提高人们的人生境界，故又可被视为"大用之学"。我们研究中国哲学就是要从中发掘出其无用之大用，以贡献给人类社会。

二、人与人之间的矛盾

当今人类社会所存在的"人与人之间的矛盾"较之于"人与自然的矛盾"更为复杂。它不仅涉及"自我与他人""人与社会群体"，也涉及"国家与国家""民族与民族""地域与地域"之间的种种矛盾，例如：对物欲和权力的追求，对自然资源的争夺、占有和野心的膨胀，造成国家与国家、民族与民族、地域与地域之间的对立和战争，而有"帝国霸权"和"恐怖主义"，等等。过分注重金钱的追求和物质的享受，特别是统治者的贪污腐化，欺压老百姓，造成人与人之间关系的紧张、社会的冷漠、帮派林立、黑社会的猖狂等等。在人类社会中，现在儿童有儿童的问题，青年有青年的问题，老年有老年的问题，人与人之间的相互犯忌，在日常生活中的互不理解和仇视，心灵上的隔膜，使社会的和谐全失，这样发展下去终将导致人类社会的瓦解。儒学是否能对现代社会存在的种种弊病提供某些有意义的思想资源呢？

我认为，也许孔子儒家的"仁学"能对造就"人与人"，扩而大之国家与国家、民族与民族、地域与地域之间和谐，即造就"和谐社会"有重要意义。

1993年亨廷顿提出"文明的冲突论"之后，引起了各国学术界的广泛讨论。从人类历史上看，由于文化（哲学、宗教、价值观念）的不同引起的冲突和战争并不少见，就是进入 21 世纪虽未发生世界性的大战，但局部地区的战争则不断，其中政治、经济问题无疑是引起冲突和战争的重要原因，但在相当大的程度上，文化问题也是国家与国家、民族与民族、地域与地域之间发生冲突和战争的原因。如何化解这种因文化上的原因而引起的冲突甚至战争？也许孔子提出的"和而不同"，是一条非常有意义的原则。

在中国历史上，一向认为"和"与"同"是不同的两个概念，有所谓"和同之辨"。《左传·昭公二十年》记载："公曰：唯据与我和夫？晏子对曰：据亦同也，焉得为和？公曰：和与同异乎？对曰：异。和如羹焉，水火醯醢盐梅以烹鱼肉，燀之以薪。宰夫和之，齐之以味，济其不及，以泄其过。君子食之，以平其心。君臣亦然。……今据不然，君所谓可，据亦曰可。君所谓否，据亦曰否。若以水济水，谁能食之？若琴瑟之专一，谁能听之？同之不可也如是。"《国语·郑语》："夫和实生物，同则不继。以他平他谓之和，故能丰长而物归之；若以同裨同，尽乃弃矣。故先王以土与金木水火杂，以成百物。"可见"和"与"同"是两个不同的概念。"以他平他"，是以相异和相关为前提，相异的事物相互协调并进，就能发展；"以同裨同"，则是以相同的事物叠加，其结果只能窒息生机。中国传统文化的最高理想是"万物并育而不相害，道并行而不相悖"。（《中庸》）"万物并育"和"道并行"是"不同"；"不相害""不相悖"则是"和"。这种思想为多元文化共处提供了取之不尽的思想源泉。

　　不同的民族和国家应该可以通过文化的交往与对话，在对话（商谈）和讨论中取得某种"共识"，这是一由"不同"到某种意义上的相互"认同"的过程。这种相互"认同"不是一方消灭一方，也不是一方"同化"一方，而是在两种不同文化中寻找交汇点，并在此基础上推动双方文化的发展，这正是"和"的作用。不同民族和不同国家之间由于地理的、历史的和某些偶然的原因，而形成了不同的文化传统，正因为有文化上的不同，人类文化才是丰富多彩的，而且才在人类历史的长河中形成了互补和互动的格局。文化上的不同可能引起冲突，甚至战争，但并不能认为"不同"就一定会引起冲突和战争。特别是在今天科学技术高度发展的情况下，如果发生大规模的战争也许人类将毁灭其自身。因此，我们必须努力追求在不同文化之间通过对话，实现和谐相处。现在中西许多学者都认识到，通过对话加深不同文化之间的相互理解的重要性。例如哈贝马斯提出"正义"和"团结"的观念。我认为，把它们作为处理不同民族文化之间关系的原则，应该是很有意义的。哈贝马斯的"正义原则"可理解为，要保障每一种民族文化的独立自主，按照其民族的意愿发展的权利；"团结原则"可理解为，对其他民族文化有同情理解和加以尊重的义务。只要不断通过对话和交往等途径，总可以在不同民族文化之间形成互动中的良性循环。2002 年去世的德国哲学家伽达默尔提出，应把"理解"扩展到"广义对话"层面。正因为"理解"被提升到为"广义对话"，主体与对象才得以从不平等地位过渡到平等地位；反过来说，只有对话双方处于平等地位，对话才可能真正进行并顺利完成。可以说，伽达默尔所持的主体—对象平等意识和文化对话论，正是我们这个时代所需要的重要理念。这种理念，对我们今天如何正确而深入地理解中外文化关系、民族关系等等，具有重要的启示。无论哈贝马斯的"正义"和"团结"原则，或者是伽达默尔的"广义对话论"，都要以承认"和而不同"原则为前提，只有承认不同文化传统的民族和国家可以和谐相处，不同的文化传统的民族与国家才能获得平等的权利和义务，"广义对话"才能"真正进行并顺利完成"。因此孔子以"和为贵"为基础的"和而不同"原则应成为处理不同文化之间的一条基本原则。

三、自我身心内外的矛盾

"修德""讲学""改过""向善"是孔子儒家提倡的做人的道理，是使人自我身心内外和谐的有意义的路径。

如果我们以儒家的"合天人"（天人合一）的观念来为解决"人和自然"之间的矛盾提供某些思想资源，以"同人我"（人我合一）的观念来解决"人与人"之间的矛盾，那么我们可以用"一内外"来调节自我身心内外的矛盾。

现代社会，种种内外的压力，特别是无止境地追求感官之享受，致使人们身心失调，人格分裂。心理不平衡造成的自我身心扭曲，引起的精神失常、酗酒、杀人、自杀等等，已经成为一种社会病，而严重影响了社会的安宁，其原因正在于道德沦丧，致使人失去了自我身心内外的和谐。对这样一种情况，许多有见识的学者都为此提出救治的理论和策略。从中国传统文化看，儒家对人的身心道德修养和人格培育给予特别的重视。

郭店楚简《性自命出》中说："闻道反己，修身者也。"意思是说，知道了"道"，就应该反求诸己，这就是"修身"。《大学》（大人之学）这部书更加特别强调人的道德实践对于建设理想的和谐社会的重要意义。它认为，修身、齐家、治国、平天下，"自天子以至于庶人，壹是皆以修身为本，其本乱，而末治者否矣。"这就是说，儒家认为每个人的道德修养好了，那么"家"可以齐，"国"可以治，"天下"可以太平，如果自己的道德修养这个根本混乱了，治好"家""国""天下"，那根本是不可能的。所以《中庸》一书中也说："为政在人，取人以身，修身以道，修道以仁。"

治理社会要靠人来治理，让什么人来治理就要看他自身的道德修养，道德修养是以合不合"道"为标准的。这里的"道"是指"天下之达道"，即"和谐"，而要做到使社会和谐就要有"仁爱"之心。

这里，把个人的道德修养与"仁"联系起来，正说明儒家思想的一贯性。儒家讲"修身"不是没有目标的，而是为了"齐家""治国""平天下"，即为了建设"和谐社会"。《礼记·礼运》中所记载的"大同"社会的理想，就是要求建立一在政治、经济、文化上诸多方面的和谐社会。儒家把和谐社会的理想建立在人的道德修养的提高的基础上，因此，儒家特别重视人的自我身心内外的修养。

孔子说："德之不修，学之不讲，闻义而不能徙，不善不能改，是吾忧也。"孔子这段话告诉我们的是做人的道理："修德"并不容易，那就必须有崇高的理想，有关怀人类社会福祉的胸襟。"讲学"（讲究学问）也不容易，它不但要求自己提高智慧，而且要负起对社会进行人文教化的责任。"改过"，人总是会犯这样那样的错误，但要能勇于改正错误，这样才可以有助于社会的和谐。"向善"，是说人生在世，应日日向着善的方向努力，做到"日日新，又日新"，这样就可以达到"止于至善"的境地。"修德""讲学""改过""向善"是孔子儒家提倡的做人的道理，是使人自我身心内外和谐的有意义的路径。

儒家的"修身"是有目的的，《周易·系辞下》中说："利用安身，以崇德也。"人们为人行事要益于社会而安身，以达到对道德的推崇。个人通过道德修养，以使其精神境界得以升华，来实现"为天地立心，为生民立命，为往圣继绝学，为万世开太平"的大事业，实践"立大本行达道"的大事业。这对个人自身说，其人生境界自有一内外和谐的"安身立命"处，也就是宋儒所追求的"孔颜乐处"了。朱熹在其《答张敬夫书》中与敬夫讨论"中和义"时说："而今而后，乃知浩浩大化之中，一家自有一个安宅，正是自家安身立命、主宰知觉处，所以立大本、行达道之枢要，所谓体用一源，显微无间，乃在于此。"儒家认为，找一"安身立命"处，对自己的身心内外之和谐至关重要，所以朱熹说："但能致中和于一身，则天下虽乱，而吾身之天地万物，不害而为安泰；其不能者，天下虽治，而吾身之天地万物，不害而为乖错。一国一家，莫不然。"

如果自我的身心内外能够做到中正和谐，即使天下大乱，在自己和天地万物之间，自己的身心安宁康泰也不会受什么影响；如果自我的身心内外做不到中正和谐，即使天下治理得很好，自己的身心也将是不安和错乱的。无论治世、乱世，自己都应修德敬业，这样就可以在活着的时候尽伦尽职，在离开人世的时候将是很安宁的，所以张载《西铭》的最后两句话说："存，吾顺事；没，吾宁也。"

儒家一向都非常着重于"安身立命"，所谓"安身立命"就是要对自己有个道德修养上的要求，这样才能使自己身心和谐，内外调适，使自己的言行符合"做人的道理"，这样身才能安，命才能立。至于那些有碍自我身心内外和谐的外在影响，应该排除。要做到儒家提倡的"做人的道理"，很不容易，但应该是人们努力去追求的，这样自己才可以有个"安身立命"处，其身心内外自然和谐了。然而追求自我身心内外的和谐其目的是实现社会的和谐。

司马迁说："居今之世，志古之道，所以自镜也，未必尽同。"我们温习阐发孔子儒家的思想，发掘其中对当今人类社会有意义的资源，无疑是重要的。但古来圣贤的思想、理念并不能全然解决当今社会存在的所有的问题，也并不能全都适应现代社会的要求，它只能给我们一些思考的路子，启发我们去用这些思想资源，并为适应现代社会生活要求给以新的诠释，最终为建设和谐的人类社会作出贡献。"周虽旧邦，其命维新。"（《诗经·大雅·文王》）我们中华民族是一有长达五千年的历史文化的古老民族，我们的使命是使我们的社会不断革新，而对全人类作出贡献。

自 序
我的哲学之路 [①]

　　1947 年，我选择读北大哲学系，是想做一位"哲学家"，能通过自己的独立思考，来探讨一些宇宙人生的根本问题。但到1949 年，一切都改变了，我很快就接受了马克思主义，但严格说来接受的是苏联式的教条主义，开始虽然还有点怀疑，很快在各种运动中我真的把那些教条主义当成真理。在"文化大革命"前，我写过不少文章，大概有两类：一类是批判所谓的"资产阶级学术观点"，例如我参加了批判冯友兰、吴晗的"资产阶级学术观点"；另一类是对中国哲学史中的哲学家的研究。在 20 世纪50 年代末与 60 年代初，曾经举办过几次"孔子学术讨论会""老子学术讨论会""庄子学术讨论会"等等，我都参加了，并且写了文章。这些文章几乎都是武断地给那些哲学家扣上"唯物"或"唯心"、"进步"或"反动"的帽子，算不得什么学术研究，只是把"学术"作为"政治"的工具而已。一直到"文化大革命"结束后的 80 年代，也许我才做了一点哲学研究工作。而开始，我还不敢奢望成为一个"哲学家"，只想做一个稍有独立思考精

---

　　① 本文为 2009 年出版的《儒学十论及外五篇》代序。

神的"哲学史家"。所以在 80 年代初，我把在北京大学讲的《魏晋玄学与佛教、道教》一课的讲义修改成《郭象与魏晋玄学》一书，于 1983 年由湖北人民出版社出版了。后又于 2000 年由北京大学出版了《郭象与魏晋玄学》（增订本）。在这本书中，我主要讨论了以下几个问题：（1）找出魏晋玄学发展的内在理路；（2）通过魏晋玄学范畴的研究寻找中国哲学的范畴体系；（3）探讨哲学方法对认识哲学思想变迁的重要意义；（4）尝试把哲学的比较方法运用于中国哲学的研究领域；（5）勾画了魏晋玄学到唐初重玄学发展的原因。这些问题的讨论，对当时哲学思想的解放起了一定作用。后又将 1983 年所讲《魏晋玄学》的讲稿和其后对魏晋玄学的研究的论文整理成《魏晋玄学论讲义》，于 2006 年12 月由鹭江出版社出版。此书对魏晋玄学的若干问题进行了讨论。80 年代中期我把《早期道教史》一课的讲稿修改成《魏晋南北朝时期的道教》，在 1988 年由中国和平出版社出版了。在该书的"序言"中，我提出必须把"宗教"与"迷信"区别开来，要肯定"宗教"对人类社会生活的重要意义；在承认"理性"对人类社会生活的重要意义的同时，必须也承认"非理性"的意义。这本书除讨论了道教思想，还讨论了道教仪式、经典和组织形成。特别是从四个问题讨论了当时佛道之争：关于老子化胡问题的争论、关于生死神形问题的争论、关于"承负"与"轮回"问题、关于"入世"与"出世"问题。这些问题是前此道教研究很少讨论到的。自 80 年代以来，由于对中国文化现代化问题的考虑，自然要涉及文化交流的问题。为此我对历史上印度佛教文化的传入中国，参照我父亲用彤先生的研究路子，就有关佛教传入中国以及在中印两种文化交流中所涉及的问题写了一系列文章，如《魏晋玄学与魏晋时期的佛教》《文化的双向选择——印度佛教输入中国的历史考察》《论禅宗思想中的内在性与超越性》等等。这些论文后来编入《佛教与中国文化》一书，1999 年在宗教文化出版社出版。关于佛教文化的传入中国，我认为，大体上经过了三个阶段：初传入时依附于中国传统文化；传入日久，发现两种文化确有重大不同，而引起矛盾和冲突；再后由于在碰撞中相互吸收而融合，而使文化进入一新的发展时期。我想，也许这可能是两种不同传统的文化相遇之后的一般进路。进入 21 世纪，我在《中国现代哲学的三个"接着讲"》中试图用这个不同文化相遇后的"三阶段"进路来讨论了西方文化传入中国的问题。这三本书都是对中国哲学史所进行的研究，但是我实际并不甘心只做一个"哲学史家"，因此从 20 世纪 80 年代初起，我也在考虑一些哲学问题，虽然这些问题大都仍然是围绕着中国的哲学问题展开的，但多少使我的视野关注到若干哲学问题。我曾经在冯契先生 80 岁生日之前，为祝贺他的 80 大寿，给他写过一封信，向他提出他应回到 40 年代写《论智慧》一文的心态，来推动当代中国哲学的研究，而不要只做一位"哲学史家"，这也反映我内心的矛盾（其实冯契早已作着他的哲学研究了，以后出版他的巨著《智慧说三篇》就是证明，但当时我不知道）。1997 年夏，我去比利时访问鲁汶大学。该校的一位女学生 Vanessa Verschelden 写了一篇论文《汤一介为什么不说自己是哲学家？》。这位同学还对我作了两小时的访问。我当时对她说："这个问题得由中国近半个世纪的历史来回答。1949 年后，当时有个普遍的看法：只有马克思、恩格斯、列宁、斯大林、毛泽东这样一些伟大的马克思主义者或者社会主义国家的伟大领袖才可以被称为哲学家，而其他的人只能是哲学工作者，他们的任务只是解释这些伟大人物的思想。这样的思想幽灵紧紧地缠绕着我们的头脑至少三十年。80年代后，我们开始对此有所怀疑，而后逐渐摆脱这一思想幽灵的困扰。但是我们真能从1949年以来的思想束缚中解放出来吗？我们这一代学人，甚至我上一代和下一代的学人中，谁也难以明确回答。"我又向她说："我虽不敢自称哲学家，但我却有思考一些哲学问题的兴趣。"确实是这样，从1980年初我思考"中国哲学的范畴问题"到20世纪末我提出"创建中国解释学问题"和"新轴心时代中国哲学的走向问题"，就说明我对"哲学问题"的思考并没有停止。

一、关于中国传统哲学概念体系的问题

1980年，学术界出现了一定程度解冻的情况，有的学者提出要为唯心主义翻案，来说明它对哲学的发展是有贡献的。此时，我考虑如何突破20世纪50年代以来关于"唯心与唯物两军对垒"，"唯心主义"是"反动的"，"唯物主义"是"进步的"等教条，写了《论中国传统哲学范畴体系诸问题》一文，后发表在1981年《中国社会科学》第五期上，企图把哲学史作为一种认识发展史来考察。后来在《郭象与魏晋玄学》（湖北人民出版社，1983年）中对这个问题又作了若干补充，而后又在《在非有非无之间》（台湾正中书局，1995 年 9 月）一书中作了一些修正。

我认为，一个哲学体系必由一套概念（范畴）、判断（命题）和经过一系列推理活动而形成的理论所组成。也就是说，在一个哲学体系中总有其一套概念，并由概念与概念之间的联系构成若干基本命题，经过推理的作用而形成一套理论。从西方哲学的观点看，中国传统哲学似乎没有一套概念体系，我认为这个看法是有一定根据的。中国古代哲学家没有像亚里士多德那样有他的《范畴篇》，也没有像康德那样提出与人的认识有关的原则或者说构成经验条件的十二范畴。但我想，我们却也不能说中国传统哲学没有一套不同于西方哲学的特殊的概念和范畴（按：范畴是指其哲学体系的基本概念）。先秦各家哲学都有他们所使用的特殊概念，否则就无法表达其哲学思想。后来在中国还有一些专门分析概念的书，如汉朝的《白虎通义》、宋朝陈淳的《北溪字义》、清朝戴震的《孟子字义疏证》等等，其实在对先秦经典的注疏中也包含对哲学概念的分析。佛教和道教都有解释它们专用概念的著作，如《翻译名义记》《道教义枢》等等。不过，我们也可以看到，在中国传统哲学中确实没有像西方哲学家那样有比较严密的概念体系。这是什么原因造成的呢？我认为，这或者由于中国古代哲学家没有自觉到应该建立自己的概念体系，因为中国古代哲学家并不重视对自己的哲学思想作理论分析；同时中国古代哲学家也并不认为有建立其哲学思想的概念体系的必要。这是因为中国传统哲学的主题是追求一种人生境界，而不是追求知识的体系化。在那篇文章中，我明确地提出："哲学史的研究最终要解决的问题应该是揭示历史上哲学思想发展的逻辑必然性。"这个看法，今天看来并不很全面，但在当时对于反对极"左"的教条主义却起了一定作用。那么，我们应如何着手研究中国哲学的概念问题呢？

我在上述那篇文章以及《郭象与魏晋玄学》中提出可以从以下几方面着手：（1）分析概念的含义；（2）分析概念含义的发展；（3）分析哲学家（或哲学派别）的概念范畴体系；（4）分析不同概念的种类。对中国传统哲学作上述各个方面的分析虽然也很难，但相对来说大体还可以做到，但如果我们要为中国传统哲学建构一概念体系那就困难得多了。因为我们从总体上为中国哲学建构一概念体系，这个体系当然应是中国传统哲学所可能有的，这又是一个"仁者见仁，智者见智"的问题。而且，我们确也可以从各种角度来为中国传统哲学建构适当的概念体系，如我的那篇《论中国传统哲学范畴体系的诸问题》就是一种尝试。它是从存在的本源、存在的形式、人们对存在的认识三个方面来建构中国传统哲学的概念体系的，这样一种建构的思考方式大体上仍反映了 1949 年以来哲学教科书的某些影响。[①] 现在我想，我们可以从另外一个角度来考虑中国传统哲学的概念体系问题。如果我们从"真""善""美"这样一个角度来考虑建构中国哲学的概念体系或者更有意义。

照我看，在中国传统哲学中，"天"（天道）和"人"（人道）是一对最基本的概念，也就是说它们是关于宇宙人生的最基本的概念，它们属于"真"的问题；由"天""人"这对概念可以推演出"知"和"行"这对概念来，它们应属于"善"的问题；

---

① 参见《中国传统文化中的儒道释》，中国和平出版社，1988 年，第 35—40 页。

由"天""人"这对概念还可以推演出"情"和"景"这对概念
来，它们应属于"美"的问题。同时，我们还可以看到属于"天"
和"人"概念系列的有"自然"与"名教"、"天理"与"人欲"、
"理"和"事"等等，而说明这对概念关系和状态的概念可以有
"无"与"有"、"体"和"用"、"一"和"多"、"动"和"静"、
"本"和"末"等等。属于"知"和"行"概念系列的有"能"和
"所"、"良知"和"良能"、"已发"和"未发"、"性"和"情"等
等。属于"情"和"景"概念系列的有"虚"和"实"、"言"和
"意"、"隐"和"秀"、"神韵"和"风骨"、"言志"和"缘情"等
等。当然，在这三套概念之中也存在着交叉，例如"虚"和"实"
也可以列入"天""人"这对系列之中。而说明概念的关系和状态
的概念往往又和这三个不同概念系列有关。如果我们把"天"和
"人"这对概念看作中国传统哲学最基本的概念，那么我们就可以
说天人关系是中国传统哲学的基本问题，从而就扬弃了长期以来
把"思维与存在"的关系作为中国传统哲学的基本问题的教条，
而能根据中国哲学的实际来考察中国传统哲学了。我并不认为，
我这样建构中国传统哲学的概念体系是唯一合理的，不过它总是
不失为一种较为合理的和较为有意义的尝试。

二、关于中国传统哲学的命题
——中国哲学中的"真""善""美"问题

如果我们认为上述对中国传统哲学概念体系的建构是一种

合理的、有意义的建构，那么我们就可以由上述三对基本概念构成三个基本命题：这就是"天人合一""知行合一""情景合一"。这三个基本命题正是中国传统哲学对"真""善""美"的表述。

1983 年，在加拿大蒙特利尔召开第十七届世界哲学大会，这次会议特设了"中国哲学圆桌会议"，我在圆桌会议上有个发言，题为"儒家哲学第三期发展可能性的探讨"。我在会上提出，儒家第三期发展可以从"天人合一""知行合一""情景合一"上来探讨。刘述先兄《蒙特利尔世界哲学会议纪行》有一段记述我当时发言的情形说："会议的最高潮是由北京大学汤一介教授用中文发言，探讨当前第三期儒学发展的可能性，由杜维明教授担任翻译。汤一介认为儒学的中心理念如'天人合一''知行合一''情景合一'在现代都没有失去意义，理应有更进一步发展的可能性。这一番发言虽然因为通过翻译而占的时间特长，但出乎意料的清新立论通过实感的方式表达出来，紧紧地扣住了观众的心弦，讲完之后全场掌声雷动，历久不息。"1984 年我把上述发言加以补充，以"论中国传统哲学中的真、善、美问题"为题发表于当年的《中国社会科学》第四期上。后来又加以补充，以"从中国传统哲学的基本命题看中国传统哲学的特点"为题，收入《儒道释与内在超越》（江西人民出版社，1991 年 8 月）一书中。

在我的论文中，不仅认为"天人合一""知行合一""情景合一"是儒家哲学的基本命题，而且也是道家甚至中国化的佛教（如禅宗）思想的基本命题。所谓"天人合一"，它的意义在于解决"人"和整个宇宙的关系问题，也就是探求世界的统一性的问题。在中国传统哲学中重要的哲学家大都讨论过这个问题，而且许多古代哲学家都明确地说：哲学就是讨论天人关系的学问。"知行合一"是要求解决人在一定的社会关系中应如何认识自己、要求自己，以及应如何处理人与人、人与社会之间的关系的问题，这就是关乎人类社会的道德标准和认识原则的问题。"情景合一"是要求解决在文学艺术创作中"人"和其创作物之间的关系问题，它涉及文学艺术的创作和欣赏等各个方面。但是，"天人合一"是中国哲学的最根本的命题，它最能表现中国哲学的特点，它是以人为主体的宇宙总体统一的发展观，因此"知行合一"和"情景合一"是由"天人合一"这个根本命题派生出来的。这是因为，"知行合一"无非是要求人们既要知"天（道）"和"人（道）"以及"天"与"人"之合一，又要在生活中实践"天（道）"和"人（道）"以及追求"天人合一"之境界。"人（道）"本于"天（道）"，所以知"天（道）"和行"天（道）"也就必然能尽"人（道）"。人要知和行"天（道）"，这就不仅是个认识的问题，更重要的是个道德实践问题。人要知和行"天（道）"，就必须和"天（道）"认同，"同于天"，这就是说必须承认"人"和"天"是相通的，因此"知行合一"要以"天人合一"为前提。"情景合一"无非是要人们以其思想感情再现天地造化之功，正如庄子说："圣人者，原天地之美而达万物之理"，这就是说"情景合一"也要以"天人合一"为根据。

"天"与"人"是中国传统哲学中最基本的概念，"天人合一"是中国传统哲学的最基本的命题，在中国历史上许多哲学家都以讨论"天""人"关系为己任。那么中国传统哲学关于"真""善""美"的问题为什么要追求这三个"合一"呢？我认为，中国传统哲学或者与西方哲学不同，它并不偏重于对外在世界认知的追求，而是偏重于人自身价值的探求。由于"人"和"天"是统一的整体，而在宇宙中只有人才能体现"天道"，"人"是天地的核心，所以"人"的内在价值就是超越性"天道"的价值。因此，我们可以说中国传统哲学的基本精神就是教人如何"做人"。"做人"对自己应有个要求，要有一个理想的"真""善""美"的境界，达到了"天人合一""知行合一""情景合一"的真、善、美境界的人就是圣人。中国传统哲学如果说有其独特的价值也就在于它提供了一种"做人"的道理。它把"人"（一个特定关系中的人）作为自然和社会的核心，因此加重了人的责任感。在中国古代的圣贤们看来，"做人"是最不容易的，做到与自然、社会、他人以及自我身心内外的和谐就更加困难。这种"做人"的学问就是孔子所提倡的"为己之学"，也就是张载所追求的"为天地立心，为生民立命，为往圣继绝学，为万世开太平"的理想人生境界。这种"做人"的道理表现在道家的思想中就是"顺应自然""自然无为"，正如老子所说的"我无为，而民自化；我好静，而民自正；我无事，而民自富；我无欲，而民自朴"；也像庄子所向往的"至人无己，神人无功，圣人无名"那样。中国化的佛教禅宗要求人们"无念""无住""无相"，以达到"识心见性""见性成佛"的境界。这就是说，中国传统哲学的儒、道、释都是为了教人如何"做人"，提高人的精神境界的学问。如果我们给中国传统哲学一个现代意义的定位，了解它的真正价值所在，我认为正在于此。因此，我在另一篇文章《再论中国传统哲学的真善美问题》（刊于《中国社会科学》1990 年第 3 期和台湾《哲学与文化月刊》1989 年 10 月）中把孔子、老子、庄子和德国康德、谢林、黑格尔三大哲学家加以对比，提出孔子、老子、庄子虽然在价值上对真、善、美的看法不同，但他们对真、善、美的追求都是为了提高人的精神境界；而德国三大哲学家讨论真、善、美则属于知识系统方面的问题。我在这篇文章中说："孔子的哲学和康德的哲学从价值论上看确有相似之处，但是他们建构哲学体系的目标则是不相同的。孔子无非是以此建构他的一套人生哲学的形态，而康德则是要求建立一完满的知识理论体系。这也许可以视为中西哲学的一点不同吧！""中国传统哲学所注重的是追求一种真、善、美的境界，而西方哲学则注重在建立一种论证真、善、美的价值的知识体系。前者可以说是追求一种'觉悟'，而后者则是对'知识'的探讨。"

在中国传统哲学中"天人合一""知行合一""情景合一"和其"体用一源"的思维模式有着密切关系。我们知道在中国传统哲学中"体"和"用"是一对非常重要的概念，不过它并不完全是一对实体性概念，而主要是有关关系性的概念。"体"是指超越性的"本体"或内在性的精神本质，"用"是指"体"的功用。"体"和"用"是统一的。程颢说"体用一源，显微无间"，就是最明确地表达了"体"和"用"之间的关系。从思维模式上看，"天人合一""知行合一""情景合一"正是"体用一源"这样的思维模式的体现。所以"合一"的思想是中国传统哲学的特色。

从以上所述，我们可以看出，由"天人合一"及其派生的"知行合一""情景合一"，以及由这些基本命题所表现的思维模式"体用一源",可以引发出中国传统哲学的三套相互联系的基本理论,这就是"普遍和谐观念""内在超越精神""内圣外王之道"。这三套理论是从三个方面来表现中国传统哲学的理论:"普遍和谐观念"是中国哲学的宇宙人生论,"内在超越精神"是中国哲学的境界修养论,"内圣外王之道"是中国哲学的政治教化论。这三套理论就构成了中国传统哲学的理论体系。从这三套理论,我们不仅可以看出中国传统哲学的价值,同时也可以认识到中国传统哲学的问题所在。

三、关于中国传统哲学的理论体系问题

"关于中国传统哲学的理论体系"会有种种不同看法,这可能是好事。正因为有不同的看法,才会因不同而推动对中国传统哲学做不同的整体研究,而且可以在诸种不同的思考中来发展中国哲学。在二十世纪八九十年代,我是从三个方面来考察中国传统哲学问题的,即"普遍和谐论",这是宇宙人生和谐论的问题;"内在超越论",这是"境界修养论"的问题;"内圣外王论",这是政治教化论的问题。而这三套理论又都是可以从"天人合一"这个基本命题推演出来。

(一)普遍和谐观念

关于"普遍和谐观念"是我从80年代初就考虑的问题,而且在一些论文中已有片断论述,但写成一篇完整的论文,是1992

年首先刊发于《世纪风》中。是年,《世纪风》杂志社约我为该刊创刊号的"世纪之交"栏目写篇文章谈谈中国文化对当前世界文化发展的意义。于是我就把《在世纪之交——论中国文化的发展》一文寄给了《世纪风》。其后,1993 年 10 月在苏州召开的"现代化与中国文化研讨会",我又以"中国哲学中'普遍和谐观念'的现代意义"为题作了发言,经过修改补充以"中国文化之特点"为题发表在我主编的《国故新知:中国传统文化的再诠释》中(北京大学出版社,1993 年 8 月)。其后,又写了《中国哲学中和谐观念的意义》发表于台湾的《哲学与文化月刊》(1996 年 2 月)。这些文章,我是从"天人合一"这个命题展开来讨论问题的。

我认为,由"天人合一"这个基本命题和这个命题所表现的"体用一源"的思维模式,从根本上说它要求有一套表现此命题和此思维模式的宇宙人生理论,这就是"普遍和谐观念"的理论。此普遍和谐观念的理论大体上包含着四个层次:自然的和谐、人与自然的和谐、人与人的和谐、人自我身心内外的和谐。就中国哲学中的儒、道两家看,他们的路向是不同的:儒家是由"人自我身心内外之和谐"出发,认为有"人自我身心内外之和谐"才有"人与人之和谐";有"人与人之和谐"才有"人与天(自然)之和谐",有"人与天(自然)之和谐",才会领悟"自然之和谐"。而道家则是由"自然(天)之和谐"推演到"人与自然(天)之和谐""人与人的和谐""人自我身心内外的和谐"。而中国化的佛教,例如禅宗,因受儒、道两家的影响(特别是庄子思想的影响),在"普遍和谐"问题上也有其独特的看法。如果我们能对儒、道、释关于"普遍和谐观念"加以梳理和总结，将有助于当前人类社会存在的"和平与发展"问题的解决。

"普遍和谐论"作为一种世界观有其独特的视角，它强调的是宇宙的和谐与人的和谐的统一性。在中国传统哲学中，无论儒、道，都把"天"（或"道"）看成神圣的、圆满无缺的，而人是效法"天"（或"道"）的，儒家提出"圣人法天"，道家提出"人法道"，并且通过一系列描述，把自"天"至"人"的和谐系统化，形成一套理论。这套理论为中国自古以来的哲人所接受。就这一点看，中国哲学或者与西方和印度哲学不同，它是把对宇宙人生的领悟建立在"天""人"和谐的基础上。

在我对中国传统哲学的世界观——宇宙人生和谐论做了一些研究之后，我又写了《"太和"观念对当今人类社会可有之贡献》（《中国哲学史》，1998 年第 1 期）、《儒学的和谐观念》（《中华文化论坛》，1997 年第 4 期）、《略论儒家的和谐观念》（《社会科学研究》，1998 年第 3 期）等论文专门讨论了儒家的"和谐"观念，我把它称作"普遍和谐观念"，它包含了由"人"至"天"的一系列的"和谐"。我特别引用了《中庸》的一段话："唯天下之至诚，为能尽其性。能尽其性，则能尽人之性。能尽人之性，则能尽物之性。能尽物之性，则可以赞天地之化育。可以赞天地之化育，则可与天地参矣。"可见儒家关于"和谐"的路向是：由自身之"安身立命"，而至"推己及人"，再至"民胞物与"，达到"保合太和"而与"天地参"。儒家这一由"人"至"宇宙"关于"和谐"观念的路向确实能成为一个系统。但这个系统也可能并不完善，它比较多地强调了"人"的道德修养，容易偏向泛道德主义。儒家的普遍和谐观念作为一种宇宙人生论，无论如何可以给人类社会提供了一种十分有意义的世界观。为了使普遍和谐观念能为解决当前人类文化发展遇到的一个重大问题提供思想资源，我写了《"和而不同"的价值资源》（刊于加拿大《文化中国》，1995 年 12 月号）。这篇文章是针对亨廷顿《文明的冲突？》而写的。在这篇文章中，我根据中国的文献材料，说明如果我们把"和而不同"作为一条原则，那么在不同文化传统之间，并不会因文化的不同就一定引起冲突，更不会因之而发生战争。此文后在国内多种刊物转载过，引起广泛注意。为了进一步阐明此问题，我又于 2003 年写了一篇《"文明的冲突"与"文明的共存"》刊于澳门《中国文化研究》，2004 年 6 月号。

（二）内在超越问题

关于"内在超越问题"，可以说是我在 1985 年看到余英时教授《从价值系统看中国文化的现代意义》一文后，受到启发，而后写了一系列文章讨论此问题。1984 年我在《论中国传统哲学中的真善美问题》中讨论过中国传统哲学作为一种"做人"的道理，作为一种追求理想人生境界的学说，它对今日矛盾重重的人类社会来说仍然有着重要的意义。1987 年夏在香港中文大学举办了一次"儒家与基督教对话国际讨论会"，我给这次会议提供的论文为《论儒家哲学中的内在性与超越性问题》，在会上引起与会者广泛的兴趣，接着我又写了《论魏晋玄学中的内在性与超越性》，并提供给 1990 年在台湾成功大学召开的"魏晋南北朝文学与思想学术讨论会"。在我对中国化的佛教禅宗做了一些研究之后，我写了《论禅宗思想中的内在性与超越性》和《禅师话禅宗》两文，分别发表于《北京社会科学》与《百科知识》之上。最后写了《论老庄哲学中的内在性与超越性》，此文先发表在台湾东海大学的《文化月刊》上，后经过修改补充发表于《中国哲学史》杂志复刊的创刊号中。上列四文组成一组收入拙著《儒道释与内在超越问题》（江西人民出版社，1991 年）一书中。

在我上述的文章中，根据史料论证了中国哲学的儒道释（禅宗）三家的学说均以"内在超越"为特征。如果说以"内在超越"为特征的儒家哲学所追求的是道德上的理想人格，超越自我而成"圣"；以"内在超越"为特征的道家哲学所追求的是个人的身心自由，超越自我而成"真"（"仙"）（按："真"即《庄子》书中的"真人"，"仙"此处借道教的"神仙"意，所谓"仙"即《庄子》书中的"真人""神人"）；那么，以"内在超越"为特征的中国禅宗则以追求瞬息永恒的空灵境界，超越自我而成"佛"。这种以"内在超越"为特征的哲学的价值何在？照我看，这种哲学的价值正在于把"人"看成具有超越自我和世俗限制能力的主体，它要求人们向内反求诸己以实现"超凡入圣"的理想，而不要求依靠外在的力量。盖因人具有"超凡入圣"的内在本质，故人应该是自己的主宰，人的一切思想行为全靠自己的自觉性，以此来达到理想的人生境界。因此，中国哲学要肯定的是人的内在价值和其实现"超凡入圣"的能力。在儒家看来，这种品质和能力来自"良知""良能"，以提高道德修养，而达到"同天"的境界。在道家看，人的这种品德和能力来自"顺应自然""无为无我"，实现精神的升华，而达到"逍遥游"的境界。在禅宗看，人通过"明心见性""见性成佛"，而达到"涅槃"境界。

西方哲学与中国哲学很不相同，古希腊哲学家，如柏拉图、亚里士多德大体上都是把世界二分为超越性的本体世界和现实性的世界，近代自笛卡儿以来也以世界为二分，因此西方哲学的主流多有一个外在于人的世界，至于基督教更是有一个外在于人的超越性的上帝，这与中国不把"天"看作外在于"人"的看法很不相同。四百多年前，有一位天主教的耶稣会会士利玛窦来到中国，他在中国住了二十多年，对中国文化有相当的了解，并深深地爱上了中国文化，但在他的《天主实义》中有一段话，对此我们应该注意，他说："吾窃贵邦儒者，病正在此常言明德之修，而不知人意易疲，不能自勉；又不知瞻仰天主，以祈慈父之佑，成德者所以鲜见。"利玛窦用另一种眼光看中国哲学，也许不是没有道理。当然，利玛窦的观点是否正确，是可以讨论的。不过我认为，他的看法或者从另一个角度来看中国哲学，应有可取之处。照利玛窦看，仅仅靠个人内在的道德修养是很难使人人都达到完满的超越境界，必须有一外在的超越力量来推动，因此要有对上帝（天主）的信仰或某种超越力量的崇拜。照我想，个人超越性的境界可以靠其内在的道德修养来实现，但整个社会并不一定能因此而合理和完美；要使整个社会合理和完美，除了提高个人内在的道德修养之外，还需要有另一套外在的力量来配合，这就必须建立一套客观的行之有效的公正的政治法律制度。以"外在超越"为特征的西方哲学和基督教应该说对建立客观有效的政治法律制度更适合。盖因西方哲学要求有一个外在的客观准则，基督教则把上帝视为一外在的至高无上的超越力量，并提出"在上帝面前人人平等"的理论,因此在罗马帝国基督教最盛时,也相应建立了一套对后来西方社会有重要影响的"法律面前,人人平等"的理论的制度。看来,中国哲学更加适合"人治"的要求,而西方哲学则更有利于建立"法治"。面对现代社会,我们是否应该在发展以"内在超越"为特征的哲学的同时,引进或建立一套以"外在超越"为特征的哲学理论呢?我认为这是当前我们必须加以考虑的。对人类社会来说,人们除了应要求以其内在的道德修养来提升自己而达到"超凡入圣"的境界,同时也应承认外在的超越力量可以帮助或推动人们达到"超凡入圣"的境界。如果东西方哲学能在更高的层次上建成包含着以"内在超越"为特征的中国哲学和以"外在超越"为特征的西方哲学,那么东西哲学不但可以以多种形式相会合,而且将使人类的哲学能在更高的层次上得到发展。

为此,我在文章中讨论了建立一个包含"内在超越"和"外在超越"的中国哲学体系是否有可能的问题。我认为,这需要我们回答两个问题:一是中国哲学能否较充分地吸收西方哲学和西方宗教的精神;另一是中国哲学自身中是否有"外在超越"的资源。对于前一问题,我们可以从中国哲学吸收印度佛教哲学得到如下的看法:由于中国哲学有很强的包容性,故有能力吸收外来文化。关于后一问题,我认为在中国传统哲学中也有若干"外在超越"的因素。本来孔子思想中就有两个方面:一方面有"为仁由己""人能弘道,非道弘人",另一方面也有"畏天命,畏大人,畏圣人之言"("畏天命"是继承了殷周以来的"天命"观)的说法。前者为孔子思想中"内在超越"方面,后者为孔子思想中"外在超越"方面（或者说它表现了孔子思想中的某些"外在超越"因素），而这方面还有着更为古老的传统（如殷周以来的"敬天""尊天"等等）。但是，后来儒家发展了前一方面，而后一方面没有得到发展。如果历史的发展不是如此，而孔子思想中的两个方面都能得到平行发展，而又相互补充，那么中国哲学也许会更加丰富。因此，现今我们是否能在充分吸收以"外在超越"为特征的西方哲学，并在此基础上把中国哲学发展成一包容"内在超越"与"外在超越"相结合的思想体系呢？我认为，为发展中国哲学这不仅是可能的，而且也许是必要的。我们知道，在中国并不是没有以"外在超越"为特征的哲学，在春秋末期比孔子稍晚的墨子，他的哲学可以说是一种以"外在超越"为特征的哲学体系。墨子哲学由两个相互联系的方面组成：一是具有人文精神的"兼爱"思想，另一是具有宗教性的"天志"思想。这两方面看起来似乎有矛盾，但在墨子哲学体系中，却认为"兼爱"是"天"的意志的最根本的表现，所以"天志"应是墨子哲学思想的核心。墨子的"天志"思想认为，"天"是有意志的，它的意志是衡量一切事物的最高准则，人应该上同于"天"，"天"具有赏善罚恶的力量，它是外在于人的超越力量，也就是说墨子的"天志"具有明显的外在超越性。由于墨子这种哲学思想较之儒家或道家具有较多的外在客观性，因此后期墨家的思想中有着比较多的逻辑学、认识论和科学的因素，同时对建立客观的政治法律制度有利。可惜在战国以后墨家思想没有得到发展而逐渐衰亡了。如果我们对墨家思想作认真的研究并加以发展，那么它是否也可以成为我们所希望建立的包含"内在超越"与"外

在超越"的中国哲学的资源呢？我认为是可能的。总之，以"内
在超越"为特征的中国哲学为人类提供了一种极有价值的学说，
这应为人们所肯定，但它也有不足的方面，也是我们必须注意到
的。我提出，中国哲学应考虑其建立在"内在超越"基础上来吸
收"外在超越"为特征的西方哲学的某些因素，只是一个设想，
这种较之传统中国哲学包容性更为广泛的新的中国哲学体系的建
立绝不是一朝一夕可以完成的，很可能要经过若干次失败，在出
现若干不同形式的以"内在超越"为基础并包容着"内在超越"
和"外在超越"的新的哲学体系之后，才能形成比较圆满的现代
中国哲学，这也许就是中国哲学的第三期发展吧！

（三）内圣外王之道

"内圣外王之道"是中国哲学特有的问题，它可以说是一种
政治哲学，一种政治教化论。这种学说是和"天人合一""知行
合一""情景合一"思想相联系的。我在《论中国传统哲学中的
真善美问题》《再论中国传统哲学中的真善美问题》以及《儒学
能否现代化》等文章中，都谈到儒家学说中极有意义的部分就是
"教人如何做人"。"做人"的极致就是要成圣成贤，要有一个理
想的人生境界，这个境界就是"天人合一"的境界；而圣人的境
界必须实践于日用伦常之中，这就是要做到"知行合一"；圣人
的境界还要能以情化景，因景生情，体现人生的"大美"。

为了比较全面地讨论"内圣外王之道"的问题，我于1987
年写了一篇《论儒家的境界观》（刊于《北京社会科学》），后又
在我的一本书《在非有非无之间》（台湾正中书局，1995年）中

对此问题加以补充。从现存史料上看，"内圣外王"最早见于《庄子·天下篇》。照《庄子·天下篇》的看法，"内圣外王之道"本是天下治道术者所共同追求的目标，但因百家纷争，道术不行，天下大乱，使之暗而不明，郁而不发，这是很不幸的事。这就是说"内圣外王之道"并不是《庄子·天下篇》作者创造的，而是中国自古以来治道术者所追求的目标。确实如此，因"圣王"观念是先秦时期普遍流行的观念，孔子就把尧舜视为"圣王"，他们行的就是"内圣外王之道"，如孔子说："大哉，尧之为君也，巍巍乎唯天为大，唯尧则之。"在《墨子·公孟篇》有这样一段："公孟子谓墨子曰：'昔者圣王之列也，上圣立为天子，其次立为卿大夫。今孔子博于诗书，察于礼乐，详于万物，若使孔子当圣王，则岂不以孔子为天子哉！'"在《荀子·解蔽》中为"圣王"下了一定义："圣也者，尽伦者也；王也者，尽制者也。两尽者，足以为天下极矣，故学者以圣王为师。"可见"内圣外王"之观念在先秦已相当流行了。时至近代，诸多学者也多以"内圣外王之道"为中国传统文化之精神所在，如梁启超、熊十力、冯友兰都以"内圣外王之道"为"中国哲学之精神"。

在我看来，"内圣外王之道"如果理解为内在的道德修养必见于外在的伦常事功上，这是很有价值的。我们考察中国历史上的先哲们，多以此为立身行事之目标。也许张载的"为天地立心，为生民立命，为往圣继绝学，为万世开太平"，最能表现"内圣外王"之真精神。张载的这四句，既体现了"天人合一"的思想，盖"为生民立命"即是"为天地立心"；又体现了"知行合一"的思想，圣学必须落实到"为万世开太平"。但我当时对"内圣外王之道"的关注是重点看到它可能产生的弊病。我认为:"如果把'内圣外王之道'理解为一个道德高尚、学识深博的人(圣人),在适当的条件下更可以实现其历史使命和社会责任,努力实现其理想,这也许是有意义的。……但'内圣'不必'外王','内圣外王之道'只有非常有限的意义,它不应也不可能作为今日中国哲学之精神。"为什么?我从分析《大学》中的"修、齐、治、平",得到对"内圣外王之道"的怀疑。照《大学》看,"修、齐、治、平","自天子以至于庶人,壹是皆以修身为本",这在理论上是有弊病的,"因为'身'之修是由个人的努力可提高其道德学问的境界,而国之治、天下之太平,那就不仅仅靠个人的道德学问了。……人类社会是一个复杂的统一体,它至少要由三个方面共同运作才可以维持,即经济、政治、道德(当然还有其他方面,暂且不论)。在一个社会中,这三方面虽有联系,但它们绝不是一回事,没有从属关系,要求用道德解决一切问题,包揽一切,那将会走上泛道德主义的歧途。由于中国传统哲学把'内圣外王之道'作为追求的目标,因此造成道德政治化和政治道德化。前者使道德屈从于政治,后者使道德美化了政治。……在中国历史上,从未出现过儒家所塑造的那样的'圣王',所出现的大都是有了帝王之位而自居为'圣王'的'王圣',或是为其臣下所吹捧起来的假'圣王'。……所以,道德教化和政治法律制度虽有某种联系,但它们毕竟是维系社会的不同两套,不能用一套代替另一套"(节录自《论儒家的境界观》)。今天来考察我们这个看法,它多少有些不周全处,这是由于我们没有充分考虑到道德教化和政治法律制度虽是两套,但这两套是可以互相影响的。不过，就中国哲学（特别是儒家哲学）方面看，夸大了道德教化的作用，无疑是其缺陷。这正如我们谈到的，中国哲学往往为"人治"提供理论依据，而忽视了"法治"。

我对"内圣外王之道"采取否定的态度，应该说是没有深入了解它的真精神有关，但是也是事出有因的。这是因为我有见于中国历史和现实，特别是有见于"文化大革命"那种中国传统的"圣王"思想所产生的极大的负面作用致使的。但是，我们跳出现实，只从一种可能的理想方面考虑，也许"内圣外王之道"确有其不可忽视的价值。"内圣外王之道"可能包含着以下三层意思：（1）"圣"和"王"应是统一的，不是"圣"就不应是"王"；不是"王"也难以行"圣人"之道。这是由于在中国历史上已经塑造了尧舜这样的"圣王"，有了"圣""王"统一的榜样，这样的理想社会的蓝图就深深地根蒂在中国人的心中，形成一种牢不可破的信念。（2）只有在实践中才可以实现"圣人"的社会理想，而实现"圣人"的社会理想必定要依赖于"王"（圣王）。这就是说，"内圣外王之道"体现着一种"实践理性"。盖中国哲学（特别是儒家哲学）不仅仅是一种"认识世界"的理论，而且是一种必须见之于"实践"的理论。儒家自孔子以至孟荀，而后历代大儒无不以天下为己任，所以中国传统往往以"实践"高于"理论"，孔子说："吾岂匏瓜也哉，焉能系而不食。"荀子说："不闻不若闻之，闻之不若见之，见之不若知之，知之不若行之，学至于行之而止矣。行之，明也，明之为圣人。"（《荀子·儒效》）王阳明说："知是行之始，行是知之成。"（《传习录》上）中国的这一传统或者与西方不同，它强调的更在于"行"（实践），所追求的要见之于事功，不能治国平天下的不能算作"圣王"。（3）冯友兰说："所以圣人，专凭其是圣人，最宜于做王。"（《新原道·新统》）这样的看法早在先秦时已经有了，如孔子弟子宰我说："夫子贤于尧舜"；又如荀子的弟子尝颂扬他们的老师"德若尧舜，世少知之"，"其知至明，循道正行，足以为纲纪，呜呼，贤哉！宜为帝王"。看来，"内圣外王之道"所重在"圣"，这是把道德修养放在首位。这无疑是中国哲学的特点。基于此，中国常常被称为"礼仪之邦"。"内圣外王之道"虽不能说已是一种十全十美的政治哲学理论，但在今日仍应为我们所重视。

当然，中国哲学还有其他许多理论问题，不过我们上面讨论的三组问题：普遍和谐观念、内在超越精神、内圣外王之道，应该说表现了中国哲学的特色。

（四）关于"文化问题"的思考

从 20 世纪 90 年代中后期起，我的兴趣由中国传统哲学问题的探讨，逐渐转向"文化问题"和"当代中国哲学走向问题"。

关于"文化问题"是由于两个方面的问题引起了我的关注。一是 1993 年亨廷顿"文明冲突"论的提出，二是百多年来在我国文化上的"中西古今"之争。亨廷顿《文明的冲突？》引起了各界广泛的批评和讨论，我可以说是中国内地最早参与讨论者之一。1993 年年底我写了一篇《评亨廷顿〈文明的冲突？〉》，该文发表在《哲学研究》1994 年第 3 期。这篇文章，我主要是用中国历史和文化的资源对亨廷顿的理论进行了批评。我提出"从人类文化发展的总趋势看，不是以相互对抗为主导，而是以相互吸收而融合为主导"，并用儒家的"普遍和谐"观念驳斥了亨廷顿对儒家学说的无知论断，指出"文明冲突论"是为西方霸权服务的"西方中心论"。为了说明在不同文明之间，在文化（宗教、语言、价值观）上的不同可以和平共处，我写了《"和而不同"原则的价值资源》，讨论了中国文化中的"和同之辨"，认为中国传统文化的最高理想是"万物并育而不相害，道并行而不相悖"。"万物并育"和"道并行"是"不同"；"不相害"和"不相悖"是"和"，这种思维方式为多元文化共处提供了极其宝贵的理论原则。与此同时，在与意大利学者讨论"在不同文化之间是否应该有墙"时，我提出有生命力的文化一方面要坚持文化的主体性，另一方面又要善于吸收其他民族的优秀文化，因此往往是"在有墙无墙之间"而得发展。此外，我还写过《"太和"观念对当今人类社会可有之贡献》《"文明冲突"与"文明共存"》《关于文化问题的几点思考》等等，都是要说明从中国传统文化看，在不同文明之间，并不一定会由于文化的不同而引起冲突，以至于战争，而可以在对话交流中取长补短而形成共存共荣的局面。

在 20 世纪，我国学者对中国近现代哲学史、思想史、文化史的研究是以"中西古今之争"作为一百多年来中国近现代思想发展的基本线索来论说的，并认为革命的激进主义是推动社会进步的力量，维护传统的保守主义是阻碍社会前进的力量。在 80 年代后期我对这种看法有所怀疑。1989 年，在夏威夷召开的"第六届国际中国哲学会"上，我提出中国近代思想史的路向大体上是在激进主义、自由主义、保守主义三种力量的矛盾、斗争中前进的，也可以说是在这三种力量合力的情况下文化得到发展的。在这个问题中我特别关注的是"保守主义"对文化的意义。德国著名知识社会学家卡尔·曼海姆（Karl Mannheim）认为保守主义者对"社会的历史的理念"作出过重大贡献。保守主义的思想构成历史的一部分，要完整地了解历史，不能不对它做一番认真的研究。事实上，保守主义、激进主义、自由主义三者往往在同一框架中运作，试图从不同的途径解决同一问题，它们在同一层面上构成的张力和冲突正是推动历史前进的重要契机。为此我写了《论转型期的中国文化发展》一文，其后又从中国历史上两个重大历史转型期：先秦与魏晋，说明转型期的文化发展往往都是由上述三种合力实现的，这就是我写的那篇《论文化转型时期的文化合力》。为纪念五四运动 80 周年我写了一篇《五四运动与中西古今之争》，其后又写了《略论百年来中国文化上的东西古今之争》以及《走出"中西古今之争"，会通"中西古今"之学》《"拿来主义"与"送去主义"》等文章，主要说明五四以来在不同的历史情况下，激进主义、自由主义与保守主义对文化有着不同的意义，并对有些学者对我提出的"三种合力推动文化发展"的批评做了回答。

（五）关于当代中国哲学走向问题的探讨

在西方，解释学（诠释学，Hermeneutics）早已对众多学科产生了重大影响，可以说已经形成一种"解释思潮"。解释学虽在二十世纪三四十年代已经传入中国，但真正发生影响是从 80 年代开始的。它的影响已表现在中国哲学、宗教、文学、艺术等

自序 我的哲学之路 | 65

研究的诸多方面。我注意到西方解释学是在 80 年代初，我在那本《郭象与魏晋玄学》中用了一些解释方法。我一直在想，中国有很长解释经典的历史，我们是否可以利用中国解释经典的经验来丰富"解释理论"，或者创建中国解释学？因此，我在庆祝北京大学百年校庆时写了一篇《能否创建中国的"解释学"？》，发表在《学人》1998 年的第 13 期中，此后又连续写了五篇讨论这一问题的文章，后都收入《和而不同》一书中（辽宁人民出版社，2001 年）。我考虑这个问题是如何使中国传统哲学从传统走向现代，能否在一些方面可与西方哲学接轨。我注意到在中国传统哲学中有着丰富的解释经典的资料，我们应可以从中总结出一些解释的理论与方法。同时我注意到"符号学""现象学"在中国也有一定影响，例如龚鹏程写有《文化符号学导论》（北京大学出版社，2005 年 6 月），主要讨论的是中国符号学问题；康中乾写的《有无之辨——魏晋玄学本体思想再解读》（人民出版社，2003 年 5 月），该书接触到中国现象学问题。我为这两本书都写了"序"，谈到我对创建"符号学"和"现象学"的看法。我认为，这些尝试都应受到重视。

1999 年，在费孝通先生主持的第一届"二十一世纪中华文化世界论坛"上，我提出"新轴心时代"的问题。当人类社会进入经济全球化、科技一体化的时代，是否会出现一个"新轴心时代"；当我国处在一个民族复兴的前夜之际，作为"轴心时代"文明的重要一支的中华文化是否将会迎来新的"文化复兴"，我认为这是需要研究的问题。为此，我写了《新轴心时代的中国文化定位》发表在 2001 年的《跨文化对话》第 6 辑中，后又从哲学的

角度考虑这一问题，修改成《新轴心时代哲学走向的特点》发表
在 2001 年《南昌大学学报》第 4 期中。其后又写了《新轴心时代
的中国儒家思想定位》（收入新加坡出版的《儒学与新世纪的人
类社会》一书中）。为什么会出现一个"新轴心时代"，我主要从
以下三个方面作了说明：（1）"二战"以后，由于殖民体系的逐渐
瓦解，原来的殖民地国家和受压迫民族得到了解放，他们有一个
迫切的任务，就是要从各个方面确认自己的独立身份，而民族的
独特文化（语言、宗教、价值观等等）正是其独立身份的重要支
柱。（2）经济可以全球化，科技可以一体化，但文化不可能单一
化，因此文化多元化的势头将长期存在。（3）当前人类社会可以
说主要有着四个大的文化传统：西方文化、东亚文化、南亚文化、
北非中东－伊斯兰文化。这四种文化传统所影响的人口都在 10 亿
人以上，必定会主导当前世界文化的发展。因此，文化（哲学）
将会呈现为在全球意识观照下的多元化发展的新趋势（当然其他
地区的文化，如非洲等，也会对人类社会文化的发展有影响）。为
了进一步讨论"新轴心时代"中国现代哲学的走向问题，我写了
《中国现代哲学的三个"接着讲"》《在中欧文化交流中创建中国现
代哲学》《在西方哲学冲击下的中国现代哲学》等论文。中国哲学
必须创新，要"创新"一方面要"接着"前此的中国哲学讲，特
别应重视二十世纪三四十年代以来中国哲学家为创造现代型的中
国哲学的努力；另一方面又得走出西方哲学框架的束缚，来讨论
中国哲学特有的问题，并使之具有世界的普遍意义；同时还应更
加系统地研究和吸收其他各民族哲学，特别是西方哲学。中国哲
学必须创新，这是中国哲学家的责任。

自 2003 年起，我又接受了一项新的任务，编纂《儒藏》。在中国历史上，儒、道、释三家并称，但三家在中华文化中的地位是不同的，儒家思想文化是中华文化的主体。从经典体系来看，儒家所传承的"六经"，都是孔子以前形成的，这些经典是夏、商、周三代文明的精华；而孔子开创的儒家与先秦各家不同，就是儒家始终以自觉传承"六经"为己任，"六经"所代表的中国古代文化正是通过和依赖于儒家的世代努力而传承至今。然而我国历史上已经多次编纂过《佛藏》和《道藏》，20 世纪 80 年代以来我国又编辑出版了《中华大藏经》和《中华道藏》，但没有编出过《儒藏》，这和儒家思想在中华文化中的地位很不相称。明、清两代曾有学者提出编纂《儒藏》的建议，但因工程浩大，没有能够实行。今天，中华民族正处在伟大复兴的前夜，重新回顾我们这个民族文化的源头及其不断发展的历史，必将对中华民族的伟大复兴发挥重大作用。为了能系统地、全面地、深入地研究儒家思想的方方面面，把儒家经典及其各时代的注疏和历代儒家学者的著述以及体现儒家思想的各种文献编纂成一部儒家思想文化的大文库《儒藏》，并进行若干专题研究，无疑对当今和后世都十分必要，特别是对使中国文化成为世界文明新建构的重要组成部分，具有非常重大的意义。现在，"《儒藏》编纂与研究"已作为"2003 年教育部哲学社会科学研究重大攻关项目"和"2004 年国家社会科学基金重点项目"，这个项目的完成至少要用二三十年的时间，我只希望能把这个项目的开头做好，以便别人能接着来完成。

我真正开始做哲学和哲学史的研究应该说在 1980 年，这时我已经 53 岁了，但我没有气馁，仍然希望能为中国哲学和中国文化尽一点力，但毕竟最好的年华已经过去了，要想真正成为一名有创造性的、有重大影响哲学家已不可能，"虽不能尔，心向往之"而已。

目　录

一、论"天人合一"　　　　　　　　　　　　　001

二、论"知行合一"　　　　　　　　　　　　　018

三、论"情景合一"　　　　　　　　　　　　　031

四、论"普遍和谐"　　　　　　　　　　　　　042

五、论"内在超越"　　　　　　　　　　　　　050

六、论"内圣外王"　　　　　　　　　　　　　063

七、论"道始于情"　　　　　　　　　　　　　077

八、论"和而不同"　　　　　　　　　　　　　094

九、论"周易哲学"　　　　　　　　　　　　　106

十、论"儒学复兴"　　　　　　　　　　　　　120

十一、论儒家哲学中的真、善、美问题　　　　136

十二、孔子思想与"全球伦理"问题　　　　　162

十三、儒家伦理与中国现代企业家精神　　　　172

十四、读钱穆先生《中国文化对人类未来可有之贡献》　184

十五、关于编纂《儒藏》的意义和几点意见　　　　　193

后记　　　　　　　　　　　　　　　　　　　　　201

附录一　《中国儒学史》总序（*汤一介*）　　　　　203

附录二　读汤一介先生
　　　　《〈中国儒学史〉总序》的几点体会（*牟钟鉴*）　285

汤一介学术年表简编（2024 年版）
　　　　（*杨立华、江力整理编纂，李中华审定*）　　296

一、论"天人合一"

在中国传统哲学中，"天"和"人"可以说是两个最基本、最重要的概念，"天人关系"问题则是历史上我国哲学讨论的最重要的问题。司马迁说他的《史记》是一部"究天人之际"的书；董仲舒答汉武帝策问时说，他讲的是"天人相与之际"的学问；扬雄说"圣人……和同天人之际，使之无间"。魏晋玄学的创始者之一何晏说另外一位创始者王弼是"始可与言天人之际"的哲学家。唐朝的刘禹锡对柳宗元的批评，说柳宗元的《天说》"非所以尽天人之际"，没有弄清楚"天"与"人"的关系。宋朝的思想家邵雍说得很明白："学不际天人，不足以谓之学。"学问如果没有讨论天人的关系，不能叫作学问。可见，自古以来中国的学者都把天人关系作为最重要的研究课题。在中国传统哲学中，对天人关系问题有种种不同的理论，例如荀子提出"明天人之分"，他把"天"看成和人相对立外在的自然界，因此他认为"天"和"人"的关系，一方面"天"有"天"的规律，不因"人"而有所改变，"天行有常，不为尧存，为不桀亡"；另一方面"人"可以利用"天"的规律，"制天命而用之"，使之为"人"所用。荀子批评庄子说：庄子"蔽于天而不知人"，是说庄子只知道"天"的功能（顺自然），而不知道"人"的功能。刘禹锡提出"天人交相胜"的思想，他认为"天"和"人"各有各胜出的方面，不能互相代替。还有如道教提出的"我命在我不在天"，成仙只能靠自己修炼，不是天生的，也不能靠外力等等，都是讨论的"天人关系"问题。这些学说，在中国历史上虽有一定影响，唯有"天人合一"学说影响最大，它不仅是一根本性的哲学命题，而且构成了中国哲学的一种思维模式。

在中国哲学史上，讲"天人合一"的哲学家很多，而儒家学者讲此学说最多，但如果我们作点具体分析，也许可以看到他们中间也颇有不同。根据现在我们能见到的资料，也许郭店楚简《语丛一》的"易，所以会天道、人道也"，是最早最明确的"天人合一"思想的表述。它的意见是说，《易》（即《易经》）这部书是讲会通天道（天）和人道（人）的关系的书。郭店楚简大概是公元前三百年前的书，这就是说在公元前三百年前已经把《易》看成一部讲"天人合一"的书了。为什么说《易》是一部会通"天道"和"人道"的书？这是因为《易经》本来是一部卜筮的书，它是人们用来占卜、问吉凶祸福的。而向谁问？是向"天"问。"人"向"天"问吉凶祸福，所以说《易经》是一部"会天道、人道"的书。《易经》作占卜用，在《左传》中有很多记载，如庄公二十二年"周史有以《周易》见陈侯"条；昭公七年"孔成子以《周易》筮之"条；等等，均可证。《易传》特别是《系辞》对《易经》所包含的"会天道、人道"的思想作了哲学上的发挥,阐明"天道"和"人道"会通之理。

《周易》(主要是由《系辞》所阐发的"易理")的"天人合一"观念是要说明"天"和"人"存在着一种相即不离的内在关系,不能研究"天道"而不涉及"人道",也不能研究"人道"而不涉及"天道",因此它作为一种思维模式,应有着极有意义的正面价值。为了把"天人关系"问题弄清,也许应该对"天"这个概念在中国历史上的含义有个全面的了解,至于"人"这个概念,可能没有多少要讨论的地方,但是"人性"问题则是儒学讨论之重要问题,此问题在《论"道始于情"》有所论述。

在中国历史上,"天"有多种含义,归纳起来至少有三种:(1)主宰之天(有人格神义);(2)自然之天(有自然界义);(3)义理之天(有超越性义、道德义)。"主宰之天"(如皇天上帝)和西周的"天命"信仰有密切联系,如《大盂鼎》:"丕显文王,受天有大命。"光辉的文王,被"天"授予统治天下的命令。《尚书·召诰》:"皇天上帝,改厥元子,兹大国殷之命。"皇天上帝,更换了他的长子大国殷统治四方的命令。"皇天上帝"或"皇天""上帝"都是指最高的神,这说明"天"是主宰意义的"天",含有人格神的意思,对人间具有绝对的权威。在《诗经》中,"天"也是主宰意义的"天",如"不吊昊天,乱靡有定,式月斯生,俾民不宁"(《小雅·节南山》)。不善良不仁慈的天,祸乱没有定规地发生,月甚一月,使老百姓不得安宁。"浩浩昊天,不骏其德,降丧饥馑,斩伐四国。"(《小雅·雨无止》)浩大的天呀,不施它的恩惠,而降下死亡饥馑的灾祸,杀伐四方国家的人民。这里的"天"除有"主宰之天"的意义,而且也有高高在上的"自然之天"的意思,"天"可以降自然灾祸。这种"天"可降自然灾祸,早在殷墟卜辞中已有,不过是"帝"或"上帝"降灾祸,例"帝其降堇"(《卜辞通纂》363),"上帝降堇"(胡厚宣《甲骨续存》1.168)。卜辞中还有"帝"(上帝)降风、降雨等等的记载。看来在殷也许还没有以"天"为最高神的意思。因此,到西周"天"既是"主宰之天",又有高高在上"自然之天"的意思。同时,我们还可以说当时的"天"还有道德的意义,"天"以其赏善罚恶而表现着一定的道德意义。如(《尚书·召诰》中说:"惟王其疾敬德,王其德之用,祈天永命。"帝王只有很好地崇尚德政,用道德行事,才能得到天的保佑。这就是说,在春秋战国前"天"的含义含混,有着多重的意义。

春秋战国以降,"天"的上述三种不同含义在不同思想家的学说中才渐渐使其内涵明确起来。墨子的"天志"思想,有更多"意志之天"的意思。如说:"天之行广而无私,其厚而不息,其明久而不衰。"(《法仪》)这就是说,天具有最高的智慧、最大的能力,"赏善而罚暴",没有偏私。在《天志》中还明确地讲,"天"有"意志","吾所以知天之爱民之厚者有矣","天之意不欲大国之攻小国",如果违背了"天"的意志,就要"得天之罚",叫作"天贼"。由此可见,墨子的"天"基本上是继承着传统的"主宰之天"的意思。其后到汉朝有董仲舒,他所讲的"天",一方面继承着传统的"主宰之天"的意义;另外一方面又把春秋战国以来的"自然之天"神秘化,使之与"主宰之天"相结合。① 他提出的"天人感应"论可以说是"天人合一"的一种形式，受着当时流行的阴阳五行机械论的影响，与《周易》传统的有机论或有所不同。其实孔子、孟子也没有完全摆脱"主宰之天"的影响，如孔子说："获罪于天，无所祷也。"（《八佾》）孟子说："莫之为而为者天也，莫之致而至者命也。"（《万章上》）非人力所为而做成的是天的力量，非人力所能达到而达到的是命定的。但是孔孟说的"天"已有较强的道德意义了。② 这种"主宰之天"的影响甚至到宋儒也还存在，《朱子语类》卷七十九，

① 董仲舒以气候的变化来说明"天"的意志，如他说："春气暖者，天之所以爱而生；秋气清者，天之所以严而成；夏气温者，天之所以乐而养之；冬气寒者，天之所以哀而藏之。"（《春秋繁露·王道通三》）由于战国时有些思想家把"天"看成"自然界"，如荀子等，他们把四时变化，日月递炤，列星随旋，阴阳大化，风雨博施，万物生长都看成"天"的自然表现。董仲舒同样也认为上列诸现象是"天"的表现，不过这些不是"天"的自然表现，而是"天"的意志的表现，是"天"的仁爱之心的表现，"天，仁也。天覆育万物，既化而生之，又养而成之；功事无已，终而复始。"（《王道通三》）基于这样一种对"天"的认识，董仲舒的"天人合一"学说，主要论述的是"天人感应"问题。自战国以来，机械感应已相当流行，如"类同相召，气同则合，声比则应"等等，并有以此推出"帝者同气，王者同义，霸者同力"，再推出"凡帝王之将兴也，天必先见祥乎下民。"（均见《吕氏春秋·应同》）董仲舒也是从物类感应推出天人感应，如他说："琴瑟报，弹其宫，他宫自鸣而应之，此物之以类动者也。其动以声而无形，……则谓之自然，其实非自然也，有使之然者矣。物固有实使之，其使之无形。"（《春秋繁露·同类相动》）使之者为"天"。照董仲舒看，"天"与"人"之所以有感应，因"以类合之，天人一也"。为什么"天"与"人"是一类？他认为："人之受命于天，取仁于天而仁也。""为生不能为人，为人者天也。人之为人，本于天，天亦人之曾祖父也。此人之所以乃上类天也。"（《春秋繁露·为人者天》）就此，我们可以说董仲舒的"天人合一"思想实是一种"天人机械感应合一论"。这种"天人合一"思想或与《周易》开创的直至宋人所发挥的"天人有机相即合一论"的意义颇不相同（可参见拙作《董仲舒的哲学思想及其历史评价》，《北京大学学报》，1963 年第 3 期）。

② 《论语·述而》："天生德于予，桓魋其如予何？"《孟子·尽心上》："尽其心者，知其性也。知其性则知天矣。存其心，养其性，所以事天也。"此"天"均有道德意义。

"或问：天视自我民视，天听自我民听，天便是理否？曰：若全做理，又如何说自我民听视，这里有些主宰意思。"盖因朱子认为"天即理"，《中庸章句》有"天以阴阳五行化生万物"，《论语集注》有"天，即理也"，故他的"天"大体上说的都是"天理"，即"天"为"义理之天"。朱熹还进一步认为"天"有道德意义，他说："仁者，天地生物之心。"（《朱子语类》卷五十三）但在解释经典时，又不能全然不顾原有的"主宰之天"义。同卷又有："天固是理，然苍苍者亦是天，在上而有主宰者亦是天，各随他所说。今既曰视听，理又如何会视听？虽说不同，又却只是一个。知其同，不妨其为异。知其异，不害其为同。"这就是说，对"天"可以由不同方面说，可以是"义理之天"，也可以是"自然之天"，亦可以是"主宰之天"，但都是指同一个"天"。朱熹的"天即理"说明超越性的"天"具有某种神圣性，故有"主宰义"，且为高高在上之苍苍者，亦有超越义，且"天"有"盎然生物之心"的道德义，故"天"是一含义非常丰富的概念。在宋朝也有把"天"看成自然界，如张载说："太虚即气"，"由太虚有天之名"（《正蒙·太和》）。在西方"上帝"和"自然界"为二（但斯宾诺莎的"God is nature"又当别论），在中国"天"往往是合"主宰"与"自然（界）"为一，而后更赋予"天"以"性理义"，所以朱熹说："天之所以为天者，理而已。天非有此道理，不能为天，故苍苍者即此道理之天。""天下只有一个正当道理，循理而行，便是天。"（《朱子语类》卷二十五）看来，到宋儒更重视"天"为"义理之天"的方面。照我看，正是由于在中国历史上"天"这个概念有着上述的多重含义，这样就使

"天"不只是指外在于人的自然界，而是一有机的、连续性的、生生不息的、能动的、与"人"相关联的、不可分的（"天行健，君子以自强不息"）存在。基于此，"天"这一概念在中国是指与"人"有着内在联系的有机体。

我们在了解了中国哲学中"天"的含义的复杂性的基础上，来讨论由《周易》开启的"天人合一"学说，也许能较好地揭示其重要的哲学意义。如果我们从科学的意义上了解中国哲学中的"天"，无疑会提出种种问题。但是，在中国哲学中的"天"只是一哲学概念，因而体现"天人关系"的"天人合一"命题，也只能从哲学意义上了解它。关于"天"在中国哲学中的含义，在上面我们作了分析。下面我们讨论"天人合一"这一中国哲学的重要命题。

为什么现在"天人合一"思想受到大家的重视？我想，与当今发生的"生态危机"有关。科学的发展无疑会造福人类社会，但也有可能危害人类社会。近世以来，由于对自然的无量开发，资源浪费，臭氧层变薄，海洋毒化，人口暴涨，环境污染，生态平衡的破坏，已经严重地威胁着人类自身生存的条件。1992 年全世界 1575 名科学家发表了一份《世界科学家对人类的警告》，开头就说："人类和自然正走上一条相互抵触的道路。"造成这种情况不能说与西方哲学曾长期存在"天人二分"的思维模式没有关系。罗素在《西方哲学史》中说："笛卡尔的哲学……他完成了或者说极近完成了由柏拉图开端而主要因为宗教上的理由经过基督教发展起来的精神、物质二元论，……笛卡尔体系提出来精神界和物质界两个平行而彼此独立的世界，研究其中之一能够不牵涉另外一个。"① 西方哲学这种把精神界和物质界看成各自独立的，是互不相干的，因此其哲学是以"精神界"与"物质界"的外在关系立论，或者说其思维模式是以"精神界"与"物质界"为独立的二元，可以研究一个而不牵涉另外一个（现代西方哲学一些派别对这种二元思维已有所批评，如怀特海的过程哲学）②。然而中国哲学以及其思维模式与之有着根本的不同，中国哲学（特别是儒家思想）认为研究"天"（天道）不能不牵涉"人"（人道）；研究"人"也不能不牵涉到"天"。这就是中国哲学的"天人合一"思想。而这一思想早在春秋战国时期就为中国哲学家所提出，这就是郭店楚简《语丛一》中所表达的"易，所以会天道、人道也。"下面我们来分析一下《周易》中所包含的"天人合一"思想。

（一）我们知道《系辞》是对《易经》做哲学解释的"传"，在其中深刻地阐明了"天道"和"人道"相会通之理。《系辞》中说："易之为书，广大悉备，有天道焉，有地道焉，有人道焉。兼三才而两之。"王夫之《周易外传》卷六谓："三才之道，大全统乎一端，而一端领乎大全也。非达天人之际者，无以喻其深

---

① 罗素：《西方哲学史》下册，马元德译，商务印书馆，1988 年，第 91 页。

② 《怀特海的〈过程哲学〉》（见上海《社会科学报》2002 年 8 月 15 日）中说："（怀特海）的过程哲学（process philosophy）把环境、资源、人类视为自然中构成密切相联的生命共同体，认为应该把环境理解为不以人为中心的生命共同体。这种新型生态伦理观，对于解决当前的生态环境危机具有重要现实意义。过程哲学是生态女性主义的思想之根，因为生态女性主义的哲学基础是彻底的非二元论，是对现代二元思维方式的批判，而怀特海有机整体观念，正好为它提供了进行这种批判的理论根据。"可见，现代一些西方哲学家已经对"天人二分"的二元对立的思维方式作出反思，并且提出了"自然"与"人"构成"密切相联的生命共同体"。

矣。""道"是贯通"天道""地道""人道"的,"道一成而三才备";"大全"者"道"也,由"道"则可以统一三才的任何一个,而且由三才之一也可以领会(统领三才的)"大全"。不懂"天人关系"是无法理解《易》的深奥的道理的。("易之为书,广大悉备",王夫之《周易外传》谓:"悉备者,大全统乎一端,而一端领乎大全也。")《易经》这部书,广大无所不包,它既包含着"天地"(天)的道理,也包含着"人"的道理。另一解释《易经》的《说卦传》中说:"昔圣人之作(《易》),将以顺性命之情,是以立天之道,曰阴与阳;立地之道,曰刚之柔;立人之道,曰仁与义,兼三才而两之。"古代的圣人作《易》是为了顺乎性命的道理,所以用阴和阳来说明"天道",用刚和柔来说明"地道",用仁和义来说明"人道",把天、地、人统一起来看都表现为乾坤。所以宋儒张载注说:"三才两之,莫不有乾坤之道也。易一物而合三才,天(地)人一,阴阳其气,刚柔其形,仁义其性。"①天、地、人三才说的都是乾(一)、坤(--)两两相对相即的道理。《易》是把天、地、人统一起来看的,所以天人是一体的。在这里张载用的是"天(地)人一",这是有道理的,因为"天"可以包含"地",所以《易经》讲的"三才"实际上是认为"人"和与人相对应的"天地"是统一的一体。这种"天人合一"的思维模式到宋朝的理学家那里就更加明确了,例如程颐说:"安有知人道而不知天道者乎?道,一也。岂人道自是一道,天道自是一道?"照儒家看,不能把"天""人"分成两截,

---

① 《张载集》,中华书局,1978年,第235页。

更不能把"天""人"看成一种外在的对立关系，不能研究其中一个而不牵涉另外一个。朱熹说："天即人，人即天。人之始生，得之于天；既生此人，则天又在人矣。"天离不开人，人也离不开天。人之初产生虽然是得之于天，但是既生此"人"，则"天"全由人来彰显，"人"对"天"就负有神圣的责任。如果无人，则如何体现"天"的活泼泼的气象，如何"为天地立心"？"为天地立心"就是"为生民立命"，不得分割为二。孔子说："人能弘道，非道弘人。"只有人才可以使"天道"发扬光大，如果人不去实践"天道"，"天道"如何能使人完美高尚呢？孔子说："知天命。""知天命"即是了解"天"的运行发展的趋势。因此，在中国传统哲学中，"天"是有机的、连续性的、有生意的、生生不息的、与人为一体的。王夫之的《正蒙注·乾称上》中说："抑考君子之道，自汉以后，皆涉猎故迹，而不知圣学为人道之本。然濂溪周子首为《太极图说》，以究天人合一之原，所以明夫人之生也，皆天命流行之实，而以其神化之粹精为性，乃以为日用事物当然之理，无非阴阳变化之秩叙，而不可违。"（我们考查学者的学说，从汉朝起，都只是抓到先秦学说的外在的现象，而不知道《易经》是"人道"的根本，只是到宋朝的周敦颐才开始提出了《太极图说》，探讨了天人合一的道理，阐明了人之始生是"天道"变化产生的结果，在"天道"变化中把它的精粹部分给了人，使之成为"人性"，所以"人道"的日用事物当然之理与"天道"阴阳变化的秩序是一致的，"人道"和"天道"是统一的，这点是不能违背的。）王夫之的这段话，可以说是对儒家"天人合一"思想，也是对《易经》的"所以会天道、人道也"很好的解释。"人道"本于"天道"（因为"人"是"天"的一部分），讨论"人道"不能离开"天道"，同样讨论"天道"也必须考虑到"人道"，这是因为"天人合一"的道理既是"人道"的"日用事物当然之理"，也是"天道"的"阴阳变化之秩序"。张载对《易》的解释说："儒者则因明致诚，因诚致明，故天人合一，致学可以成圣，得天而未始遗人，《易》所谓不遗、不流、不过者也。"（《横渠易说·系辞上》）王夫之《张子正蒙注·乾称篇下》中说："诚者，天之实理；明者，性之良能。性之良能出于天之实理，故交相致，而诚明合一。"所谓"不遗"是据《系辞》"与天地相似，故不遗"，意思是说《易》这部书包括了天地万物的道理而无遗漏；所谓"不流"是据《系辞》"旁行而不流"，韩康伯注谓："应变旁通而不流淫"，意思是说，天地万物在变化中而有秩序；所谓"不过"是据《系辞》"知周乎万物，而道济天下，故不过"，意思是说，对万物普遍地施予而没有差错。王夫之对张载关于《易经》的解释，应该说能抓住要旨，他把儒家的"诚明合一"解释为"天人合一"应说很高明，因为"诚"是"天之实理"（"天"的实实在在的道理、规律），"明"是人性中最智慧的能力，"明"则可以成圣，而"圣学"为"人道"之本，故《易》"得天而未始遗人"，《易》是讲"天道"，同时也是讲"人道"的。这说明《易》确乎是阐明"天人合一"的道理的经典。我们讨论"天人合一"这样一种思维模式，是要说明"人"和"天"之间存在着一种内在的关系，我们必须把"人"和"天"的关系统一起来考虑，不能只考虑一个方面，不考虑另外一个方面。"天人合一"这一由《周易》所阐发的命题，无疑是儒家思想的重要基石。因此，我们说"天人合一"作为一个哲学命题、一种思维模式，对今天解决"人"和"自然"的关系应该说有着正面的积极意义。

（二）郭店楚简有一篇《性自命出》，其中说："性自命出，命由天降"。这里的"命"是指"天命"之所"命"，"性"是出自"天"之所"命"，"命"是由"天"赋予的（《礼记注疏·中庸》"天命之谓性"，注曰："天命，谓天之所生人者也，是谓性命"；《朱子语类》卷六十二谓："命虽是恁地说，然亦兼是付与而言。"），"性"是由"天"决定的，非人力所及，因此"天命"是一种超越的力量，"人"应对"天"有所敬畏，"畏天命"，应"知命"，但"天"并非死寂的，而是活泼泼的，是无方所的。故《系辞上》谓："神无方而易无体。""天"虽是超越的，又是内在的，内在于"人"。孟子曰："存其心，养其性，所以事天也。夭寿不贰，修身以俟之，所以立命也。""养性"，即是"事天"；"修身"，即是"立命"，故"天"又内在于"人"。合而言之，"天"与"人"是一种内在超越的关系。所以《语丛一》中又说："知天之所为，知人之所为，然后知道，知道然后知命。"知道"天"的道理（运行规律），又知道"人"的道理（做人的道理），即"社会"运行的规律，合两者谓之"知道"，"知道"然后知"天"之所以是推动"人"的内在力量（天命）之故。这是由于"人"是内在于"天"的，故孔子说："五十而知天命。""知天命"即是依据"天"的要求而充分实现由"天"得来的"天性"。《朱子集》第六十七卷谓：仁者，"在天则盎然生物之心，在人则温然爱人利物之心，包四德而贯四端者也"。"天道"生生不息,以仁为心,"天"有使万物良好的生长发育的功能,故"人"也应效法天,要爱护一切。这是因为"天人一体","人"得"天"之精髓而为"人",故人生当在实现"天"之"盎然生物之心",而有"温然爱人利物之心",天心人心实为一心。人生之意义就在于体证"天道",人生之价值就在于成就"天命",故"天""人"之关系实为一内在关系。"内在关系"与"外在关系"不同,"外在关系"是说二者(或多者)之间是各自独立、互不相干的,而"内在关系"是说二者(或多者)之间是不相离而相即的。"天人合一"这一《易》所阐发的命题,是中国儒家思想的重要基石。儒家哲学认为,在"天"和"人"之间存在着一种"内在关系",两者是相即不离的。因此,研究其中之一不能不牵涉另一个。依据"天人合一"的哲学命题和思维模式,我们在考虑人类自身问题的同时,必须要考虑"天"("自然界")的问题,忽略了这一点,人类就要受到惩罚。当今人类不正是由于严重地忽略了这种"天"与"人"相即不离的内在关系,而使"人类和自然正走上一条相互抵触的道路"吗?

由《易经》开出的"天人合一"思想(即"易,所以会天道、人道也"的思想)作为一种哲学的思考,一种思维模式,对解决当前"生态问题"或可对我们有几点启发:(1)我们不能把"人"和"天"看成对立的,这是由于"人"是"天"的一部分,"人之始生,得之于天"。作为"天"的一部分的"人",保护"天"应该是"人"的责任,破坏"天"就是对"人"自身的破坏,"人"就要受到惩罚。因此,"人"不仅应"知天"(知道"天道"的规律),而且应该"畏天"(对"天"应有所敬畏)。

现在人们强调"知天"（所谓掌握自然规律），只是一味用"知识"来利用自然，以至于无序地破坏自然，把"天"看作征服的对象，而不知对"天"应有所敬畏，这无疑是"科学主义"极端发展的表现。"科学主义"否定"天"的神圣性，从而也否定了"天"的超越性，这样就使人们在精神信仰上失去了依托。中国人的"天人合一"学说认为，"知天"和"畏天"是统一的，"知天"而不"畏天"，就会把"天"看成一死物，而不了解"天"乃是有机的、生生不息与"人"为一体的刚健大流行。"畏天"而不"知天"，就会把"天"看成外在于"人"的神秘力量，而"人"则不能体现"天"的活泼泼的气象，不能受到"天"的恩惠。"知天"和"畏天"的统一，正是说明"天人合一"的一个重要方面，从而表现出"人"对"天"的一种内在的责任。（2）我们不能把"天"和"人"的关系看成一种外在关系，这是因为"天即人，人即天"，"天"和"人"是相即不离的。"人"离不开"天"，离开"天"则"人"无法生存；"天"离不开"人"，离开"人"则"天"的活泼泼的气象无以彰显。这种存在于"天"和"人"之间的内在关系正是中国哲学的特点。如果"人"与"天"是一种外在关系（即它们是相离而不相干的），那么"人"就可以向"天"无限制地索取，而把"天"看成敌对的力量，最终人将自取灭亡。"易，所以会天道、人道也"，正是要说明"天道"和"人道"之所以是统一的道理，不能在"天道"之外去说"人道"，同样也不可以在"人道"之外说"天道"，宋明理学对这点看得很明白。程朱的"性即理"和陆王的"心即理"虽然对"天""人"关系入手处不同，但在"天道"与"人道"相即不离这一点上却十分一致。程朱的"性即理"是由"天理"的超越性而推向"人心"的内在性,"天理"不仅是超越的而且是内在的,同样"人性"不仅是内在的而且是超越的。陆王的"心即理"是由"人心"的内在性而推向"天理"的超越性,"人心"不仅是内在的而且是超越的;"天理"不仅是超越的而且是内在的。因此,我们可以说,中国哲学是以"内在超越"立论的。既然中国哲学是从其"内在超越性"方面讨论"天人关系"的哲学,也就是说"天"和"人"不仅不是对立的,而且存在着内在的相即不离的关系。不了解一方,就不能了解另一方;不把握一方,就不能把握另外一方。所以说,"为天地立心"就是"为生民立命",不可分为两截。(3)"天"和"人"之所以有着相即不离的内在关系,皆因为"天"和"人"皆以"仁"为性。"天"有生长养育万物的功能,这是"天"的"仁"的表现。"人"既为"天"所生,又与"天"有着相即不离的内在关系,那么"人"之本性就不能不"仁",故有"爱人利物之心"。如果"天"无生长养育万物的功能,"人"如何生存,又如何发展?如果"人"无"爱人利物之心",无情地破坏着"天"的"生物之心",同样"人"又如何生存?从"天"的方面说,正因为其有"生物之心",它才是生生不息的、活泼泼的、有机相续的。从"人"的方面说,正因为其有"爱人利物之心",人才与天、地并列为三才。因此,中国哲学认为,不能把"天"和"人"看成不相干的两截,不能"研究其中之一而不牵涉另一个"。(4)"天人合一"这一哲学命题体现着"天"与"人"之间的复杂关系,它不仅包含着"人"应如何认识"天"的方面,同样也包含"人"应该尊敬"天"的方面，因为"天"有其神圣性（神性）。这也许正是由于中国哲学（主要是儒家哲学）虽然不是纯粹意义上的宗教（如基督教、佛教），但它却有着强烈的宗教性。也许正因此，在中国，儒家思想可以起到某种宗教的功能，也就是说"天"和"人"存在着一种超越的内在关系；"天人合一"不仅是"人"对"天"的认知，而且是"人"应追求的一种人生境界。因为"天"不仅是自然意义上的"天"，而且也是神圣意义上的"天"，"人"就其内在要求上说，以求达到"同于天"的超越境界。就这个意义上说，"人"和"天"不仅不是对立的，而且"人"应该与"天"和谐共存，以实现其自身的超越。这就是说，"天人合一"作为一种哲学思想，它表达着"人"与"天"有着内在相即不离的有机联系，而且在"人"实现"天人合一"的境界过程中达到"人"的自我超越。这样一种思维路径无论如何对我们走出"天人二分"（或"天人对立"）的困境是十分有意义的。

从以上四点，我们可以看出对"天人合一"思想应该做哲学的理解，这样才能认识其真精神和真价值。它作为一种思维方式对解决"天人关系"无疑是有其正面的积极意义，而更为重要的是它赋予了"人"一种不可推卸的责任，"人"必须在追求"同于天"的过程中，实现"人"的自身超越，达到理想的"天人合一"的境界。

当然，儒家的"天人合一"思想不可能直接解决当前人类社会存在的"生态"问题。但是，"天人合一"作为一个哲学命题、一种思维模式，认为不能把"天""人"分成两截，而应把"天""人"看成相即不离的一体，"天"和"人"存在着内在的相通关系，无疑会对从哲学思想上解决"天""人"关系、解决当前存在的严重"生态"问题提供一有积极意义的合理思路。盖因"哲学"不可能直接解决人类社会存在的具体问题，就这方面说，它可以被视为"无用之学"。但它思考问题的路子却可启迪人们的智慧、提高人们的境界，故又可被视为"大用之学"。我们研究中国哲学就是要从中发掘出其无用之大用，以贡献于人类社会。

二、论"知行合一"

　　"知行合一"作为一哲学命题，虽然是王阳明明确提出来的，但自孔子以来，儒家各代都对"知""行"问题有过讨论。为什么儒家重视"知""行"关系？这是由于儒家的精神是入世的，要"明明德"于天下。要"明明德"于天下，就不仅是个理念的问题，必须实践，必须身体力行，必须见于事功。所以孔子说："吾岂匏瓜也哉？焉能系而不食？"孔子周游列国，是要"治国平天下"的。我认为，这就是儒家重视"知""行"关系问题的道理。

　　《尚书·说命》中说："非知之艰，行之惟艰。"《左传·昭公十年》中说："非知之实难，将在行之。"都说到"知""行"难易问题，把"行"看得比"知"更困难。这说明，中华民族在上古就是一个重视践行的民族。儒家就是继承了这个传统。在《论语》中没有直接说到"知""行"关系问题，但有几处说到"言"与"行"的关系问题，如"子贡问君子。子曰：'先行其言而后从之。'"（《为政》）意思是说：作为一个君子应对你要说的，先实行了，再说出来。"君子欲讷于言，而敏于行。"（《里仁》）君子言语要谨慎木讷,而行动要快捷。(《学而》中说:"君子……敏于事而慎于言。")"君子耻其言过其行。"(《宪问》)这几句话虽非直接讨论"知"和"行"的关系,但都是说孔子把"言行一致"视为道德上划分君子与小人的一个标准,从道德修养上看,君子应当言行一致。可见孔子更看重"行",在这点上和"非知之艰,行之惟艰"的思想是一致的,也可以说孔子教导人们应该首先做践行者。当然孔子本人不仅是一位道德上的践行者,而且是一位要使"天下有道"的圣人。所以孔子说:"如有用我者,吾其为东周乎!"假若有人用我,我将使周文王、周武王之道在东方复兴。孟子和孔子一样,也没直接说到"知""行"关系问题,而只是肯定"言,将行其言者",而反对"言不顾行,行不顾言"的说大话者。如果我们从孟子的"性善论"看,他讲"良知""良能",虽以恻隐之心、羞恶之心、辞让之心、是非之心等四端为人先天所固有的,但如何成为道德的仁、义、礼、智,则必须把四端"扩而充之",这是要在道德实践中才能达到,所以孟子说:"凡有四端于我者,知皆扩而充之矣,若火之始燃,泉之始达。苟能充之,足以保四海;苟不能充之,不足以事父母。"人之善性,必须在实践中发挥出来才有意义。所以孟子特别强调要"行仁政"。孟子和孔子一样到各诸侯国想说动国君实行他的理想。有一次到齐国,齐滕文公问孟子如何治理国家,孟子说:"《诗》云:'周虽旧邦,其命维新',文王之谓也。子力行之,亦以新子之国!"意思是说,如果滕文公能像周文王那样,使国家充满新气象,努力实行仁政,那你的国家也会气象一新。据此,我们可以看到孟子主张"知"必见之于"行"。就先秦儒家来看,荀子可以说是真正讨论到"知""行"关系的第一人。他在《儒效篇》中说:"不闻不若闻之,闻之不若见之,见之不若知之,知之不若行之,学至于行而止矣。行之,明也,明之为圣人。圣人也者,本仁义,当是非,齐言行,不失毫厘,无它道焉,已乎行之矣。故闻之而不见,虽博必谬;见之而不知,虽识必妄;知之而不行,虽敦必困。不闻不见,虽当,非仁也。其道百举而百陷也。"这段话可以说是荀子关于"认识论"的论述,可注意有三:(1)荀子描述了"认识"的深化过程,听闻到的东西不如亲自看见,"百闻不如一见",闻、见还只是感性的,只有"知"才能对认识的对象有更深入的了解,而"知"必须"行",才能说是一个完整的认识过程。《荀子·性恶》中说:"凡论者,贵其有辨合,有符验。"人们所掌握的认知重要的是在于合乎实际,能得到实践的检验。(2)把学得的学问知识用于实践,才能使认识真正明确起来("行之,明也")。能使认识(所提倡的学问)在实践中明确起来的是"圣人"。"圣人"的责任就是要以"仁义"为根据,判别是非,言行一致,做到完全没有差错,没有任何其他办法,只有学问知识落实到身体力行上才算完成。这里可以看出,荀子认为从"知""行"关系看,"行"是目的。因为实践了,才可以知道是否是真的"本仁义,当是非,齐言行"。(3)荀子还对"闻之而不见""见之而不知""知之而不行"的弊病作了说明。"知之而不行"的弊病是,虽然知道得很多,但不能见之于行动,必定会困惑糊涂。由以上三点看,荀子在"知""行"关系上也是更重"行"的。郭店楚简《成之闻之》中有:"农夫务食不强,耕粮弗足矣。士成言不行,名弗得矣。"农夫所务在生产粮食,如果不勉力而耕,粮食的收成就不会很富足。士人只是说而不行,那么也就不能有什么好名声。这都说明先秦儒家大都以"知"必见之于"行"。

汉朝儒家学者对"知""行"关系问题的讨论较少,杨雄有段话似可注意:"学,行之,上也;言之,次也;教人,又其次也。咸无焉,为众人。"(《汉言·学行》)这里也只是说"实践"比著述、教授更重要。我们是否可说,先秦至汉众多儒家对"知""行"关系问题其实都和上引《尚书》和《左传》的意思大体相同,即认为"行"比"知"更重要。据此,我们可知先秦至汉,儒家关于"知""行"问题基本上是从道德修养的提高或事功的践行方面考虑的,除荀子外,很少涉及"知""行"的认识理论问题。但到宋朝以后,宋明儒家学者则较为深入地讨论了理论问题。

张载认为,知识有两种,一是"见闻之知",即感性认识;一是"德性所知",以理性为基础的超经验的认知,这种认识不依靠于感觉经验,主要依靠道德修养。程颐在继承张载把"知""行"分为"见闻之知"和"德性所知"的基础上讨论了"知""行"问题。他说:"闻见之知,非德性之知,物交物则知之,非内也,今所谓博物多能者是也。德性之知不假见闻。"(《二程遗书》卷二十五)"见闻之知"是通过耳目等感官而对外界事物的认识,大体相当于感性认识;而"德性之知"则是人内在所具有的不依靠感官而有的"知",这或者可以说是一种理性认识,而这种理性认识是带有先验性的。由于人有"德性之知",这种"知"是关乎伦理道德的认识和事物根本原理(理)的认识。因此，程颐对"知"特别重视，提出了"知先行后"的学说。他认为"知"是"行"的前提，先有"知"，然后才会照着"知"去"行"。他说："须以知为本。知之深，则行之必至，无有知之而不能行者。知而不能行，只是知得浅。饥而不食乌喙，人不蹈水火，只是知。人为不善，只为不知。"（《二程遗书》卷十五）他认为，"知"是根本，深刻的认知是一定能行的，没有"知"而不能"行"的，人不吃有毒的东西，因知它有毒；人不向水火走，因为水火会让人丧生。人做坏事，就是因为他不知分别善恶。所以"知之不能行，只是未真知"。由于程颐强调"知"对"行"的作用，他认为："非唯行难，知亦难也。《书》曰：知之非艰，行之惟艰。此故是也，然知之亦自艰。"（《二程遗书》卷十八）这就是说，不仅"行"很难，"知"同样很难，所以黄宗羲说："伊川先生已有知行合一之言。"（《宗元学案》卷七十五）我们可以说，程颐是重"知"的"知行合一"说。

朱熹继承程颐"知先行后"之说，《朱子语类》卷九："问致知、涵养先后。曰：须先致知而后涵养。""致知"是"知"，"涵养"是"行"。但他特别提出"知行常相须"的知行并进说。"知与行，工夫须着并到。知之愈明，则行之愈笃；行之愈笃，则知之益明。二者皆不可偏废。"（《朱子语类》卷十四）"知、行常相须，如目无足不行，足无目不见。论先后，知为先；论轻重，行为重。"（《朱子语类》卷九）"致知、力行，用功不可偏。偏过一边，则一边受病。如程子云：'涵养须用敬，进学在致知。分明自作两脚说，但只要分先后轻重。论先后，当以致知为先；论轻重，当以力行为重。"（卷九）朱熹认为，

"知""行"虽有先后、轻重之分，但都不可偏废，他说："涵养、穷索，二者不可废一，如车之两轮，如鸟之两翼。"（卷九）故有谓程朱是"重知的知行合一说"。在讨论"论知之与行"的关系问题上，朱熹还认为："方其知之，而行未及之，则知尚浅。既亲历其域，则知之益明，非前日之意味。"（卷九）"知"虽是"行"的基础与前提，但在"行"（实践）的过程中会加深"知"，人们会对道理更加明白起来。朱熹所以重"行"，则是因其把"知"与"行"的问题视为道德修养问题，所以他说："善在那里，自家却云行他，行之久则与自家为一，为一则得之在我。未能行，善自善，我自我。"（《朱子语类》卷十三）"善在那里"是"知"的问题，"自家却去行他"是"行"的问题，是一个道德修养问题，是一个必之于事功的问题。如何成圣成贤，必得"知行合一"，才可以成就至善之美德。在中国儒家学说中常言"体道"（或体认"天理"），此或有二义：一为"以道为体"，即圣人和"道"认同，而"同于道"；另一则是说圣人实践"道体"，即依"天道"身体力行之，它不仅是"知"的问题，而且更是"行"的问题，这或是朱熹之所以重视"行"之故。盖儒家自古皆以通过自身的道德修养而实现其"治国平天下"之理想。

"知行合一"作为一明确的命题是由王阳明提出的，这在《传习录》中多处有载：

> 知之真切笃实处便是行，行之明觉精察处便是知。若行而不能明觉精察便是冥行，（便是学而不思则罔，）所以必

须说个知；知而不能真切笃实便是妄想，（便是思而不学则殆，）所以必须说个行。原来只是一个工夫。凡古人说知行，皆是就一个工夫上补偏救弊说，不似今人截然分两件事做。如今说知行合一，虽亦是就今时补偏救弊说，然知行体段亦本来如此。①

王阳明认为，能够做到明觉精察（即是说"有自觉"）的"行"就是"知"，这样的"行"才不是盲目的"行"；能够做到"真切笃实"（即是说"真实无妄"）的"知"，就是"行"，这样的"知"才不是虚妄的"知"。所以，"行"必须和"知"一起来说，"知"必须和"行"一起来说，无所谓"先后"。因此他的"知行合一"学说是为了纠正程朱的"知先行后"说的。关于"知行合一"，王阳明解释了他为什么要提出"知行合一"，他说："今人学问，只因知行分作两件，故有一念发动，虽是不善，然却未行，却不去禁也。""我今说个知行合一，正是要人晓得，一念发动处，便即是行了，发动处有不善，就将这个不善的念克倒了。须要彻根彻底不使那一念不善潜伏在胸中，此是我立言宗旨。"（《传习录》）王阳明说，他之所以立"知行合一"学说是为了反对把"知"和"行"分割为二。为什么不能把"知"和"行"分割为二，他有个前提就是要存善、去不善。对于一个人

---

① 《传习录》："知行原是两个字说一个工夫。这一工夫须着此两字，方说得完全无弊病。""若会得时，只说一个知，已自有行在，只说一个行，已自有知在。""知不行之不可以为学，则知不行之不可以为穷理矣。知不行之不可以为穷理，则知行合一并进，而不可分为两节事。"

的道德修养来说，不仅见之于日用伦常中的"不善"要克倒，而且潜藏于胸中的不善念头也要克倒，而且"须要彻根彻底不使那一念不善潜伏在胸中"。如果我们说，知善知恶是"知"，似乎在胸中而未实现在日用伦常中的善或不善的念头也应属于"知"或"不知"（知善恶或不知善恶）。但王阳明却认为善的或恶的念头就是"行"了。这看来似乎说不通，但从儒家的道德修养上说则有其合理性。在《论语》中有条记载："吾日三省吾身：为人谋而不忠乎？与朋友交而不信乎？传不习乎？"（《学而》）省者，反省此或可有两解：一所行之事是否合乎道义，应该时时反省；二自己心中的念头是否合乎道义，应时时反省。就前者说，是"行"；就后者说则尚未见之于外的行，而似王阳明之"一念"之发动。《朱子语类》卷十二《持守》谓："圣贤千言万语，只要人不失其本心。""未有心不定而能进学者。人心万事之主，走东走西，如何了得。""学者为学，未问真知与力行，且要收拾此心，令有个顿放处。若收敛都在义理上安顿，无许多胡思乱想，则久久自于物欲上轻，于义理上重。"此即孟子的"求其放心"。禅宗有"不是风动，不是幡动"，"仁者心动"之说，"心动"即"一念发动"，则有善有恶，"有恶"就必须克倒。人心为万事之主，"心"不可走东走西，不可胡思乱想；心走东走西、胡思乱想就必须克倒它。照王阳明看，心的走东走西、胡思乱想，就是"一念发动"，这便是"行"，应该克倒。就这点说，把"一念发动处"看成"行"，对人之道德修养应该说是极有意义，此或是"自律"之极致。

《大学》《中庸》皆言"慎独"，阳明之"一念发动处便是行"

和"慎独"应有密切之关系,《哲学大辞典》^①"慎独"条说:

> 中国儒家道德修养用语。指在无人觉察的闲居独处
> 时,尤须谨慎地对待自己的行为,自觉遵循道德要求。《礼
> 记·中庸》说:"道也者,不可须臾离也,可离非道也。是
> 故君子戒慎乎其所不睹,恐惧乎其所不闻,莫见乎隐,莫
> 显乎微,是故君子慎其独也。"东汉郑玄注:"慎独者,慎
> 其闲居之为。"《大学》说:"诚于中,形于外,故君子必慎
> 其独也。"以为慎独要"诚其意"而"毋自欺也",从道德
> 心理对"慎独"作了阐发。南宋朱熹则以理学的观点进行
> 发挥。认为对待人所不知而己所独知的细微之事,君子之
> 心应"常存敬畏",不敢疏忽,此"所以存天理之本然而不
> 使离于须臾之顷也","所以遏人欲于将萌而不使其滋长于
> 隐微之中"(《中庸章句》)。将"慎独"作为"存天理"的
> 重要方法。……"千古相传只慎独二字要诀,先生(指王守
> 仁)言致良知,正指此。"(《刘子全书》卷十三《阳明传习
> 录》)……^②

按:此条谓"慎独"是"须谨慎地对待自己的行为",但
"慎独"是否仅仅关乎"行"?我认为,也关乎"知",因念头
之不善亦应克倒。《大学》:"所谓诚其意者,毋自欺也。如恶恶

---

① 冯契主编:《哲学大辞典》,上海辞书出版社,1992年12月。
② 关于"慎独",在《礼记·礼运》《荀子·不苟》以及马王堆帛书《五行篇》
和郭店楚简《五行》均有所论,兹不录。

臭，如好好色，此之谓自慊，故君子必慎其独也。"朱熹注说："诚其意者，自修之首也。毋者，禁止之辞。自欺云者，知为善以去恶，而心之所发，有未实也。慊，快也，足也。独者，人所不知，而己所独知之地也。言欲自修者，知为善以去其恶，则当实用其力，而禁止其自欺，使其恶恶则如恶恶臭，好善则如好好色，皆务决去而求之必得之，以自快足于己，不可徒苟且以徇外而为人也。然其实与不实，盖有他人所不及知而己独知之者，故必谨之于此，以审其几焉。"（《大学章句》）朱熹这段对"慎独"的注可注意者有二：第一，"慎独"是要求其"思想"和"行为"在别人不察知而只有自己心知肚明的情况下，也要"知为善以去其恶"，"而禁止其自欺"。这就是说对善、恶的取舍应有一"自觉"，应自觉地"使其恶恶则如恶恶臭，好善则如好好色"（王阳明说："人但得好善如好好色，恶恶如恶恶臭，便是圣人。"《传习录》），这样就可以彻底防止作出不符合道德规范的事。第二，朱熹认为，君子之心应常存敬畏，不敢疏忽，"所以遏人欲于将萌而不使其滋长于隐微之中"（《中庸章句》）。这就是他所说的"故必谨之于此，以审其几焉"，要防止于萌芽状态的"动机"。我想，这也许正是王阳明据此可以发挥成"一念发动处便是行"的原因，也就是说，王阳明的这一命题应和"慎独"有着密切的关系。就这方面看，王阳明在"知行合一"问题上是特别重视其道德上的意义。王阳明说："《大学》指个真知行与人看，说如好好色，如恶恶臭。见好色属知，好好色属行，只见那好色时已自好了，不是见了后又立个心去好；闻恶臭属知，恶恶臭属行，只闻那恶臭时已自恶了，不是闻了后另立个心去恶。"(《传习录》)于是他提出"一念发动处便即是行"的论断，这就是说，他提倡"知行合一"的目的是要从思想上防止对道德规范的违背。

那么也许我们要问，王阳明的"知行合一"学说除了道德上的意义之外，是否也有"认识"上的意义呢？应当说道德上的"知""行"问题是和"认识"上的"知""行"问题分不开的。王阳明说："真知即所以为行，不行不足以为知。"(《传习录》)意谓，"真知"应是见之于"行"之"知"，不身体力行是不能被认为是"真知"，所以王阳明说，"知之真切笃实处即是行，行之明觉精察处即是知，知行工夫不可离"(《答顾东桥书》)。据此他论证说："如言学孝，则必服劳奉养，躬行孝道，然后谓之学，岂徒悬空口耳讲说，而遂可以谓之学孝乎？学射必张弓挟矢，引满中的；学书则必伸纸执笔，操觚染翰。尽天下之学，无有不行而可言学者，则学之始固已即是行矣。"(《答顾东桥书》)王阳明的"知行合一"是把"知"和"行"看成统一的，"知"必见之于"行"，离开了"行"的"知"不是"真知"，即实是"不知"；"行"必是自觉的"知"，这样的"行"才不是妄行，而是真切笃实的行。所以王阳明反对知先行后论，他强调"知"和"行"不能分离。他说："知是行的主意，行是知的功夫；知是行之始，行是知之成。若会得时，只说一个知，已是自在行；只说一个行，已有知在。"(《传习录》)知是行的主导，行是知的体现；知是行的开端，行是知的完成。知中有行，行中有知，两者不能分离，它是一个统一的过程。王阳明的这个"知行合一"学说，作为一种道德学说应该说是十分有价值的，它体现着中国传统美德，即所知必须见之于行，才是做人的道理。

但是，王阳明的"知行合一"学说是否也存在一些问题呢？这点贺麟先生在他的《知行合一新论》中有所讨论。贺先生说："王阳明之提出知行合一说，目的在为道德修养，或致良知的功夫，建立理论基础。"他又说："不批评地研究知行问题，而直谈道德，所得必为武断的伦理学（Dogmatic ethics）。因为道德学研究行为的准则，善的观念，若不研究与行相关的知识，与善相关的真，当然会陷于无本的独断。"①为此，在《新论》中贺麟先生企图为王阳明的"知行合一"学说建立一知识的基础。《新论》首先利用西方哲学对概念分析的方法对"知"和"行"进行知识性的分析，他说："'知'是意识活动，'行'是生理活动，所谓'知行合一'就是两种活动同时产生或同时发动。"贺先生把这种"知行合一"称之为"自然的知行合一论"。这个"知"与"行"同时产生或同时发动虽是源自西方哲学家斯宾诺莎，但贺先生进一步解释说："知行合一乃指与行为同一生理心理活动的两面而言。知与行既是活动的两面，当然两者是合一的。"这可以说是利用近代心理学和生理学的知识而得出的结论。所以贺先生认为，王阳明的"知行合一"是一种"价值的知行合一观"，它自有其德行和涵养心性方面的价值，但是这种"价值的知行合一观"应该有知识论的基础，而他的"自然的知行合一论"可以包含王阳明的"价值的知行合一观"，且为其提供了合理的知识基础。

---

① 贺麟：《知行合一新论》，收入贺麟先生的《五十年来的中国哲学》，辽宁教育出版社，1989 年 3 月。

关于"知""行"关系问题在儒家的学说中是一重要的问题，在儒家所重视的经典《尚书》中就讨论了这个问题，而且总的倾向是认为"知"必须"行"，所以儒家没有把这个问题只是看成一个"知识"的问题，而认为它从根本上说是一个道德上的身体力行的问题，是一个基于心性修养的道德实践问题。虽然，不同的儒家思想家在论证"知行"关系时或许有所偏重，但总体上说都认为"知"和"行"是一统一的过程，两者不能截然分开。而王阳明的"知行合一"学说就其价值来说应为儒家的"道德修养"建立了较为完整的理论基础。当然，就"知""行"作为"知识"（认识论）的问题来探讨，从中国传统哲学（特别是儒家哲学）来说仍然有许多问题有待进一步研究，以使儒家的道德学说能有一更加完满的"认识论"基础。

三、论"情景合一"

"情景合一"作为一重要的美学命题，它的意思是说好的文学艺术作品是"情"和"景"结合的产物。"情景合一"作为一美学命题在宋元明清时期已有许多论述，特别是近代王国维的《人间词话》论之颇详。但关于美感的表述早在先秦已经有了。孔子说："仁者乐山，智者乐水"，已接触到"情""景"问题。人之所"乐"为人之感情，所乐者或山、或水则为"景"矣。"乐山""乐水"正是人之"情"与山水之"景"会合而发生的。我们知道，孔子是一位感情丰富的人，他在齐国听相传是虞舜时代的"韶"乐，很长时间尝不出肉的味道，他说：想不到听音乐竟能达到这样的境界。（"子在齐闻韶，三月不知肉味，曰：'不图为乐之至于斯也。'"）孔子站在奔流的河边，他叹息着说：消失的时光像河水一样呀！日夜不停地流去。（"子在川上，曰：逝者如斯夫！不舍昼夜。"）这都说明孔子的触景生情，它虽表现了"情""景"关系，但只是说外在的"景"可以引起内在的"情"的发生或变化，当然还说不上是对"情""景"关系问题的理论论述。荀子说："乐者，乐也，人情之所以必不免也，故人不能无乐。乐则必发于声音，形于动静；而人之道，声音动静，性术之变尽是矣。"第一句的前面一"乐"字是指音乐，后面一"乐"字是指人的"喜乐"，对于人来说"喜乐之情"总是人们所要求的，所以不能没有"音乐"来满足人们这方面的要求。"音乐"必然是表现为发出的外在的声音动静；而又由于声音动静引起人内心在感情的变化，这是"音乐"的功能。为什么"音乐"有上述这方面的作用？荀子认为，"琴瑟乐心"，音乐使人快乐，在于"其清明象天，其广大象地，其俯仰周旋，有似于四时"。荀子这个看法应说很有意义，说明他注意到"音乐"和"大自然"的关系，能使人心喜乐的美好音乐应是能再现"大自然"的清明广大。"音乐"表现的"大自然"为"景"，而"音乐"感动人心而为"情"，这就是说"音乐"是实现"情""景"交融，体现着"情景合一"的一种境界。荀子的这段论述虽说包含着"情景合一"的思想，但这也还不能说是对"情景合一"的理论表述。中国的美学或文学艺术理论真正成为一门独立的学问，成为有系统的理论体系，大体上说应该是在魏晋南北朝时期，那时不仅有表现"情景合一"的许多文学艺术作品，而且已经有了"情景合一"的理论表述。刘勰《文心雕龙·物色》说："春秋代谢，阴阳惨舒，物色之动，心亦摇焉。……岁有其物，物有其容；情以物迁，辞以情发。"春与秋更迭着季节的次序，阴和阳影响着人事的哀乐，自然物的声色稍有变动，人的心情就会随之而摇荡。四时各有其物，万物各有其容；心情随物而变化，言辞依情而触发。① 此处刘勰已

---

① 此"译语"据李蓁非《〈文心雕龙〉释译》，江西人民出版社，1997 年。

接触"情""景"关系问题，或如杨牧《陆机〈文赋〉校释》说
"物色"有感于物而兴起的意思，即所谓"即物起兴"或"即境
生情"。①其后，在钟嵘的《诗品序》中说："气之动物，物之感
人，故摇动性情，形诸舞咏。"大气使景物千变万化，景物的变
化感荡着人们，激发了人的感情，而有歌舞之表现。"景物"和
人的情感一结合就会产生文学艺术作品，钟嵘的这段话可以说
是"情景合一"思想之滥觞。在《诗品》中还有一段话或更好
地表达了"情景合一"的思想，他说："夫四言文约意广，取效
《风》《骚》，便可多得。每苦文繁而意少，故世罕习焉。五言居
文辞之要，是众作之有滋味者也，故云会于流俗。岂不以指事造
形，穷情写物，最为详切者耶？故诗有三义焉：一曰兴，二曰
比，三曰赋。文已尽而意有余，兴也；因物喻志，比也；直书其
事，寓言写物，赋也。宏斯三义，酌而用之，干之以风力，润
之以丹彩，使味之者无极，闻之者动心，是诗之至也。"意思是
说：四言诗文字少，含义广，只要效法《国风》《离骚》，便可写
出很多作品。但在创作实践中，却往往苦于文字写得很多而含义
甚少，所以很少有人能够熟练地运用它。于是，五言诗便跃居主
要地位，成为各类作品中最有滋味的，所以很合乎世俗所好。岂
不是因为它指说事情、创造形象、畅抒感情、描写景物最为详明
而贴切吗？因之，诗有三种表现手法：一是兴，二是比，三是
赋。文字已尽而余意无穷，这是兴；借助外物来喻说情志，这是
比；直截了当地叙述事情，有所寄托地描写外物，这是赋。综合

---

① 杨牧：《陆机〈文赋〉校释》，洪范书店，1985年。

这三种表现手法，斟酌情况而加以运用，以"风力"为作品的骨干，以"丹彩"为作品的润饰，使欣赏者感到意味无穷，听诵者觉得动人心弦，是诗歌无上的境界了。① "穷情写物"，作诗必穷尽其"感情"来描写"景物"才是"神品""至文"，这是一境界问题，不能"穷情"如何能写得好的"景物"呢！照钟嵘看，"兴""比""赋"虽都是用文字表现出来，但都必是"穷情写物"的。"兴"之用文字写，必其意不穷，"无穷之意"是"穷情"而有；不是穷尽其情的写物，不能成"神品"。"比"是要借助外物以抒发其感情，只有体外物之深而所发之感情才可"尽善尽美"，而有"至文"。"赋"则必须寄托其感情于景物，才能再现造化之功。因此，诗之佳作要靠诗人内在的性情涵养，以及对外在"景物"描写的神功，才可以"动人心弦"，成"无上之神品"。就此，我们可以说"穷情写物"正是"情景合一"的极好的表述。

自宋以后，在文学艺术方面讨论"情""景"问题的渐多，初有宋代范晞文在《对床夜话》中提出诗有"景中之情"和"情中之景"之分，如杜甫之"水流心不竞，云在意俱迟"为"景中之情"；如杜甫之"卷帘唯白水，隐几亦青山"为"情中之景"。虽然有的诗在情中现景，有的诗在景中现情，但在诗的创作中情和景是不能分割的，"景无情不发，情无景不生"，故"情景相触而莫分也"。自此以后，"情""景"关系作为一种文学艺术理论问题的论述渐渐多了起来。元方回在（《瀛奎律髓》中也认为杜

---

　　① 此处据周伟民、肖华荣《〈文赋〉〈诗品〉注译》的译文，中州古籍出版社，1985年。

甫的诗如"片云天共远，永夜月同孤"是"景在情中""情在景中"，好诗"情""景"是融为一体的。明朝论述"情景合一"更为普遍、更为系统。如前后七子多言"情景合一"，谢榛在《四溟诗话》中说："作诗本乎情景，孤不自成，两不相背。""诗"作为一种文学艺术作品，应是由"情""景"两个方面结合而成，只有一个方面是不能成其为佳作的。又说："夫情景相触而成诗，此作家之常也。"谢榛还说："子美曰：'细雨荷锄立，江猿吟翠屏。'此语宛然入画，情景适会，与造物者同其妙……"谢榛的意思是说杜甫这两句诗就如造物者所选就的一样奇妙，是"情"和"景"的巧妙完美的"合一"，真得"原天地之大美"也。所以他说："诗乃摹写情景之具，情融乎内而深且长，景耀乎外而远且大。"就诗是摹写情景的一种文学艺术形式来说，其"情"是内在于人的，"景"是外在于境的，合内外而有诗之作。但作成好的"情景合一"的诗是不容易的，谢榛说："凡作诗要情景俱工，虽名家亦不易。"与谢榛派别不同的公安派袁中道也以"情景合一"立论，如他在《牡丹史序》中说："天地间之景，与慧人才士之情，历千百年来，互竭其心力之所至，以呈工角巧意，其余无蕴矣。""情""景"相融的作品是千百年来文学家、艺术家用尽心思、以各种技巧所追求的，这点是毫无疑义的。

清初戏剧理论家李渔在《窥词管见》中说："文贵高洁，诗尚清真，况于词乎？作词之料，不过情景二字，非对眼前写景，即据心上说情，说得情出，写得景明，即是好词。情景都是现在事，舍现在不求，而求诸千里之外，百世之上，是舍易求难，路头先左，安得复有好词！"李渔认为，词也和诗文一样应在"高洁""清真"求得。"词"无非是由"情""景"而成，无论是据"眼前之景"，还是发自"心上之情"，只要能在作品中把"情""景"很好地表现出来，就是好词。而无论"说情""写景"都是词人的当下感悟，不应有时空之隔绝，如果有时空之隔，非在当下，那么作词就走错了路，是无好词的。这里李渔着重是说，作词离不开"情""景"，能把当下之"情""景"表现出来才可能是好词。而"写景"应是"情中之景"，"说情"应是"景中之情"，都和当下之感受有关，离当下之感受而求之"千里之外，百世之上"，是出不了好词的。如果说前此的诗文论者对"情景合一"有很多精彩论说，那么我们则可以说王夫之使我国文学艺术"情景合一"的理论更为圆满。王夫之在《姜斋诗话》中说："情景名为二，而实不可离。神于诗者，妙合无垠。巧者则有情中景，景中情"，"情中生景，景中生情，故曰景者情之景，情者景之情"，"情景一合，自得妙语"。王夫之认为，好诗必是情景相融，这两方面不能分离。有的诗虽是写"景"，但其实是"情"在"景"中；有的诗虽是写"情"，但实是"景"在"情"中。好的诗词总是"情景相融"，写"景"而"情"在其中，而写"情"则"景"藏其后，所以王夫之说："情景虽有在心在物之分，而景生情，情生景，哀乐之触，荣悴之迎，互藏其宅。"他评张治《秋郭小寺》[1]说："龙湖（按：张治有《龙湖诗集》）高妙处，只在藏情于景。间一点入情，但就本色上露

---

[1] 张治《秋郭小寺》："短发行秋郭，尘沙记旧禅。长天依片鸟，远树入孤烟。野旷寒沙外，江深细雨前。马蹄怜暮色，藤月自娟娟。"

出，不分涯际，真五言之圣境。'远树入孤烟'，即孤烟藏远树也，此法创自盛唐，偶一妙耳，必融目警心时方如此耳云云，乃是情中景。"诗有藏情于景者，亦有藏景于情者，但都是"情景合一"的，是"孤不自成"的。在评李白《采莲曲》^①中说："卸开一步，取情为景。诗文至此，只存一片神光，更无形迹矣。"此说李白《采莲曲》虽写采莲女之"情"，而实是"取情为景"，"景在情中"真是"情景交融"之神笔，"取情为景"，在《采莲曲》中"情""景"妙合无垠，了无形迹。王夫之认为上等文学艺术作品应是"情景相入，涯际不分"。因此，他认为好的文学作品无论是表现为"情中景""景中情"，还是"情景相入"，都是"情景合一"的。所以他说："夫景以情合，情以景生。初不相离，唯意所适，截分两橛，则情不足兴，而景非其景。"朱庭珍的《筱园诗话》卷四也颇有相似说法："律诗炼句，以情景交融为上，情景相对次之，一联皆情，一联皆景又次之。……情景交融者，景中有情，情中有景，打成一片，不可分拆。"这也是说能表现"情景合一"之诗文为文学艺术之上品。王夫之在对帛道猷的《陵峰采药触兴为诗》^②的评论中说："宾主历然，情景合一。升庵欲截去后四句，非也。"盖帛道猷的这首诗，前部分六句主要是写"景"的，后四句主要是写诗人之情的，但就全

---

① 李白《采莲曲》："若耶溪旁采莲女，笑隔荷花共人语。日照新妆水底明，风飘香袂空中举。岸上谁家游冶郎，三三五五映垂杨。紫骝嘶入落花去，见此踟蹰空断肠。"

② 帛道猷《陵峰采药触兴为诗》："连峰数千里，修林带平津。云过远山翳，风至梗荒榛。茅茨隐不见，鸡鸣知有人。闲步践其径，处处见遗薪。始知百代下，故有上皇民。"

诗看是写"情景合一"的，如果像杨慎那样主张把后四句截去，那么这诗就不完整了，就体现不了帛道猷"情景合一"的用心。看来，王夫之在评论文学作品时处处都以"情景合一"作为标准。有清一代，讨论文学作品的"情""景"问题的文学评论家有很多，如方东树说："诗人成词，不出情、景二端，……尤在情景交融，如在目前，使人津咏不置，乃妙。"（《昭昧詹言》卷七）朱庭珍说："夫律诗千态万变，诚不外情景、虚实二端。然在大作手，则一以贯之，无情景虚实之可执也。写景，或情在景中，或情在言外。写情，或情中有景，或景从情生。断未有无情之景，无景之情也。"（《筱园诗话》卷二）施补华说："景中有情，如'柳塘春水漫，花坞夕阳迟'；情中有景，如'勋业频看镜，行藏独倚楼'；情景兼到，如'水流心不竞，云在意俱迟'。"（《岘佣说诗》）这些都是从诗词方面论说"情景合一"，而其时还有从作画方面论说"情景合一"者，如清中布颜图在《画学心法问答》中说："山水，不出笔墨、情景。情景者，境界也。古云：'境能夺人。'又曰：'笔能夺境。'终不如笔、境兼夺为上。……吾故谓笔墨、情景，缺一不可，何分先后？""情景入妙，为画家最上关捩，谈何容易？宇宙之间，惟情景无穷，……"绘画要在能画出真景物、真感情，合真景物、真感情而成境界，此作品体造物之妙，而成"神品"。故布颜图认为画之上品以"情景入妙"最为关键。

王国维把美学的"情景合一"论与中国的"境界"论联系在一起，可以说把这一美学理论提升到"天人合一"论的哲学高度。王国维在《文学小言》中说："文学中有二原质焉：曰情，曰景。"意思是说，构成文学作品的最根本要素是"情"和"景"，这个观点和他在《人间词话删稿》中所说："昔人论诗词，有景语，情语，不知一切景语，皆情语也"的思想是相关联的。意思是说，虽然文学有"情""景"二原质，但"景语"要以"情语"而再现，盖"情语"尝寓于"景语"之中。这个观点在王夫之的《姜斋诗话》中也有所论说："不能作景语，又何能作情语邪？古人绝唱多景语，如'高台多悲风'……'池塘生春草'，……皆是也，而情寓其中矣。"而王国维从境界论上讨论"情""景"问题，他说："词以境界为最上。有境界则自成高格，自有名句。"何谓"境界"？王国维说："境非独谓景物也，喜怒哀乐，亦为人心中之一境界。故能写真景物、真感情者，谓之有境界，否则谓无境界。"所以在王国维看来，"境界"一词，除"景物"外，实当亦兼指"情意"。叶嘉莹对此解释说："境界之产生，全赖吾人感受之作用；境界之存在，全赖吾人感受之所及，因此，外在世界在未经吾人感受之功能予以再现时，并不得称之为境界。从此结论看来，可见静安先生所标兴之境界说，与沧浪之兴趣及阮亭之神韵说，原来也是有着相通之处的。"（见《迦陵论词丛稿》）王国维所注重的"境界"是词人之"境界"，其要在词人能否以其感情再现天地造化之功，而成"神品"；而词成"神品"之关键则在能否"情景合一"，故王国维说："'红杏枝头春意闹'，著一'闹'字，而境界全出。'云破月来花弄影'，著一'弄'字，而境界全出矣。"此"闹"、此"弄"正是他所说之"人心中之一境界"，而"红杏枝头春意闹"，"云破月来花弄影"正体现着"情景合一"，而为词人所得一"情景合一"

之境界。诗词中"情景合一"的境界，实是"天人合一"在审美意向上之表现。为什么王国维要从"境界"的角度来说"情景合一"，这正因为"情景合一"实是"天人合一"问题。如果我们以"真""善""美"来讨论"天人合一""知行合一""情景合一"问题，也许这三者都是一"境界"问题。①

从中国传统哲学的总体上看，我们可以说"情景合一"和"知行合一"一样，都是从"天人合一"派生出来的。"知行合一"无非要求人们既要知"天道""人道"，又要在生活实践中行"天道""人道"，而"人道"本乎"天道"，所以知且行"天道"，也就是知且行"人道"了，这就是说做到"知行合一"就能达到"天人合一"之境界，故实践"知行合一"要以"天人合一"为前提。"情景合一"要求人们以其思想感情再现天地造化之功，如庄子所说："圣人者，原天地之大美。"人们的思想感情于再现天地造化之功，必以"人"与"天"为一体而可能。因此，"知行合一""情景合一"均须是"人"主动地与"天"的"合一"。人生活在天地之间，要"做人"，也要有"做人"的乐趣，孔子说："知之者不如好之者，好之者不如乐之者。"乐山、乐水均是在当下领略天地造化之功。人要能在生活中领略天地造化之伟大功力，就必须有再现天地造化之功力，于此而表现人之创造力，人的与天地上下同流之精神境界，而使"文"成"致文"、画成"神品"、乐成"天籁"。所以文学艺术的要求、"美"的要求应是

① 参见拙作《论中国传统哲学中的真善美问题》(《中国社会科学》，1984 年第 5 期)；《再论中国传统哲学中的真善美问题》(《中国社会科学》，1990 年第 3 期)。

"情景合一"的，在"景中生情，情中生景"，"情景一合，自得妙语"，在此文学艺术家即可达"天人合一"之境界，而与天地万物为一体。

"天人合一"是要求"人"在生生不息的"天道"变化中实现自我与"天"的认同，这是"人"对"真"的探求的过程，它体现着"天""人"之间的内在"合一"。"知行合一"要求"人"在生活中认知并实践"天人合一"，即在生活实践中体现"天道""人道"（即天人合一之道），这是"人"在修身养性、身体力行中自我完成其"善"的成圣成贤的路径。"情"是人之情，"景"是"原天地"而为景，"情景合一"是要求"人"在不断深化其思想感情而感受天地造化之功，"原天地之大美"，而达到"情景交融"美的境界。中国哲学关于"真""善""美"之所以可用"天人合一""知行合一""情景合一"来表述，这正体现着中国传统哲学以追求一种理想的人生境界为目标，而"天人合一"正是中国的一种在"人"与天地万物之间有着相即不离的内在关系的世界观和思维方式。

四、论"普遍和谐"

在人类社会进入 21 世纪后，我们回头看看 20 世纪的历史，可以发现过去的这个世纪是人类社会飞速发展的世纪、取得辉煌成就的世纪，但同时又是一充满矛盾冲突的悲惨世纪。在这百年间，发生了两次世界大战，死亡几千万人，大量破坏了人类多少世纪辛勤建造的文化遗产。而我们的国家，在百年中又经历了种种苦难，同时也取得了巨大的进步。今日的中国社会正在从传统走向现代，这是历史发展的要求，但在这个过程中也许不可避免地发生种种问题，例如我国社会目前存在的"信仰危机""道德真空""贪污腐化""环境污染"等等，已经到了相当严重的地步，是不得不引起注意的时候了。从全世界看，现今虽然走出了冷战时代，可是人类面临更多、更复杂的问题。我们可以看到，科学技术的高度发展虽然给人类社会带来巨大的进步，但是作为自然界一部分的人，在他们征服自然的过程中，不仅掌握了大量破坏自然的工具，而且也掌握了毁灭人类自身的武器。当今，对自然界的过量开发，资源的浪费，臭氧层变薄，海洋的毒化，环境污染，人口暴涨，生态平衡被破坏，不仅造成了"自然和谐"

的破坏，而且严重地破坏了"人与自然的和谐"，已严重威胁到人类自身生存的条件。由于片面地追求物质利益，对自然资源的争夺、占有和权力欲望的膨胀，造成了国与国、民族与民族、地域与地域之间的对立和战争。过分注重金钱和物质享受，造成了人与人之间关系的紧张、社会的冷漠、心灵的孤寂，使人们失落感日甚。在人类社会中，现在儿童有儿童的问题，青年有青年的问题，老年有老年的问题；人与人之间心灵上的隔膜，在日常生活中的互不了解甚至仇视，使人们丧失了对"人与人的和谐"的追求，这样发展下去终将导致人类社会的瓦解。在现代社会，由于人们无止境地追求感官之享受，致使身心失调，人格分裂；由于心理不平衡引起精神失常、酗酒、杀人、自杀等等，造成了自我身心的扭曲，已成为一种社会病，而严重影响了社会的安宁，其原因正在于人们忽视了"人自我身心内外的和谐"。在我们走进 21 世纪之际，人类社会要走出人自身造成的困境，就必须解决当前所面临的"和平与发展"问题。这就是说，我们必须调整好人与人之间的关系，扩而大之即是要调整好民族与民族、国家与国家、地域与地域之间的关系；必须调整好人与自然的关系，保护自然环境，合理利用自然资源，以使人类社会共同发展。因此，我认为，如果人们能更加重视儒家的"太和"观念，对它作出适应现代社会生活的诠释，并使其落实于操作层面，应该说对今日和将来人类社会的发展是非常重要的。"太和"见于《周易·乾卦·彖辞》："乾道变化，各正性命，保合太和，乃利贞。"意思是说，天道的大化流行，万物各得其正，保持完满的和谐，万物就能顺利发展。王夫之在《张子正蒙注》中说："太和，和之至也。……未有形器之先，本无不和，既有形器之后，其和不失，故曰太和。"在宇宙未分化出具体事物之前，宇宙本来就是和谐的，没有什么不和谐；在宇宙分化出天地万物（包括人）之后，如果不使和谐丧失，这才叫作"太和"。可见"太和"包含着"普遍和谐"的意义。我认为，"普遍和谐"观念至少应包含四个层面才可以被称为"普遍和谐"，而在儒家思想中"太和"观念恰恰包含着：自然的和谐、人与自然的和谐、人与人的和谐（即社会生活的和谐）以及人自我身心内外的和谐等四个方面，这样大体上构成了"普遍和谐"的观念。

第一，儒家把"自然"（"天"或"天地"）看成一个和谐的整体。我们知道，孔子说："天何言哉？四时行焉，百物生焉，天何言哉？"天的运行是自然而然的，万物的生长也是自然而然的，这说明孔子对"自然"的和谐的认识。被儒家奉为经典的《周易》认为，阴阳变化体现了宇宙运行的规律，"自然"的运行是在"元"（自然界万物的起始）、"亨"（万物的生长）、"利"（万物的成熟）、"贞"（万物的完成）中进行。《周易》把这种"自然"最完美的"和谐"叫作"太和"。以后儒家关于"自然和谐"的观念大体都是发挥这个思想，例如《中庸》认为，"和"（即和谐）是天下根本的道理。张载《正蒙·太和》开头说："太和所谓道。""太和"就是万物之通理，故王夫之认为宇宙本来就是"合同而不相悖害，浑沦无间"。这些都说明，儒家对"自然和谐"的重视。

第二，如果说儒家重视"自然的和谐"，那么可以说儒家更为重视"人与自然的和谐"。儒家不仅仅认为"自然"为一"和谐"

之整体,而此和谐整体之宇宙又是永远在生息变化之中,也就是说它是一刚健的大流行,因此人应该体现"自然"("天")的这一特点而自强不息,所以《周易》说:"天行健,君子以自强不息。"这个思想的基础正是儒家的"天人合一"的思想。所谓"天"是指"天道",即宇宙的规律;"人"是指"人道",即人和人类社会的道理。孔子有一段话可以说是他追求"天人合一"境界的过程,他说:"吾十有五而志于学,三十而立,四十而不惑,五十而知天命,六十而耳顺,七十而从心所欲,不踰矩。"这就是说,五十岁前是孔子认识"天命"的准备阶段,由五十岁起他对"天命"有了认识,六十岁可以根据宇宙的规律来辨明是非、善恶、美丑等等;七十岁就可以做到什么都自然而然地符合宇宙规律的要求,也就是说达到了完全的"天人合一"的境界。要实现"天人合一"得靠人自身的努力。孔子说:"人能弘道,非道弘人。"人的努力可以使"天道"发扬光大,如果人不努力,那么"天道"并不能使人高尚完善。孟子更进一步发展了孔子的"天人合一"思想,他认为只要人充分发挥其本心的作用,就可以对其由"天"得到的善性有深切的体会,从而也就可以了解"天"了,而能达到"与天地合其德"的境界。后来的儒家虽然对"天人合一"的思想有所发展,但大体都是沿着孔孟的思想发展下来的。例如朱熹说,"人道"不能离开"天道","天道"也不能不由人来体现,这是因为"人道"开始产生时是由"天道"决定的,但有了人及人类社会之后,"天道"就要在"人道"中表现了,圣人的贡献就是要使人类社会完完全全地体现"天道"的要求,以实现"天人合一"。儒家这种主张"天人合一"、追求"人与自然和谐"的观念的基础是，不把人和自然看成对立的，而把人看成自然和谐整体的一部分，而且是其中最重要的一部分。

第三，由于儒家认为，自然是和谐的，并追求人与自然的和谐，这样就必然引发出"人与人的和谐"的观念。这是因为，人和人之间以及人类社会也是应体现"天道"的要求的。所以孔子说："礼之用，和为贵。"社会规范的作用，以和谐为最重要。孔子又说："朝闻道，夕死可矣"；又说："道不行，乘桴浮于海"。这里的"道"就是"天道"（当然也包含体现"天道"的"人道"），人是应该把"天道"的要求推行于社会；如果人不能把"天道"推行于社会，不如乘木船到海上去。为什么人有可能把"天道"推行于社会呢？因为儒家的主流思想认为人性本"善"，而人之善性来源于"天"之"至善"，如果人能充分发挥其善性，而使之实践于社会，那么就能把社会变成一理想的和谐社会。因此，儒家特别强调人的道德实践对于理想的和谐社会的意义。儒家的重要经典之一《大学》首章中说："大学之道，在明明德，在新民，在止于至善。"朱熹注说："新者，革其旧之谓也。言既自明其明德，又当推以及人，使之亦有以去其旧染之污也。……言明明德、新民，皆当止于至善之地而不迁。"明明德、新民的目的是在止于至善。所以《大学》中认为，修身、齐家、治国、平天下等等一切都以修身为本，"自天子以至于庶人，壹是皆以修身为本"。这就是说，儒家认为每个人把道德修养好了，天下就可以太平了，所以孔子说："为仁由己，其由人乎？"做到道德完美全靠自己，哪里能靠别人呢？对于这个建立在道德修养基础上的和谐社会，儒家称之为"大同"社会。在《礼记·礼运》中对这个"大同"社会有一描述:"大道之行也,天下为公。选贤与能,讲信修睦,故人不独亲其亲,不独子其子,使老有所终,壮有所用,幼有所长,矜寡孤独废疾者皆有所养。男有分,女有归。货恶其弃于地也,不必藏于己;力恶其不出于身也,不必为己。是故谋闭而不兴,盗窃乱贼而不作,故外户而不闭。是谓大同。"这个和谐的"大同"社会的理想,当然包含着许多空想的成分,而且把和谐社会的理想完全建立在道德修养提高的基础上,也是片面的,甚至是很难做到的;但是,从儒家追求建立人与人之间的和谐关系来说,不能说是没有意义的。

第四,儒家和谐社会的理想既然是建立在个人的道德修养提高的基础上,因此儒家特别重视个人自我身心内外的和谐。儒家认为,生死和富贵不是人力可以追求到的,也不应是人追求的目标,"死生有命,富贵在天";但是人的道德和学问则是要靠人的努力来取得,"涵养须用敬,进学在致知"(伊川语)。如果一个人能做到"民胞物与",他就可以达到一种身心内外和谐的境界。孔子曾赞美他的弟子颜回说:"贤哉,回也!一箪食,一瓢饮,在陋巷,人不堪其忧,回也不改其乐。贤哉,回也!"又说:"有颜回者好学,不迁怒,不贰过。不幸短命死矣。"这就是说,颜回对富贵和生死无能为力,但他却是一个有学问、有道德的人,而且能在贫困中保持身心内外的和谐。孟子认为要达到"天人合一"就应该"存其心,养其性,所以事天也。夭寿不贰,修身以俟之,所以立命也"。一个人如果能保存他的本心,修养他的善性,以实现天道之要求,短命和长寿都应无所谓,但一定要修养自己和天道保持一致,这就是安身立命了。晋朝的潘尼作了一篇《安身论》，其中有两段阐发了儒家"安身立命"的思想，他说："盖崇德莫大乎安身，安身莫尚乎存正，存正莫重乎无私，无私莫深乎寡欲，是以君子安其身而后动，易其心而后语，定其交而后求，笃其志而后行"；"故寝蓬室，隐陋巷，披短褐，茹藜藿，环堵而居，易衣而出，苟存乎道，非不安也"。"安身立命"主要是要使自己的身心和谐，内外和谐，使自己言行符合天道的要求，至于衣、食、住、行等并不能对自己的身心产生什么重要影响，这种对待生活的态度也就是宋儒追求的"孔颜乐处"。周敦颐尝问程氏兄弟："寻孔颜乐处，所乐何事？"宋儒对此多有所论，归结起来就是寻得一个"安身立命"处。朱熹在其《答张敬夫书》中与张敬夫讨论"中和义"时说："而今而后，乃知浩浩大化之中自家自有个安宅，正是自家安身立命，主宰知觉处。"可见儒家所强调的正是由道德学养的提升，以求身心内外之和谐。

由以上四个方面，我们可以看出，由"自然的和谐""人和自然的和谐""人与人的和谐""人自我身心内外的和谐"所构成的"普遍和谐"观念是儒家的重要思想。本文虽然是从"自然的和谐"开始论述，但儒家关于"和谐"的观念是把"自我身心内外的和谐"作为起点的。儒家通过道德修养达到自身的和谐而推广到"人与人的和谐"，人类社会和谐了，才能很好地处理人和自然的关系；人与自然的关系处理好了，才能不破坏"自然的和谐"。正如《中庸》第二十二章中所说："唯天下至诚，为能尽其性。能尽其性，则能尽人之性；能尽人之性，则能尽物之性；能尽物之性，则可以赞天地之化育；可以赞天地之化育，则可以与天地参矣。"故而儒家关于"和谐"的路向是：由自身之"安身立命"，而至"推己及人"，再至"民胞物与"，而达到"保合太和"而与天地参。儒家这一关于"和谐"观念的路向，当然也并非十分完善，盖因过分强调了道德修养的意义，容易偏向泛道德主义。但"普遍和谐"作为一种观念来说，无疑对现代社会是有其正面的价值的。如果我们扬弃其中可能导致的缺点方面，并给以现代意义的解释和发挥，并通过各种可行之途径，使之落实于操作层面，我认为它将会对今日人类社会的发展提供一有积极意义的经验，以匡正今日社会的种种弊病。

五、论"内在超越"

一个民族的哲学有它的源起，就像一个民族的文化有它的源起一样。但是，一个民族的哲学的源起又和一个民族的文化的源起不同，自从有了这个民族就有了这个民族的文化，然而，并不是有了这个民族就有了这个民族的哲学。有些民族很可能一直处于没有创造出自身的哲学学说的阶段，甚至在这个民族还没有自己的民族哲学时就完全衰落以至于灭亡了，或者完全接受其他民族的哲学而继续存在着。中华民族是一个包含着许多民族的广泛名称，这个民族从野蛮进入文明时期至少有四五千年的历史了，但是这个民族的哲学，特别是较为完整的体系化的哲学应是产生于春秋战国时期。

在春秋末期，中国出现了几个伟大的哲学家，孔子、老子、墨子等等。照说老子是早于孔子，但《老子》这部书又形成于战国时期，因此把孔子看成中国最早的一个真正的哲学家也许是可以的。在现存的《论语》一书中包含着许多长期影响中国哲学发展的哲学问题。我认为，其中有一个很重要的问题就是关于"超越性和内在性"的问题。照我看，这个问题应是一个真的哲学问题，有了真的哲学问题才可能产生为解决这个问题的哲学理论体系。

《论语》记载了子贡的一句话："夫子之言性与天道，不可得而闻也。"① 这句话非常重要，因为它是一个真正的哲学问题，为什么孔子的"天道"与"性命"的问题不可得而闻呢？这就是因为所谓"天道"的问题是个宇宙人生的"超越性"的问题，而所谓"性命"的问题则是一个宇宙人生的"内在性"的问题，这两个问题本来都是形而上的哲学问题，照中国哲学的说法它们是"超言绝象"的。"超言绝象"自然不可说，即使说了别人也不懂，所以子贡才说了上面引用的那句话。那么超越性的"天道"如何去把握，内在性的"性命"如何去体证，这两者的关系究竟如何，就成了中国哲学的重要课题。儒家从孔孟一直到程朱陆王，他们的哲学大体上都是在解决或说明这两个相互关联的问题。儒家哲学是如此，中国传统哲学的另一大系道家何尝不是如此。老子《道德经》五千言所言"道""德"，所谓"道"是一超越性的本体，而所谓"德"则是指人得之于"道"的"内在性"，当然庄子更是如此了。关于道家不是本文讨论的范围，我将在另一篇文章《论老庄哲学中的超越性和内在性问题》一文中阐述，这里就不去讨论了。

儒家哲学中的"超越性"和"内在性"指的是什么？当然可以有各种各样的解释，但据上引子贡的那句话看，所谓"内在性"应是指"人的本性"，即人之所以为人者的内在精神，如

---

① "性与天道"的问题即是"天人关系"问题，请参见《论"天人合一"》。

"仁",如"神明"等等;所谓"超越性"应是指宇宙存在的根据或宇宙本体,即"存在之所以存在者",如"天道""天理""太极"等等。而儒家哲学的"超越性"和"内在性"是统一的,或者说是在不断论证着这两者是统一的,这样就形成了"内在的超越性"或"超越的内在性"的问题。"内在的超越性"或"超越的内在性"就成为儒家哲学"天人合一"的思想基础,是儒家所追求的一种理想境界,也是儒家之所以为儒家的精神所在。我这样说,正是因为子贡把孔子关于"性命"与"天道"问题同时提出来,而这两个问题实为一个问题的两面。

子贡说:"夫子之文章,可得而闻也;夫子之言性与天道,不可得而闻也。"其实《论语》一书所讲的许多内容都是和"天道"与"性命"有关的问题,大概子贡还没有真正了解孔子和孔子哲学。孔子说:"古之学者为己,今之学者为人。"这句话非常重要,"为己之学"应是一内在性问题,即"做人"应发挥其内在的精神来实现其自我完善;"为人之学"是表现在外的,它带有很大的功利性。荀子说:"古之学者为己,今之学者为人。君子之学也,以美其身;小人之学也,以为禽犊。"(《劝学》,杨倞注:"禽犊,馈献之物。")《论语集注》:"程子曰:为己,欲得之于己也。为人,欲见知于人也。"可见,"为己之学"是一种内在精神的体现,它可以不受外在环境的影响,所以孔子说:"为仁由己,而由人乎哉!"孔子常称赞他的弟子颜回说:"贤哉,回也!一箪食,一瓢饮,在陋巷,人不堪其忧,回也不改其乐。贤哉,回也!"这说的是一种内在的精神境界,它可以不受客观条件的影响。这种"为己之学"不仅是内在的,而且是超越的。照孔子看，"为己之学"就是"尧舜之道"，他说："唯天为大，唯尧则之。"所以尧舜的精神是神圣的、永恒的，因此也是超越的。但儒家思想中的"超越性"并非不与世事，并非外在于世间的，而是超世间又即世间的。孔子说："朝闻道，夕死可矣。""道"是超越的，但闻道的人可以为"道"而舍弃一切，这正是一种"内在的超越精神"，是可以做到的。也许最能代表孔子内在的超越精神的，应该是他所说的实现其"为己之学"的过程，他说："吾十有五而有志于学，三十而立，四十而不惑，五十而知天命，六十而耳顺，七十而从心所欲，不踰矩。""知天命"是知"天道"之超越性，故仍以"天"为知的对象；"六十而耳顺"，朱熹注说："声入心通，无所违逆，知之至，不思而得。""知之之至"是说"知"达到了顶点而至于"不思而得"的境界，此乃是发挥其"内在性"的体现。郭象《庄子序》中说庄周虽"可谓知本"，但仅仅是达到"应而非会"的境地，所以庄子只是把"道"看成"知"的对象，还达不到与"天道"会合的地步，孔子至六十而可与"天道"会合了。至"从心所欲，不踰矩"则达到了完全的"内在超越"的境界了，或者说这就是儒家哲学所体现的"内在超越的"精神所在。"天道"不仅是超越的，而且是内在的，因此它本身就是"内在超越"的，"人性"同样不仅是内在的，而且是超越的，因此它本身也是"内在超越"的。由此，我们说孔子的哲学是中国传统哲学的源头，从这方面看也许不为过。

当然本来在孔子思想中也有若干"外在超越"的因素，不过这方面没有得到发挥。例如孔子说："君子有三畏：畏天命，畏大人，畏圣人之言。"此处的"畏天命"实是把"天"看成一种外在的超越力量。但是我们从《论语》中可以看到，在孔子思想中这种以外在超越形式出现的"天"多半是以一种情绪化的语言表达出来的，没有多少理论上的意义，如他说："获罪于天，无所祷也。""天生德于予，桓魋其如予何？""不怨天，不尤人，下学而上达，知我者其天乎？"据《论语》记载："颜渊死，子曰：噫！天丧予！天丧予！""子见南子，子路不说。夫子矢之曰：'予所否者，天厌之！天厌之！'"如此等等。从这些情绪化的言语中，我们可以看出孔子并非认真地把"天"看成对人有绝对影响的外在的超越力量。当然孔子思想中还有所谓"命"的问题，最典型的就是"死生有命，富贵在天"这句话了。所谓有"死生有命"无非是说生和死是一客观存在的事实，人是无能为力的；而"富贵在天"，此"天"可以理解为"天生如此"，这正是当时中国社会的宗法等级制度的体现。因此，我们说孔子思想的基本方面是一种以伦理道德为基础的人生哲学或人文思想，而非一种典型意义的宗教，只能说他的思想带有某种宗教性。总之，孔子哲学是以"内在超越"为特征的。

继孔子之后有孟子，孟子充分发挥了孔子哲学中"内在性"的思想，他说："尽其心者，知其性也。知其性，则知天矣。"这表现了孟子由知"人"的"内在性"而推向知"天"之"超越性"。照孟子看，人人都有"恻隐之心""羞恶之心""辞让之心""是非之心"，此四端为人之内在所具有的，发挥它就可以达到"仁""义""礼""智"等人之本性，这是"天"所赋予的，而"天"是至高无上的，故为超越性的。所以孟子又说："存其心，养其性，所以事天也。"又说："莫之为而为者，天也；莫之致而至者，命也。"非人力所能做成的是"天"，非人力所能达到的是"命"。盖"天命"是一超越的力量。这里或者可能产生一个问题，是否可以说孟子认为有一个外在超越性的"天"？我想也许并非如此。我们知道，古希腊哲学有这样的问题。在柏拉图和亚里士多德那里大体上是把世界二分为超越的理想世界与现实的世界；其后基督教更是如此，有一外在的超越性的上帝。在孟子哲学中至少这个问题没有那么突出。照孟子看，"天"虽然是超越的，但并非与人对立而外在于人，这点我们可以从以下两方面来看：

第一，孟子把"天道"和"人道"看成统一的，他说："诚身有道，不明乎善，不诚其身矣。是故诚者，天之道也；思诚者，人之道也。至诚而不动者，未之有也；不诚，未有能动者也。"使自己完成"诚"的方法首先要明白什么是"善"，所以"诚"虽然是"天之道"，但追求"诚"则是"人之道"，能实现"诚"就能动天地。这里的关键在"明于善"，"善"乃"天道"和"人道"之本，朱熹说"天理乃至善之表德"，盖此之谓也。第二，由《万章上》"万章曰：尧以天下与舜有诸"一节可见。孟子引《泰誓》"天视自我民视，天听自我民听"以说明超越性的"天"并不脱离现实性的"人"，此可谓"超越性寓于现实性"之中。而"民"之所以接受舜，是在于他们都有一内在的"善性"，所以归根到底"天道"的超越性与"人性"的内在性是统一的。因此，"天道"与"人性"均为"内在超越"的。孟子的哲学也是一种以"内在超越"为特征的思想体系。

　　《易经》的《系辞传》长期以来虽有以为是先秦道家思想之发展，但我认为从总体上看仍当属儒家，至少以后的儒家多发挥《系辞》以建立和完善其形而上学体系，故《系辞》仍应属儒家哲学系统。《系辞》中说："一阴一阳之谓道，继之者善也，成之者性也，仁者见之谓之仁，知者见之谓之知，百姓日用而不知，故君子之道鲜矣。"此说"天道"变化深不可测，故仁者见仁，智者见智。虽深不可测，但"顺继此道，则为善也；成之在人，则为性也"（程子语），它仍为人性之内在根据。盖"人性"从"道"而来，所以从根本上说它是善的。由此"天道"之超越性而之"人性"之内在性（善）。《系辞》又说："形而上者谓之道，形而下者谓之器，化而裁之谓之变，推而行之谓之通，举而错之天下之民谓之事业。"这里的"道"就是"一阴一阳之谓道"的"道"，把"道"和"器"相对用"形上""形下"提出，就更肯定了"道"的超越性。《易经》系统可以说建构了一种宇宙存在的模式，它"范围天地之化而不过，曲成万物而不遗"，所以它是超时空的，是天地的准则，"易与天地准，故能弥纶天地之道"。这就是说，"易"的系统中的形而上的原则和自然社会的原则是一一相当的，所以它包罗了"天地之道"，任何事物都不能离开"道"，都不能违背"道"。因此，照我看，《易传》哲学和孟子哲学相比，是由"天道"的超越性推向"人性"的内在性，而不是像孟子那样由"人性"的内在性推向"天道"的超越性。但两者都认为，"天道"的超越性和"人性"的"内在性"从根本上说是统一的，是不能分开的，所以《易传》仍是一以"内在超越"为特征的思想体系。

宋明理学是儒家思想发展的第二期，从根本上说它是在更深一层次上来解决孔子关于"性与天道"的问题，从而使儒家哲学"内在超越性"的特点更加系统和理论化了。程朱的"性即理"和陆王的"心即理"，虽入手处不同，但所要解决的问题仍是一个。程朱是由"天理"的超越性而推向"人性"的内在性，陆王则由"人性"的内在性而推向"天理"的超越性，以证"性即理"或"心即理"，而发展了儒家哲学"内在超越性"的特征。

如果说先秦的儒家大体上是求证"天道"的超越性和"人性"的内在性是一致的，那么到宋明理学中"天理"和"人性"都表现为"内在超越性"，而成为同一问题的两面了。因此，在宋明理学中说"超越性"即是说"内在的超越性"，说"内在性"即是说"超越的内在性"，这样中国儒家哲学的特征就更为突出了。

程朱的"性即理"的理论是建立在"天人非二"的基础上，程颐说："天有是理，圣人循而行之，所谓道也"，故"道一也，未有尽人而不尽天地也，以天人为二，非也"。"天理"不仅是超越的，而且是内在的，这是因为它不仅是一超越的客观标准——"所以阴阳者道""所以开阖者道"；而且是一内在的精神主体——"穷理、尽性、至命，只是一事"，"性即理也，所谓理，性是也。天下之理，原其所自，未有不善"。程颐又说："在天为命，在义为理，在人为性，主于身为心，其实一也。"这就是说，存在于"人"的理就是心性，心性与天理是一个。天理似是客观的精神，心性似是主观的精神，其实客观的精神与主观的精神只是一个内在的超越精神。朱熹虽认为"天理"从原则上说是可以先于天地万物而存在的，如说："未有天地之先，毕竟也只是理。有此理，便有此天地；若无此理，便亦无天地，无人无物，都无该载了！"但是，"天理"并不外在于人、物，故朱熹说："理却无情意，无计度，无造作，只此气凝聚处，理便在其中。"所以"天理"虽为超越性的，必落实在人、物之中，故"天理"并非外在超越性的，而为内在超越性的。朱熹又说："性只是理，万理之总名。此理亦只是天地间公共之理，禀得来，便为我所有。"钱穆在《朱子新学案》中说："此是说天理禀赋在人物为性"，所以"性即理"。朱熹更进一步认为："心、性、理，拈着一个，则都贯穿。"这就是说：从"心"、从"性"、从"理"，无论哪一说，都可以把其他二者贯通起来，这是因为"性便是心之所有之理"，"心便是理之所会之地"。"心""性""理"从根本上说实无可分，理在性而不离心，所以"天理"既为内在超越的，"人性"亦为内在超越的，是一而非二。

"心即理"是陆象山的根本命题，他在《与李宰书》中说："人皆有是心，心皆具是理，心即理也。""心"何以是"理"？他证论说："心，一心也；理，一理也。至当归一，精义无二，此心此理实不容有二。"这就是说，人人都有的心只是一个"心"，宇宙的理只是一个"理"，从最根本处就只是一个东西，不可能把心与理分开，所以心就是理。那么什么是"心"？陆象山所谓的"心"又叫"本心"，他解释"本心"说："恻隐，仁之端也；羞恶，义之端也；辞让，礼之端也；是非，智之端也，此即是本心。""本心"即内在的善性。"本心"不仅是内在的善性，而且是超越的本体。照象山的弟子看"象山之学"是"道德、性命、形上的",所以如此,盖因象山以"人心至灵,此理至明,人皆有是心,心皆具是理"。因此,"本心"并不受时空的限制,"万物森然于方寸之间,满心而发,充塞宇宙,无非此理"。"心"既是内在的又是超越的,故"理"也既是内在的又是超越的。

王阳明继象山之后,倡"心外无理",此当亦基于其以"心"为内在而超越的,"理"亦为内在而超越的,如他说:"心即理也,此心无私欲之蔽,即是天理,不须外面添一分。"人之为人如不被私欲所蒙蔽,即可充分发挥其内在的本性(良知)而达到超越的境界,这是不需要任何外在力量所强制的。盖儒家学说无非教人如何"成圣成贤",即寻个所谓"孔颜乐处"。照王阳明看,如果人能致其良知,则可达到圣人的境界,他说:"自己良知原与圣人一般,若体认得良知明白,即圣人气象不在圣人而在我矣。""体认得良知"即可超越自我而与圣人同,所以他说:"良知是造化的精灵,这些精灵,生天生地,成鬼成帝,皆从此出,真是与物无对,人若得他完完全全,无少亏欠,自不觉手舞足蹈,不知天地间更有何乐可代。"充分发挥良知、良能即是圣人,即入天地境界(借用冯友兰先生《新原人》用语),此天地境界是既世间又超世间的。如何达到此超越的天地境界,照王阳明看,盖因"知(按:指'良知')是心之本体,心自然会知,见父母自然知孝,见兄自然知弟,见孺子入井自然知恻隐,此便是良知,不假外求"。"良知"是人之所以为人者的内在本质,不是由外在力量给予的,因此必须靠自己的力量来使之充分发挥作用,这样才能达到圣人悟道的超越境界。阳明说:"道之全体,圣人亦难与人语,须是学者自修自悟。"(以上王阳明语均见《传习录》)可见王阳明的"心外无理",其"心"为内在而超越的,故其"理"亦为内在而超越的,其哲学体系也是以"内在超越"为特征的。

总上,程朱与陆王学说入手处虽不同,然其所要论证者均为天道与性命之合一,是以内在超越为特征的哲学体系。

据以上所说,我们或可得出以下结论:

(1)儒家哲学是一种以"内在超越"为特征的思想体系,这一思想体系对中国社会影响甚巨。盖因儒家哲学虽也提倡"礼"的外在的规范作用,但它从来就认为"礼"这种外在规范必须以内在的道德修养或内在的本心的作用为基础,孔子说:"人而不仁,如礼何?"即此意也。《大学》首章中说:"物格而后知至,知至而后意诚,意诚而后心正,心正而后身修,身修而后家齐,家齐而后国治,国治而后天下平。自天子以至于庶人,壹是皆以修身为本,其本乱而末治者否矣。"(着重点为笔者所加)照儒家看,修养为一切之根本,社会之兴衰治乱均以道德之兴废为转移。为什么儒家特别强调人的内在的心性修养,我想这很可能和中国古代是以亲亲的宗法为基础的社会有关,一切社会关系都是从亲亲的宗法关系推演出来的,《论语·学而》中说:"孝弟也者,其为仁之本与。"儒家所要求维护的人际关系从根本上说是要用道德来维系的,而主要不是由政治法律制度来维系,因而在中国长期的专制社会里儒家思想往往表现出某种泛道德主义的倾向,它往往把政治道德化,也把道德政治化,维系社会主要靠"人治",而不是靠"法治"。因此,我们是否可以说,一种以"内在超越"为特征的哲学思想体系是不利于建立维系社会的客观有效的政治法律制度的,但它却对维系人际关系,进行道德教化有着重要的意义。

（2）四百年前西方的一位传教士利玛窦曾经评论过儒家学说之得失，他说过不少赞美儒家道德学说的话，但他同时提出："吾窃贵邦儒者，病正在此常言明德之修，而不知人意易疲，不能自勉而修；又不知瞻仰天主，以祈慈父之祐，成德者所以鲜见。"（引自《天主实义》）如上所述，儒家哲学与西方哲学和宗教很不相同，古希腊哲学在柏拉图、亚里士多德那里大体上把世界二分为超越的理想世界与现实世界，其后基督教更要有一个外在超越性的上帝，而儒家哲学则是以"内在超越"为特征的。利玛窦认为，仅仅靠人们自身的内在道德修养很难达到完满的超越境界，必须有一至高无上的外在的超越力量来推动，因此要有对上帝的信仰。这里我们不想评论中西哲学的高下，中西哲学各自有其自身的价值，都是人类文化中的宝贵财富。但西方社会为什么比较容易建立起客观有效的政治法律制度，我认为不能说和西方哲学与基督教无关。

（3）如果说宋明理学是儒学在中国的第二期发展，那么儒家思想可不可能有第三期发展呢？20世纪20年代后，中国一些学者提倡儒学，这是在中国传统哲学受到西方思想的冲击后，又是在人类社会走向科学与民主的时代背景下，他们希望找到儒家在现代社会中的价值所在。这些学者所继承和发挥或建立的现代儒学是否可以视为第三期儒家姑且不论，因为这个问题太大，太难作出判断。我只是想说，儒家如果可以有第三期发展，就必须解决两个问题：即能否由此以"内在超越"为特征的"内圣之学"开出适应现代民主社会要求的"外王之道"来；能否由此以"内在超越"为基础的"心性之学"开出科学的认识论体系来，照我看也许困难很大。因为以"内在超越"为基础的"天道性命"之学基本上有泛道德主义的倾向，它把道德性的"善"作为"天道性命"的根本内容，过分地强调人自身的觉悟的功能和人的主观精神和人的内在善性，要求人由其内在的自觉性约束自己。这样的结果可以导致"圣王"的观念，以为靠"圣王"就可以把天下治理好，但人并不能仅仅靠其内在的善性就自觉，多数人是很难使其内在的超越性得到充分发挥的，所以"为己"之学只是一种理想，只能是为少数人设计的。而且实际上也不可能有什么"圣王"，而往往造就了"王圣"，即以其在"王"（最高统治者）的地位就自己认为或被别人推崇是有最高道德和最高智慧的"圣人"，这样势必造成不重"法治"，而重"人治"的局面。当然我无意否认这一"为己"之学对人类文化的贡献，更无意否定以内在超越为特征的哲学的特殊价值，因为它终究是人类的一个美好理想。但是，我们面对现实社会，是否也应要求一种"外在超越"的哲学呢？我想也是必需的。对于人类社会来说，要求有一种外在超越的力量来约束人，例如相信外在超越力量的宗教和西方哲学中外在的超现实世界的理论，以及与这种宗教、哲学相适应的政治法律制度，这套政治法律制度的哲学基础也是根据其外在超越性的。如果以"内在超越"为特征的中国传统哲学，能充分吸收并融合以外在超越为特征的宗教和哲学以及以此为基础的政治法律制度，使中国传统哲学能在一更高的层次上自我完善，也许它才可以适应现代社会发展的要求。我认为，这也许应该是一个可以认真讨论的问题。

六、论"内圣外王"

从现存史料看，"内圣外王"的思想最早见于《庄子·天下篇》：

> 天下之治方术者多矣，皆以其有为不可加矣。古之所谓道术者，果恶乎在？曰："无乎不在。"曰："神何由降？明何由出？""圣有所生，王有所成，皆原于一。"……其在于《诗》《书》《礼》《乐》者，邹鲁之士，搢绅先生多能明之。……其数散于天下而设于中国者，百家之学时或称而道之。天下大乱，贤圣不明，道德不一，天下多得一察焉以自好。譬如耳目鼻口，皆有所明，不能相通，犹百家众技也，皆有所长，时有所用。虽然，不该不遍，一曲之士也。判天地之美，析万物之理，察古人之全，寡能备于天地之美，称神明之容。是故内圣外王之道，暗而不明，郁而不发，天下之人各为其所欲焉以自为方。悲夫，百家往而不反，必不合矣！后世之学者，不幸不见天地之纯，古人之大体，道术将为天下裂。

照《天下篇》所说，"内圣外王之道"本是天下之治道术者的共同追求，但到了春秋战国时各家各派都提出他们治天下的学说，因百家纷争，道术不行，天下大乱，而使"内圣外王之道"暗而不明，郁而不发，这对天下是大不幸。当时，儒、道、墨、名、法、阴阳等家各有各的治天下之术，都说自己的学说是"圣王之道"。儒家作为自觉继承夏、商、周三代文化的传承者，自有他们的"内圣外王之道"。《荀子·解蔽》在批评了各家之后，为"圣王"下了一定义；"圣也者，尽伦者也；王也者，尽制者也。两尽者，足为天下极矣。"故学者当以圣王为师。（梁启雄《荀子简释》谓："伦，谓人伦，即人生哲学；制，谓制度，即政治者哲学。"）我们或者可以说，圣者是尽其为"做人的道理"的精神导师；王者是尽其礼乐规仪的践行者，而兼"尽伦""尽制"于一身者才是圣王。先秦儒家都把尧、舜、禹、汤、文、武等，看成"圣王"，他们行的就是"内圣外王之道"，如孔子说："大哉尧之为君也！巍巍乎！唯天为大，唯尧则之。荡荡乎！民无能名焉。巍巍乎其有成功也，焕乎其有文章！"（《论语·泰伯》）孔子认为，"天"是最高最伟大的，尧真的了不起，能以"天"为榜样治世，他对老百姓的恩惠真是广博，他对天下的功绩真是太崇高了，他制定的礼仪制度真是完美。《论语·雍也》中记载："子贡曰：'如有博施于民而能济众，何如？可谓仁乎？'子曰：'何事于仁，必也圣乎！尧舜其犹有病诸！'""仁者"可以做到"己欲立而立人，己欲达而达人"，但如无"王"位，也很难做到"博施于民而能济众"的"圣王"。《孟子》中"圣王"一词少见，仅《滕文公下》有"圣王"一词："圣王不作，诸侯放恣，处士横议，……"但从"公都子曰：外人皆称夫子好辩"一节看，孟子认为只有尧、舜、禹、汤、文、武、周公等可称"圣王"。又如《公孙丑下》："（齐宣王）见孟子，问曰：周公何人也？曰：古圣人也。"《离娄下》说："文王生于岐周，……西夷之人也。……得志行乎中国，若合符节，先圣后圣，其揆一也。"孟子"祖述尧舜，宪章文武"，皆以尧、舜、文、武为"圣王"。孟子讲的"圣人"含义较广，兼"尽伦""尽制"者可以是圣人，但"人伦之至"者为"君"、为"臣"皆可称"圣人"。不过，照孟子看孔子虽无"王"位①，但他却是自古以来最伟大的圣人（参见《公孙丑上》第二节"何谓知言？"后之一段）。《荀子》中"圣王"则多见，即是指尧、舜、禹、汤、文、武、周公等兼"尽伦""尽制"者，但有时用"圣人"也是指"圣王"，如《儒效篇》中所说"圣人"也有指"文武"者，此不必细论。在《尧曰篇》中，荀子弟子尝歌颂他们的老师"德若尧禹，世少知之"，"其知至明，循道正行，足以为纪。呜呼！贤哉！宜为帝王"。但是，荀子所处之世"奈何天下不治，孙卿不遇时也"。可见"内圣外王"之观念在先秦已经相当流行。从中国历史上看，所幸的是孔子和荀子都没有成为"帝王"，否则中国历史上就没有伟大思想家孔子和荀子了。

对所谓儒家的"内圣外王之道"，我们应该如何看？自汉

---

① 《墨子·公孟篇》："公孟子谓墨子曰：昔者圣王之列也，上圣列为天子，其次立卿、大夫。今孔子博于《诗》《书》察于礼、乐，详于万物。若使孔子当圣王，则岂不以孔子为天子哉？"这就是说像孔子那样具有圣王品德的人，岂不就是说他应该当天子吗？

以后，儒家学者多推崇"内圣外王之道"，直至近世许多重要学者（哲学家）也认为"内圣外王之道"是中国传统思想精神之所在，例如梁启超说："内圣外王之道一语包举中国学术之全体，其旨归在于内足以资修养而外足以经世。"（见《论语考释》中的《庄子天下篇释义》）熊十力在《读经示要》中据《大学》首章而对"内圣外王之道"亦有一解。他根据《大学》以"修身"为本，以"格物""致知""正心""诚意"为"内圣"功夫；"齐家""治国""平天下"为"外王"功夫，接着说："君子尊其身，而内外交修，格、致、正、诚，内修之目也。齐、治、平，外修之目也。国家天下，皆吾一身，故齐、治、平皆修身之事。小人不知其身之大无外也，则私其七尺以为身，而内外交修之功，皆所废而不讲，圣学亡，人道熄矣。"梁启超和熊十力都认为"内圣"与"外王"是统一的，可以由"内圣"而"外王"，而有一完满的"内圣外王之道"的政治哲学理论。特别是熊十力据《大学》论格、致、正、诚、齐、治、平"壹是皆以修身为本"，而得出"内圣"必可"外王"的理论。这能否成为我国进入近现代的治国之根本理念，似乎是可以讨论的。冯友兰写了一本书叫《新原道》，这本书又名《中国哲学之精神》，在此书的"绪论"中说"在中国哲学中，无论哪一派哪一家，都以为是讲'内圣外王之道'"；在其"新统"一章最后说："所以圣人，专凭其是圣人，最宜于做王。如果圣人最宜于做王，而哲学所讲的又是使人成为圣人之道，所以哲学所讲的就是所谓'内圣外王之道'。"因此，在冯友兰"新理学"体系中，其《新世训》的最后一章"应帝王"中的最后一句说："欲为完全的领袖者，必都需以圣王为其理想之标准。"这就是说,"圣人"最宜于做"帝王"。这一观念大概是儒家的一贯之道,《孟子·公孙丑上》:"宰我曰:以予观于夫子,贤于尧舜远矣。"上引《荀子·尧曰》中说:荀子"德若尧舜""宜为帝王"。看来,梁启超、熊十力、冯友兰都试图揭示儒家哲学精神之所在,而且我认为他们也确实抓住了儒家哲学之精神(参见拙作之《论"知行合一"》)。但是,儒家的"内圣外王之道"作为一种"理想"或有其价值,但作为一种政治哲学理论是否也有可议之处?

我们反观中国历史,儒家曾把上古尧、舜、禹、汤、文、武、周公说成"圣王",他们行的是"内圣外王之道",这大概是儒家对上古这些帝王的理想化,是否真是如此,难以考察。但自秦汉以降,儒家学者虽大力倡"内圣外王之道",但至今并无儒家所理想的"圣王"出现,这是为什么?我想,也许正是因为儒家的"内圣外王之道"只是他们的一种理想追求,而在历史上并无实现的可能性;"圣人"也不一定最宜于做王,因古往今来的社会并未有此可实现之条件。儒家理想的"圣人"可以是"帝王师",并不一定要"作帝王",也许"君""师"的分工更为理想。

儒家学说虽不可能都有益于今日中国之社会,但我们应为它在今日中国社会中找个适当的价值。我认为,儒家的"内圣"之学无疑对今日社会(不仅中国,而且对当今之人类社会)有其特殊之价值;而"内圣外王之道"或可产生某种与现代社会不适应处。为说明这个问题,我将引后面两段话来说明我的看法:一段是《论语·为政》中记载的孔子对他自己一生的描述;另一段是

《大学》首章之一段。

《论语·为政》：

> 吾十有五而志于学，三十而立，四十而不惑，五十而知天命，六十而耳顺，七十而从心所欲，不踰矩。

《大学》：

> 古之欲明明德于天下者，先治其国；欲治其国者，先齐其家；欲齐其家者，先修其身；欲修其身者，先正其心；欲正其心者，先诚其意；欲诚其意者，先致其知，致知在格物。物格而后知至，知至而后意诚，意诚而后心正，心正而后身修，身修而后家齐，家齐而后国治，国治而后天下平。自天子以至于庶人，壹是皆以修身为本。其本乱而末治者否矣。

我认为这两段话有不同的意义，前者为一种道德哲学或人生境界学说；后者为一套政治哲学或者说是社会政治理论。个人的人生境界是关乎个人的道德学问的提升问题，而社会政治理论则必须有一套合理的客观有效的制度。前者是如何成圣成贤、"超凡入圣"的问题；后者是企图把"圣人"造就成"圣王"，而由"圣王"来实现社会政治理想，这就是儒家的"内圣外王之道"。

但是，照我看，靠个人的道德学问的提升，求得一个个人的"孔颜乐处"或者可能；但是光靠着个人的道德学问的提高，把一切社会政治问题都寄托在"修身"上，寄托在某个或某几个

"圣王"的身上，是不可能使社会政治成为合理的客观有效的理想社会政治的。

孔子所说的"十有五而志于学"一段可以说是总结他个人一生为学修身的过程，或者这是儒家的"超凡入圣"的人生途径。从"十有五而志于学"到"四十而不惑"是孔子追求成圣成贤的准备阶段，从"五十而知天命"到"七十而从心所欲，不踰矩"是他成圣的深化过程。"知天命"可以说是对于"天命"（宇宙人生之必然）有一种了解，这或者属于知识的问题，或者说是一追求"真"的人生境界吧！"六十而耳顺"，照朱熹解释说："声通于心，无所违逆，知之之至，不思而得。"我们可以把"知之之至"解释为超于"知天命"的阶段，它是一种"不思而得"的境界。这种"不思而得"的境界大概就是一种直观的审美的境界，超于经验的直觉意象，因此它是属于"美"的境界。我们知道孔子在音乐上有很高的修养，他"在齐闻韶，三月不知肉味"，这真是"不思而得"的极高审美境界了。孔子对他所达到的这种境界说："不图为乐之至于斯也。"想不到听"韶"乐竟能达到这样美妙的境地。"七十从心所欲，不踰矩"，朱熹注说："矩，法度之器，所以为方者也。随其心之所欲而自不过于法度，安而行之，不勉而中。"一切所作所为都是自自然然、自由自在，没有一点勉强，而都完全合乎"天道"之要求。我看，这无疑是"至善"的境界了。孔子一生所追求的就是真、善、美合一的人生最高境界，这正如他所说的："知之者不如好之者，好之者不如乐之者。"到了"乐之者"的境界就是完满地实现"超凡入圣"的"天人合一"境界了。

儒家所追求的人生境界或者"圣人"观还可以从孔子另外的话得到证明,《论语·宪问》中说:"古之学者为己,今之学者为人。"荀子解释说:"古之学者为己,今之学者为人。君子之学也,以美其身;小人之学也,为禽犊。"(《解蔽》,杨倞注:禽犊,馈献之物)《论语集注》:"程子曰:为己,欲得之于己也。为人,欲见知于人也。"[1]"为人之学"只是为了摆摆样子,做给别人看;而"为己之学"才是真正为提高自我的道德学问而达到理想人生境界之路。"为己之学"要靠自己,它不受外界之影响,如颜回之"一箪食,一瓢饮,在陋巷,人不堪其忧,回也不改其乐"。所以孔子说:"为仁由己,而由人乎哉?"境界有高低,它全靠人们自己的努力,所以它是主观上的。孔子曾说:"君子道者三,我无能焉,仁者不忧,智者不惑,勇者不惧。"子贡说:"夫子自道也。"孔子这里所谓的"仁""智""勇"都是可以由自己努力追求的,所以它是一种人生境界,而且是一种极高的人生境界,圣人的境界。冯友兰在他的《新原人》中把人生的境界分为四种:自然境界、功利境界、道德境界和天地境界。这种对人生境界的分法是否合理,姑且不论,但他对"境界"的解说颇为可取。冯先生说:"人对宇宙人生的觉解的程度,可有不同。因此,宇宙人生,对人的意义,亦有所不同。人对宇宙人生在某种程度上所有的觉解,因此,宇宙人生对于人所有的某种不同的意义,即构成人所有的某种境界。""世界是同此世界,人生是同

---

[1] 《新序》:"齐王问墨子曰:古之学者为己,今之学者为人,如何?对曰:古之学者得一善言以附其身,今之学者得一善言务以悦人。"

此人生，但其对于个人的意义，则可有不同。"这就是说，所谓"境界"就是人对宇宙人生的一种觉悟和了解，这当然是从人的主观上说的，它只关乎个人的道德学问的修养。中国哲学的大师们从他们主观上说往往都是在追求着一种极高的境界，孔孟是这样，老庄也是这样（例如老子的"同于道"，庄子的"天地与我为一"等等）；王弼、郭象是这样，程朱陆王也是这样。宋儒张载的《西铭》之所以受历代学者重视和普遍赞誉，我认为它的价值主要是他这篇文章的开头和结尾几句："民，吾同胞；物，吾与也"，"存，吾顺世；没，吾宁也"。"民，吾同胞；物，吾与也"是他主观上的追求；"存，吾顺世；没，吾宁也"则表现了他个人的高尚人格。至于他在《西铭》中的那些"治世"理想则或是脱离实际的理想，或是少有根据的论说。

个人的道德学问和社会的理想、政治的事务虽说不是完全无关系，但它们毕竟是两个问题。如果把"内圣外王之道"理解为，一个道德高尚、学识渊博的人，在适当的客观条件下便可以实现其历史使命和社会责任，并努力去实现其理想，这也许是有意义的。但是，从现代社会来看也没有必要都去"学而优则仕"，有道德、有学问的人可以是"不治而议"的，做一个现代公民社会中有批判精神的"知识分子"；也可以是远离世事而一心"为学术而学术"，"为艺术而艺术"，不必都趋向中心，也可以走向边缘，而做"边缘人"。因此，"内圣"可以与"外王"结合，但也可以不结合，也就是说"内圣"不必"外王"，"内圣外王之道"仅有其有限的意义，它不应也不可能作为今日"中国哲学之精神"。

如果我们从传统的一般意义上来了解"内圣外王之道"在理论上的弊病，那就更为明显了。《大学》把修、齐、治、平归结为"壹是皆以修身为本"，作为一种政治哲学理论那就十分可疑了。因为"身"之修是由个人的努力可提高其道德学问的境界，而国之治、天下之太平，那就不仅仅是靠个人的道德学问了。盖因国家、天下之事不是由什么个人的"修身"可解决的。如果企图靠个人的道德修养解决一切社会政治问题，那么无疑会走上泛道德主义的歧途，致使中国社会长期停留在"人治"的社会，而"法治"很难在中国实现。

人类社会是一个复杂的统一体，它要由多方面共同运作才可以维持，即经济、政治和道德以及科学技术等等（当然还有其他方面，现暂且不论）。在一个社会中，这些方面虽然有联系，但它们绝不是一回事，没有从属关系，故不能混同，要求用道德解决一切问题，包揽一切，不仅仅经济、政治等社会功能要受到破坏，而且道德自身也将不能起它应起的作用。由于中国传统哲学把"内圣外王之道"作为一追求目标，因此就造成了道德政治化和政治道德化。前者使道德屈从于政治，后者使道德美化了政治。在中国历史上造成了"道统""学统"成为"治统"（政统）的附庸，使圣学失去了应有的光彩，使道德失去了作为社会良心的地位。在中国历史上，实际没有出现过儒家所塑造的"圣王"，实际出现的大都是有了帝王之位而自居为"圣王"的"王圣"，或者为其臣下所吹捧起来的假"圣王"。我们难道没有看到，在中国古往今来的社会中，有不少占有最高统治地位的"帝王"，他们自以为是"圣王"，别人也吹捧他们为"圣王"，而使中国社会几乎沦于崩溃的边缘吗？同时，我们也可以看到，正是由于孔子或荀子没有成为"帝王"，才使中国历史上有他们这样伟大的"哲王"。照我看，帝王不宜也不可能当圣人，因此根本不能有"圣王"。当了帝王，那么我们就没有"哲王"，从而也就没有哲学了。所以，道德教化与政治法律虽有某种联系，但它们毕竟是维系社会的两套体系，不能用一套代替另外一套。因此，"王圣"（以有王位而自居为圣人，或别人推尊之为圣人）是不可取的，"圣王"也是做不到的，"内圣外王之道"作为一种政治哲学理论也就不是什么完满的理论。人类社会或说较为合理的社会，至少应由道德教化与政治法律两个系统来维系，特别是现代社会。西方社会虽然有很多问题，但还比较稳定。之所以能如此，我认为大体上是由于有体现道德教化的基督教和一套比较完善的政治法律制度。这点应为我们所重视。我们不必也不能把合理健康的社会的建设寄托在一个所谓的"圣王"身上。

如果我们抛开"内圣外王之道"在中国的历史和现实中所可能产生的弊病，仅从其中可能引发出来的内在价值来看，也许对现代社会还是有一定意义的。从传统的儒家思想来看，有着把"内圣外王之道"理解为内在的道德学养必见之于外在的日用伦常事功上，这应该说是有价值的。我们考察中国历史上的先哲们，排除他们对所谓"圣王"的幻想，实在是多以"道德学养必见之于日用伦常事功上"为其立身行事之目标。在一定意义上说，孔孟荀是如此，程朱陆王也是如此。张载的四句教"为天地立心，为生民立民，为往圣继绝学，为万世开太平"，也许正是"内圣外王之道"所具有之精神。张载的这四句，既体现了儒家的"天人合一"的思想，盖"为生民立命"就是"为天地立心"，又体现了"知行合一"的思想，圣学必须落实到"为万世开太平"。因此，我们排除儒家所讲的"内圣外王之道"在历史和现实中产生的某些弊病，给它以适应现代社会的新的诠释，揭示其中可能包含的有意义的内核，也许对我国建设"和谐社会"有不可忽视的人文价值。我想，"内圣外王之道"至少有三个方面可以批判继承：

（1）"圣"和"王"从理论上说应是统一的，不是"圣"就不应做"王"；不是"王"也难以行"圣人"之道。这是由于在中国历史上已经塑造了尧舜这样的"圣王"，有了"圣""王"统一的榜样，这样的理想社会的蓝图就深深地植根于中国人的心中，形成了一种牢不可破的民族理想信念。这个信念很可能对现实的当政者起某些警示作用。

（2）只有在实践中才可以实现"圣人"的社会理想，而实现"圣人"的社会理想在一定程度上也要依赖于"王"（圣王）。这就是说，"内圣外王之道"体现着一种"实践理性"。盖儒家哲学不仅仅是一种"认识世界"的理论，而且是一种见之于"实践"的理论。我国历代大儒无不以天下为己任，所以儒家传统往往以"实践"高于"理论"，孔子说："吾岂匏瓜也哉？焉能系而不食？"（《论语·阳货》）荀子说："不闻不若闻之，闻之不若见之，见之不若知之，知之不若行之，学至于行而止矣。行之，明也，明之为圣人。"（《荀子·儒效》）王阳明说："知是行之始，行是知之成。"又说："真知即所以为行，不行不足以为知。"（《传习录上》）中国的这个传统与西方不同，它强调的更在于"行"(实践),人生所追求的要见之于事功,不能治国平天下的不能算作"圣王"。但是理想社会决不是仅仅靠"王"(圣王)就可以实现的,还要靠合理的行之有效的政治法律制度和人民的自觉力量,特别是当人类社会进入现代化时代,社会的治乱兴衰则更是要靠合理的行之有效的制度和广大人民的自觉选择。

(3)冯友兰说:"所以圣人,专凭其是圣人,最宜于做王。"这样的看法在先秦已有过,如孔子弟子宰我说:"夫子贤于尧舜",又如前引荀子的弟子说他们的老师荀子"贤哉!宜为帝王"。看来,"内圣外王之道"所重在"圣",即把德性修养放在治国平天下之首位,这自是儒家哲学之特点。基于此,中国尝被称为"礼义之邦"。但是,治国平天下重"圣"(人治)必须和重"制"(法治)找到恰当之平衡,如果仅仅把和谐社会的建设寄托在"人治"上,而无政治法律制度的保证,"和谐社会"将会落空。儒家的"内圣外王之道"虽不能说是一种十全十美的政治哲学理论,但在今日世风日下的情况下,重申道德修养之重要性,是我们应该重视的。

中国哲学理论体系中的"普遍和谐观念",可以说是中国传统哲学的宇宙人生论;"内在超越问题"可以说是它的境界修养论;"内圣外王之道"可以说是它的政治教化论。中国传统哲学的这套理论,无疑曾对人类文化作出过重要贡献,它作为一不间断地延续了几千年的文化传统也必将对今后人类文化的发展作出其应有的贡献。如果要使它对人类文化继续起积极的作用,我认为,一方面我们应适应现代化的要求,来使中国传统文化在当今的全球意识下得到发展;另一方面,我们也应看到中国传统文化作为一种哲学体系所存在的缺陷，并充分吸收其他国家、民族文化的长处，使中国文化更加完善。但是，我们也必须注意到，任何哲学体系都会存在一些它自身不能解决的问题，而且应视这为正常的现象。因此，我们不能希望有一种哲学体系一劳永逸地解决宇宙人生的所有问题。如果哪一哲学体系自认为它可以解决一切宇宙人生的问题，是放之四海而皆准的绝对真理，那么我想，这种哲学很可能是一种与真理相悖的无意义的教条。这就是我对中国传统哲学的哲学思考，我也只是认为它是一条思考的路子，它绝不是唯一的路子，也不一定是较好的路子。不过，如果我们能从多条路子来思考中国传统哲学的价值和存在的问题，总是一件有益的事。

七、论"道始于情"

（一）论"道始于情"

　　郭店楚简《性自命出》是战国中期（公元前 300 年）的一篇儒家典籍，其中有这样几句："道始于情，情生于性"，"性自命出"，"命自天降"。把这几句话联系起来分析，我们将看到"性情"问题在先秦儒家那里十分重要。我们可以这样解释这几句话：人道（社会的道理、做人的道理）是由于人们之间存在着情感开始而有的；人的喜怒哀乐之情是由人性中生发出来的；人性是由天所给予的（人性得之于天之所命）；天命是"天"所表现的必然性和目的性。从这几句话可见，"道始于情"是先秦儒家思想中一个十分重要的命题。说"道始于情"而不说"道生于情"是有道理的，因"人道"是由人之"情"开始而有，但并非"人道"均由"情"生，盖"人道"亦可生于理性，或由学习而生，故《性自命出》中说："知情者能出之，知义者能入之。"通达人情者能发挥人的感情，掌握礼义者能调节人的感情，因而礼义也和"情"息息相关，离不开人所具有的感情的表现。

这里可以讨论的问题很多，我们先讨论以下三个问题：

（1）"道始于情"的"道"是指"人道"，不是指总括"天道"和"人道"的"道"；更不是指老子所说的"常道"，因本篇中说："唯人道为可道也。""可道"非"常道"，非不可道之"道"，故这里的"道"，不是老子所说的"先天地生"的"道"。所以篇中尝谓："礼作于情"，（郭店楚简《语丛一》有："礼因人之情而为之。"《语丛二》有："情生于性，礼生于情。"）"礼"自属于"人道"范围。因此，"道始于情"不是道家的学说，而是儒家的思想（下面我们将对此作出论证）。这种系于"情"的"礼"正是维系社会人与人之间礼仪等的基础。但此始于情的"道"，并不限于仅指"礼"，仁、义、礼、智、信等等均属之，如说"始者近情，终者近义"（《性自命出》），"仁生于人，义生于道"（《语丛一》，此处的"道"自然也是"人道"），但从儒家看，"人道"本于"天道"，故有"天人合一"的思想。

（2）"情"指"七情"（喜、怒、哀、惧、爱、恶、欲），或"六情"（喜、怒、哀、乐、好、恶），或"五情"（喜、怒、哀、乐、怨）。但《性自命出》篇有"喜怒哀悲之气，性也"；"好恶，性也"。这涉及"性"与"情"的关系问题。《荀子·天论》中说："好恶、喜怒、哀乐臧焉，夫是之谓天情。""臧"者"藏也"，好恶、喜怒、哀乐是内在于人的天生的情感，"情"是内在于人的天性所有，"感物而动"而发之于外，是表现出来的人的感情。所以了解"情"与"性"的关系对于理解儒家思想非常重要（这个问题下面将专门讨论）。

（3）儒家的"天"是何义？儒家的"天"实有种种含义，且

因不同的大儒（如孟子、荀子等等）而有不同的含义。但我认为
中国古代（特别是儒家）的"天"除了有"自然"之一义外，还
更可解释为超越于万物（当然也超越于人）的支配力量或规范之
理则，因而"天"就有神圣义、主宰义、道德义等。而"天命"
则是说这种支配万物的力量是"天"所具有的一种必然的力量
（"命虽是恁地说，然亦兼付与而言。"《朱子语类》卷六十二），
这样解释"天"和"天命"应该说是一种有意义的诠释。此非本
文所要讨论之问题，故在此存而不论（当另文讨论之）。

（二）先秦古籍中之"性"

　　《性自命出》中说："道始于情，情生于性。"讨论"情"的
问题，不能不对先秦诸儒有关"性"的问题的讨论有所了解。

　　傅斯年先生在《性命古训辨证》中说："统计之结果，识得
独立之性字为先秦遗文所无，先秦遗文中皆以生字为之。生于生
字之含义，在《金》《书》中，并无后人所谓性之一义，而皆属
生之本意。后人所谓性者，其字义自《论语》始有之，然犹去生
之本意为近。至孟子，此一新义始充分发展。"[1]《论语》中"性"
字仅两见："子贡曰：……夫子之言性与天道，不可得而闻也"
（《公冶长》）；"子曰：性相近也，习相远也"（《阳货》）。然《论
语》中这两条应该说颇为重要。"夫子之言性与天道"中之"性"

---

① 《性命古训辨证》第二卷，第510页，湖南教育出版社，2003年9月。

可以理解为"人之性",因而这句话可以说是关乎"人"与"天"关系的问题。"天人关系"问题是《周易》讨论的重点,深奥难测,故孔子没有和他的学生讨论过这个问题,所以子贡说:"不可得而闻也。"但是,子贡说:"夫子之言性与天道,不可得而闻也",可见当时已有"性"和"天道"的问题,否则子贡就不会这样说了。这个问题,我已在《论"天人合一"》中有所讨论①,在此不赘述。但此处所说之"性"或仅为人之"与生俱有者"之义。王弼于此注"性"谓:"性者,人之所受以生也。"只是说"性"是人先天所具有的。"子曰:性相近也,习相远也",这里孔子同样并未对"性"做进一步说明,也就是说未对"性"的性质作出说明,只是说人的本性就先天而言大体上是一样的,而在后天则因习染而有所不同。这在郭店楚简《性自命出》中也有类似的说法:"四海之内其性一也",与"性自近"相似;"其用心各异,教使之然也",与"习相远"相近。郭店楚简《成之闻之》中说:"圣人之性与中人之性,其生而未有非志。次于而也,则犹是也。"李零在《郭店楚简校读记》中对这句话的解释说:"原文是说,圣人与中材之人在人性上是相似的,他们生下来都没有什么坏心眼,中材以下的人也是一样。"这也和孔子所说的"性相近也"相似。《吕氏春秋·本生》中说:"始生之者,天也。养成之者,人也。"这可以说和孔子的"性相近也,习相远也"相类似。这是说,人之始生所具有的是天给予的,即人之性是天生如此的,后天之养成者是由人所为。这种看法,在先秦应说是普

① 该文见于本书之第一论。

遍的看法。例如，告子说："生之谓性"（《孟子·告子上》）；《荀子·性恶》："凡性者，天之就也"；都是认为"性"为"天生"。《中庸·乐记》："人生而静，天之性也。"而孟子虽言"性善"，也是认为"性"是"天生"，这可从其论"良知""良能"得知。所有这些都是说"性"是"天生"的。这点先秦诸儒或并无不同。

由于郭店楚简的出土，对先秦儒家有关"人性"（性情）问题的材料可以说非常丰富，这对我们了解先秦诸儒对"性"的种种看法大有帮助。在前面我们已经引用了郭店楚简说明先秦儒家论"人性"，均有"人性"为天生所具有者之义，此义当与孔子之"性相近也"有关；而在《楚简》中说到"人性"为"先天所具有者"的地方则更多。

郭店楚简《性自命出》中说："凡人虽有性，心无定志，待物而后作，待悦而后行，待习而后定。喜怒哀悲之气，性也。及其见于外，则物取之也。……好恶，性也。所好所恶，物也。善不善，性也。所善所不善，势也。"（《上博战国楚竹书》"凡人虽有性"作"凡人虽有生"，以"生"说"性"，此亦可见"生为性"之意，即"性"为天生者）这段话可以说包含着以下几种意思：

（1）"性"是指人之"本性""自然之性"，它有喜怒哀悲等等的倾向。也就是说，它可以表现为喜怒哀悲等等之情。

（2）"性"是人之所以为人之本性（内在本质），"心"是与"性"相联系的人所具有的能动者，而"物"是外在于人的、可以为人所感知的客体。"心"之活动与物相接触，而人之内在之本性可发动为喜怒哀悲等等。这里所涉及的"性""心""物"的关系模式可以说是儒家"心性"学说的一种基本架构。

（3）人之"性"既可通过"心"的活动，由外物的作用而表现为喜怒哀悲种种感情（情）之流露，也可以表现为对外物的"好""恶"之意向，还可以表现为对"善""不善"的取舍之势。

由以上三点来看，《性自命出》中对"性"的分析已经相当细微，但是似乎尚未明确提到"性"的规定性，也就是说还没有涉及人的本性是"善"、是"恶"等等问题。而"善不善，性也。所善所不善，势也"，也只是说"性"由于取舍之势的不同可以表现为"善"或者"不善"，还没有说明"性"之性质。在《语丛二》中"情生于性""欲生于性""爱生于性""子生于性""喜生于性""恶生于性"等等十一条，都是讨论与"性"有关的各种"情"①，也还没有涉及"性"本身的性质问题。因此，我有一个推测，关于"性"的性质的善恶问题，大概是在告子、孟子时才有的。

黄晖《论衡校释·本性篇》注"刘子政曰：性，生而然者也"句谓："告子曰：生之谓性。《荀子·正名》篇曰：生之所以然谓之性。《中庸》曰：天命之谓性。《王制》疏引《孝经说》曰：性者，生之质。义与子政并同，定性之质，众说同归；其质若何，所见纷矣。"（晋袁准《才性论》谓："性言其质，才各其用。"魏晋人认为，由于人之性的不同，因此才能也就不同。）王充《论衡·本性篇》分先秦至汉儒家论"性"有五家：世硕等言

---

① 李零在《郭店楚简校读记》中《名数（语丛二）》"余论"中说："第一章……其中十一组是讲与性有关的各种情，……"

"人性有善有恶";孟子言"人性皆善;及其不善,物乱之也";告子言"人(性)无分于善恶";荀子以为"人性恶,其善者伪也";董仲舒谓"性生于阳,情生于阴",汉儒多以此立论。此已涉及"性情"问题,将于下节讨论。章炳麟《辩性》上篇谓:"儒者言性有五家:无善无不善,是告子也。善,是孟子也。恶,是孙卿也。善恶混,是杨子也。善恶以人异,殊上中下,是漆雕开、世硕、公孙尼、王充也。"此与王充所说大体相同,但也有小异。据此,我们可知,自孔子以后关于"性"的善恶问题可以说是儒家讨论的一个中心问题。虽然儒家都认为"性"是"生而然者",但对"性"的性质的看法则有不同,"定性之质,众说同归;其质若何,所见纷矣。"(黄晖《论衡校释·本性篇》)(按:自先秦以来儒家讨论的主要哲学问题就是"性与天道"的问题。)

(三)先秦儒家重"情"之根据

中国古代社会是一个以家族为中心的宗法社会,因此亲情是维系家族的基础,由此推而广之也是维系整个社会的基础。先秦儒家学说就是以此开展开来的,所以"道始于情"作为先秦儒家思想的基本命题,特别是伦理思想的核心命题应是能成立的。

在《论语》中,没有记载孔子直接讨论"情"的言论,但从他的为人行事都可看出他是十分重"情"的,例"颜渊死,子哭之恸"(《先进》);"子在齐闻《韶》,三月不知肉味。曰:不图为乐之至于斯也"(《述而》)。然而先秦儒家重"情"的根据,则是基于孔子的思想，"樊迟问仁。子曰：爱人。"（郭店楚简《语丛三》："爱，仁也。"）为什么孔子把"爱人"看成"仁"的基本内涵呢？《中庸》里引用了孔子的一句话："仁者，人也，亲亲为大。"[1] "仁"作为人的基本品德不是凭空产生的，它是从爱自己的亲人出发的。[2] 这就是说，"亲情"是人最基本的感情，有了爱自己亲人的感情，才会"推己及人"，才可能做到"老吾老以及人之老"，"幼吾幼以及人之幼"。要做到"推己及人"并不容易，得把"己所不欲，勿施于人"，"己欲立而立人，己欲达而达人"的"忠恕之道"作为准则。[3] 把以亲情作为基础的仁爱精神推广到全社会，使全社会都归向于"仁"，这是孔子的理想。他说："克己复礼为仁。一日克己复礼，天下归仁焉。为仁由己，而由人乎哉？"对"克己复礼"的解释，往往把"克己"与"复礼"看成平行相对的两个方面，我认为这不是对"克己复礼"最好的解释。所谓"克己复礼"应理解为，只有在"克己"基础上的"复礼"，才叫作"仁"。"仁"是发自人自身内在的品德，"礼"是规范人的行为的外在的礼仪制度，它的作用是为了调节人与人之间的关系，使之和谐相处，"礼之用，和为贵"。要人们自觉遵守礼仪制度，这才符合"仁"，所以孔子说："为仁由己，而由

---

① 孟子曰："亲亲，仁也。"（《告子下》）《国语·晋语》："为仁者，爱亲之谓仁。"

② 《韩非子·五蠹》："人之性情，莫先于父母，皆见爱而未必治也。"按：这句话说明，韩非子认为对父母爱的感情不一定对治理国家有利，但人的感情首先表现在对父母的爱上。可见法家也认为，对父母的感情是一切感情的基础。

③ 《论语·里仁》："子曰：参乎，吾道一以贯之。曾子曰：唯。子出。门人问曰：何谓也？曾子曰：夫子之道，忠恕而已矣。"朱熹注谓："尽己之谓忠，推己之谓恕。"此见孔子将以亲情为基础的"忠恕之道"作为他为人的一贯之道。

人乎哉?"对"仁"与"礼"的关系,孔子有非常明确的说法:
"人而不仁如礼何?人而不仁如乐何?"这种把"爱人"作为基
础的"仁学",不能不影响到孟子,所以他也说:"亲亲,仁也。"
在《孟子》中,我们也找不到直接讨论"情"的论述。但孟子
的"四端",特别是"恻隐之心",虽说是人性之发端,但实也是
"人情"之内涵。[①] 孟子对人之所以有"恻隐之心"的论证说:"今
人乍见孺子将入于井,皆有怵惕恻隐之心,非所以内交于孺子之
父母也,非所以要誉于乡党朋友也,非恶其声而然也。"(《公孙
丑上》)看见小孩将落入井中会自然出手救助,此出于恻隐之心,
亦即人之内在之情感,非为任何功利之目的。我们在郭店楚简中
也可以看到孔子这一思想发展之脉络,《语丛三》:"爱,仁也";
《语丛二》:"爱生于性";《唐虞之道》谓:"孝之放,爱天下之
民"。对父母的爱的扩大,是爱天下的老百姓的基础。《五行》中
说:"亲而笃之,爱也;爱父,其继爱人,仁也。"亲情的发挥,
就是爱;爱自己的父母,进而爱别人这才叫作完全的"仁"。那
么人为什么会有爱人的感情呢?这就是因为"情生于性",《语丛
二》中也说:"情生于性,礼生于情。"《语丛一》:"礼因人之情
而为之。"人的情感是由人的内在本性生发出来的;维系人与人
之间的礼义是基于人有"爱"人的情感。"礼"是"人道"的内
容之一。据上所论,我们可以说先秦儒家的伦理学说是建立在以
家族"亲情"扩而广之的孔子"仁学"基础上的。"道始于情"

---

① 《朱子语类》说:"性中只有仁义礼智,发之则为恻隐、辞逊、是非,乃性之
情也。"中华书局,1986年,第一册,第92页。

应是孔子"仁学"十分有意义的内容，故我们可以说它是对孔子"爱人"的重要诠释。

（四）论"情生于性"

在先秦古籍中讨论"性"与"情"关系的地方很多，如《荀子·正名》中说："性之好恶喜怒哀乐谓之情。"这是说"人性"中的"好恶喜怒哀乐"叫作"情"。但在先秦典籍中"性"和"情"的含义所指，或者尚有未明确分开者。故《性自命出》中有"恶怒哀悲之气，性也"（此处之"气"或指人之"血气"，《语丛一》谓："凡有血气者，皆有喜有怒，有慎有壮"），"好恶，性也"之言。在楚简《语丛二》中几乎把人的一切感情、欲望都认为是"生于性"，如说"爱生于性""欲生于性""恶生于性""喜生于性"等等，这都说明人性可以有种种感情表现的。这就是说有"性"即有"情"，人不可无"情"。这种情况，在《荀子》中也有类似之处，如谓："今人之性，生而有好利焉"云云，此亦即言性有好恶也。我认为，这或与在先秦典籍中有"情性"或"性情"连用有关。如《礼记·乐记》："先王本之情性"；《荀子·性恶》："若夫目好色，耳好声，口好味，心好利，骨体肤理好愉佚，是皆生于人之情性者也"；《儒效》："纵性情而不足问学"；等等。这里的"情性"或"性情"似均指"性"和"性"之发用。但荀子可以说已经认识"性"与"情"有所分别，如（《天论》中说："好恶喜怒哀乐臧焉，夫是之谓天情。"

这里的"天情"实指"天性"所内在具有的情感（即谓"性之好恶喜怒哀乐之情"）。"好恶喜怒哀乐"等情感是藏于人性之内的，这即与《礼记·乐记》中所说的"人生而静，天之性也；感于物而动，性之欲也"，是同样的思维模式。"性之欲"之"欲"即"情"（董仲舒答武帝策问中说："情者，人之欲也。"见《汉书·董仲舒传》。陈立《白虎通疏证》亦谓："性之欲，情也"，见《性情》"六情也，何谓也"之注）。从这里看，"性静情动"之说或为先秦儒家通行之说法（至少可以说是先秦儒家重要看法之一），故《性自命出》谓："喜怒哀悲之气，性也。及其见于外，则物取之也。"又曰："凡动性者，物也"，正是由"物"（外在的东西）的刺激藏于内的人性发挥出来就表现为各种各样的感情（或欲望），这正是"人生而静，天之性也；感于物而动，性之欲也"的另一种表述。"性静情动"之论，最形象的表述或为《礼记正义》引贺玚（贺玚事迹见《梁书》卷四十八《贺玚传》）的话："性之与情，犹波之与水，静时是水，动则是波；静时是性，动则是情。"这就是说，人的"性"是人的内在本质，"情"是"性"感物而动的情感的流露。故《中庸疏》谓："喜怒哀乐之未发，谓之中；发而皆中节，谓之和。中也者，天下之大本也；和也者，天下之达道也。致中和，天地位焉，万物育焉。"由人之"性"感物而动发出来的情感应合乎道理，合理则有利于万物的生长，"生成得理，故万物其养育焉"（《礼记正义·中庸疏》）。同疏又谓："'和也者，天下之达道也'者，言情欲虽发而能和合，道理可通达流行。"简而言之，"情"的发动应是"以情合理"（此问题将于下节"辩情、欲"讨论）。"未发"为性，

"已发"为情，我们可以把它概括为"性静情动"说。但此"未发""已发"之论为宋明儒学所讨论之重要形上问题，此非本文所当论者，故存而不论了。

（五）辨"情""欲"

"七情六欲"之说古已有之，《礼记·礼运》："何谓人情？喜、怒、哀、惧、爱、恶、欲七者弗学而能。"此处之"欲"或即下所说的"饮食男女，人之大欲"之"欲"，是说"饮食男女"是人性自然的要求，所以告子说："食色，性也。"①实际上先秦儒家论"性情"者有多派，王充在《论衡·本性》中提到的就有五派，而所言五派可以说都是对孔子"性相近"的发挥。在《本性》中王充只讲"六情"，如曰："情有好恶喜怒哀乐"，而没有把"欲"列于"情"之中。"六情"之说早在先秦已有，如《左传》昭公二十五年云："民有好恶、喜怒、哀乐，行于六气"（《礼记·礼运》"圣人所以治七情"，《疏》引《左传》昭公二十五年文为："天有六气，在人为六情，谓喜怒、哀乐、好恶"）；《庄子·庚桑楚》："恶欲喜怒哀乐六者，累德也"（此六者中有"欲"，"欲"当为"好"之意）。荀子亦多言"六情"（见前引文）（汉《白虎通义·性情》亦言"六情"）。"六欲"之说，最初或见于《吕氏春秋·贵生》，文谓："所谓全生者，六欲皆得其

———————
① 《礼记·礼运》："饮食男女，人之大欲。"

宜者。"汉高诱注:"六欲,生、死、耳、目、口、鼻也。"此处所言"六欲"当指人的耳目口鼻等的欲望,且对合宜的欲望是加以肯定的。但在《吕氏春秋·情欲》中说:"耳之欲五声,目之欲五色,口之欲五味,情也。"这就是说,在先秦典籍中大概还没有把"情"和"欲"分开来看,或者把"欲"看成"情"的一种表现,因此常常出现"情欲"连用的情形,如《礼记·中庸疏》:"情欲未发,是人性初本"①;《荀子·正论》:"……人之情欲是已"(由于荀子的"性恶"是基于人具有"欲望"立论的,如谓:"今人之性,……生而有耳目之欲,有好声色焉,故淫乱而礼义文理亡矣。"故荀子"性恶"可以说以"情"为恶也);《庄子·天下》:"以情欲寡浅为内"。但这三处"情欲"所指并不相同,《中庸疏》的"情欲"实指"情",其善其恶视其是否能与"性"和合;荀子主性恶,故认为"情欲"为恶,如《正名》中说:"养其欲而纵其情,……如此者虽封侯称君,其与夫盗无以异";庄子则否定"欲",而肯定顺自然之"情"的"情",如他说:"无欲而天下足",但却认为"神人""致命尽情"(成玄英疏谓:"穷性命之致,尽生化之情,故寄天地之间未尝不逍遥快乐"),故人之"情莫若率","率"者"率真"也。因此在《庄子》中"性情"常连用(如谓"性情不离,安用礼乐"),甚至在《庄子》中有时所说的"性"(或"真性"),也包括"情"(或"真情"),例如《马蹄》中说:"马,蹄可以践霜雪,毛可以御风

---

① 见《十三经注疏》中《礼记·中庸》"中也者,天下之大本也"疏。又,《广雅·释诂》:"情,静也。"

寒，龁草饮水，翘足而陆，此马之真性也。""马之真性"即"马之真情"。由于有"情欲"连用以说"情"，又有以"情欲"为恶者，故秦汉以来又有"性善情恶"之说。汉董仲舒以阴阳论善恶，《春秋繁露·阳尊阴卑》："恶之属尽为阴，善之属尽为阳。"故认为性有善有恶，而性为仁 [1]，性中之恶者为情，情为贪，《深察名号》中说："天两有阴阳之施，身亦两有贪仁之性。……安得不损其欲而辍其性以应天？"（《说文》之"心部"谓："性，人之阳气性善者也。""情，人之阴气有欲者。"《大戴礼记·子张问入官》云："达诸民之情"，注谓："情为喜怒爱恶之属。……情者人之欲。"又云："不可以不知民之性"，注谓："性为仁义礼智之等，……性者生之质。"）《白虎通义·性情》引《钩命诀》曰："情生于阴，欲以时念也。性生于阳，以就理也。阳气者仁，阴气者贪，故情有利欲，性有仁也。"《论衡·禀初》："性生于阳，情生于阴。"这种"性善情恶"的思想在汉朝颇为流行。此"性善情恶"之说不同于先秦儒家之主流的"性静情动"之说。"情动说"对"情"未发动之先给以一个价值判断，它可善，亦可不善，须视其是否合"理"（或"礼"），故不害"圣人有情"之观点，孔子为圣人，但却有情。但到魏晋有圣人有情、无情之辩论（"圣人无情"说或源于《老子》之"天道无亲"）。何劭《王弼传》中说："何晏以为圣人无喜怒哀乐，其论甚精，钟会等述之。弼与不同，以为圣人茂于人者神明也，同于人者五情也。神明

---

[1] 董仲舒又有性三品说，此当别论，见《春秋繁露·深察名号》《春秋繁露·实性》。

茂，故能体冲和以通无；五情同，故不能无哀乐以应物。然则圣人之情，应物而无累于物者也。今以其无累，便谓不复应物，失之多矣。"（《三国志·魏志》卷二十八《钟会传》注引）何晏以为圣人纯乎天道，未尝有情，但一般人"有情"，故其喜怒哀乐常违理任情。而王弼认为，圣人和一般人一样有"五情"，他和一般人的不同不在于有无情感，而在于圣人"智慧自备""自然己足"（神明茂），故"颜子之量，孔父之所预在，然遇之不能无乐，丧之不能无哀。又常狭斯人，以为未能以情从理者也，而今乃知自然之不可革"（《王弼传》）。这就是说，即使像孔子这样的圣人虽然对颜回的情况完全了解，但在遇见颜回时，也不能抑制自己的快乐；当颜回死时，也不能免除悲痛。有人（指荀融）认为孔子这样仍是没有能"以情从理"，王弼批评说，这是他不了解圣人和一般人一样，人所具有的自然的感情是不能免除的。这就是说圣人有情，但可以"以情从理"。可见何晏受两汉之"性善情恶"观点之影响，而又上承老庄之"无欲"说（但未如庄子那样把"情"与"欲"分开来看），而王弼已融先秦儒家《中庸》等"性静情动"说也。然如上所论，庄子并不主张无情，而只主张"无欲"。故对"情"与"欲"之意义不可不辨。我看，"情"与"欲"实应有所分别。"情"与"欲"虽均由"性"感物而动而生，喜怒哀乐等虽见之于外，但"情"并不包含占有的意思；而"欲"则包含着占有或取得的意思①，抑或有"情"的放纵的意

---

① 《左传·桓公六年》："今民馁而君逞欲。"此处之"欲"即"情欲"，有占有或取得义。《左传·昭公十年》："子皮尽用其币。归，谓子羽曰：'……《书》曰："欲败度，纵败礼。"我之谓矣。夫子知度与礼，我实纵欲。而不能自克也。'"

思。（王弼《论语释疑》注"性相近也，习相远也。"谓："不性
其情，焉能久行其正？此是情之正也；若心好流荡失真，此是情
之邪也。若以情近性，故性其情。情近性者，何妨有欲！若逐欲
迁，故云远也；若欲而不迁，故曰近。"）

因此，我们可以说，"情感"与"情欲"不同，"情感"是
"性"之自然流露之要求，"情欲"（欲）则往往出于"私心"所
追求而欲取得之。虽"情感"与"情欲"有所不同，但并不意谓
"情欲"应废。但在先秦典籍中，对"情"（情感）和"欲"（情
欲）并未作明确分疏，"情"或"欲"本身都不能说是善是恶，
而要看它们是否合"理"（礼）。故汉儒的"性善情恶"之说，影
响后来各朝各代的儒学大师甚巨，如唐李翱《复性书》中说：
"人之所以为圣人者，性也；人之所以惑其性者，情也。"至宋有
所谓"理欲之辨"，而倡"存天理，灭人欲"。但此"人欲"是指
人之"私"（欲），它和人之情（感）不同。"情"是"从性中流
露出来者"（"性中只有仁义礼智，发之则为恻隐、辞逊、是非，
乃性之情也"）。"性"原无不善，但为什么会有"不善"呢？此
迁于物而然。朱熹说："性无不善，心所发为情，或有不善。……
心之本体本无不善，……情之迁于物而然也。"① 由人之本性中流
露出来的情，因受到物的影响，如果你要求不合理（礼）地追
求、占有，就会成为不善了。这种不合理（礼）的追求、占有就
成为欲（私欲），所以朱熹提出"存天理，灭人欲"。而朱熹（甚
至主要的宋明理学家）并没有否定"情"的意思。但此"人欲"

---

① 《朱子语类》卷一，中华书局，1986年，第92页。

常常是指人之“私”（欲），它和人的“情”（感）不同。“情”是从“性”中流露出来的。《朱子语类》卷五中说：“性所以立乎水之静，情所以行乎水之动，欲则水之流而至于滥也”；又说：“感触谓情，……有所逐谓欲。”[①]此当是朱子所谓的“存天理，灭人欲”的本义。可见朱熹仍是继承了先秦的“性静情动”之说（或亦受王弼性情说之影响），且区分“情”（情感）与“欲”（情欲）之不同，而回到了《中庸》的“已发”“未发”之问题。如果我们根据《性自命出》中的“道始于情，情生于性”“性自命出，命由天降”来看，先秦儒家的“性静情动”说较之“性善情恶”说无疑有更为深刻的理论价值，“道始于情”“情生于性”可以说揭示了先秦儒家伦理道德学说产生的根据。

---

① 均见于《朱子语类》卷五，中华书局，1986年，第97页。

八、论"和而不同"

今日世界的纷争虽然不能说主要是由文明之冲突引起的，但也绝非与文明冲突无关。因此，关于文明冲突与文明共处的讨论正在世界范围内展开，是增强不同文化间相互理解和宽容而引向和平，还是因文化隔离和霸权而导致政治冲突，将影响着 21 世纪人类的命运。自第二次世界大战结束之后，由于殖民体系的瓦解，文化上的"西方中心论"也逐渐随之消退，世界文化呈现出多元发展的趋势。半个世纪以来，世界经济贸易、信息传播的发展，使民族与民族、国家与国家、地域与地域之间文化上的交往越来越频繁，世界日益成为一个不可分割的整体。目前，在世界文化发展中，出现了两股不同方向的文化潮流：某些西方国家的理论家从维护自身传统利益或传统习惯出发，仍然坚持"西方中心论"；与此同时，某些取得独立或复兴的民族，抱着珍视自身文化的情怀，形成一种返本寻根、固守本土文化的民族主义和回归传统的保守主义。甚至某些东方学者鉴于两个世纪以来西方文化对世界造成的灾难和自身曾受到的欺压，而提出文化上的"东方中心论"。如何使这两股相悖的潮流不致发展成大规模的对抗，并得以和解，实是当前一大问题。同时，我们也还必须注意，在西方国家与民族、东方国家与民族之间由于文化传统的不同也会出现纷争和冲突，这在历史和现实中所在多有，不能不引起我们关注。

如何使不同文化传统的民族、国家和地域在差别中得到共同发展，并相互取长补短，以便形成在全球意识关照下文化多元化发展的新形势呢？我认为中国的"和而不同"原则或者可能为我们提供有正面价值的资源。

1993年亨廷顿提出的"文明冲突论"，引起了各国学术界的广泛讨论。从人类历史上看，由于文化（哲学、宗教、价值观念等等）的不同引起的冲突和战争并不少见，就是进入21世纪虽未发生世界性的大战，但局部地区的战争仍不断，其中政治、经济无疑是冲突和战争非常重要的原因，但文化的确也在相当大的程度上是国家与国家、民族与民族、地域与地域之间冲突和战争的原因。如何化解这种文化上的原因引起的冲突甚至战争，也许孔子提出的"和而不同"是一条非常有意义的原则。

在中国历史上，人们一向认为"和"与"同"是不同的两个概念，有所谓"和同之辩"。《左传·昭公二十年》记载："公曰：'唯据与我和夫！'晏子对曰：'据亦同也，焉得为和？'公曰：'和与同异乎？'对曰：异。和如羹焉，水、火、醯、醢、盐、梅，以烹鱼肉，燀之以薪，宰夫和之，齐之以味，济其不及，以泄其过。君子食之，以平其心。君臣亦然。……今据不然。君所谓可，据亦曰可；君所谓否，据亦曰否。若以水济水，谁能食之？若琴瑟之专一，谁能听之？同之不可也如是。"齐侯说：

只有据（按：齐侯之大臣）跟我不是很和谐吗？晏子回答说：据也只是和你相同而已，哪里说得上和谐呢！齐侯说：和（谐）与（相）同不一样吗？晏子回答说：不一样。和谐好像做羹汤一样，用水、火、醋、酱、盐、梅来烹调鱼和肉，再用柴火烧煮，厨子加工以调和，使味道适中，味道太浓就加水冲淡。君子食用这样的羹汤，内心平静，君臣之间也是这样……现在据不是这样。国君认为对的，他也认为对；国君认为不对的，他也认为不对。这就像用水去调济水，谁还能吃呢！如同琴瑟老弹一个音，谁听它呢？不应光讲"同"的道理就是这样。《国语·郑语》："夫和实生物，同则不继。以他平他谓之和，故能丰长而物归之；若以同裨同，尽乃弃矣。故先王以土与金、木、水、火杂，以成百物。"这是史伯对郑桓公说的一段话。可见"和"与"同"是两个不同的概念。"以他平他"，是以相异和相关为前提，相异的事物相互协调并进，就能使事物发展；"以同裨同"，则是以相同的事物叠加，其结果只能窒息生机。中国传统文化的最高理想是"万物并育而不相害，道并行而不相悖"（《中庸》）。"万物并育"和"道并行"是"不同"；"不相害""不相悖"则是"和"。这种思想为多元文化共处提供了取之不尽的思想源泉。

不同的民族和国家应该可以通过文化的交往与对话，在对话（商谈）和讨论中取得某种"共识"，这是一由"不同"到某种意义上的相互"认同"的过程。不同民族和不同国家之间由于地理的、历史的和某些偶然的原因，而形成了不同的文化传统，正因为有文化上的不同，人类文化才是丰富多彩的，而且才在人类历史的长河中形成了互补和互动的格局。文化上的不同可能引起冲突甚至战争，但并不能认为"不同"就一定会引起冲突和战争。特别是在今天科学技术高度发展的情况下，如果发生大规模的战争也许人类将毁灭人类自身。因此，我们必须努力追求在不同文化之间通过对话，实现和谐相处。现在中西许多学者都认识到，通过对话沟通增进不同文化之间的相互理解的重要性。例如哈贝马斯提出"正义"和"团结"的观念。我认为，把它们作为处理不同民族文化之间关系的原则，应该是很有意义的。哈贝马斯的"正义原则"可理解为，要保障每一种民族文化的独立自主，按照其民族意愿发展的权利；"团结原则"可理解为，要求对其他民族文化有同情理解和加以尊重的义务。通过不断的对话和交往等途径，总可以在不同民族文化之间形成互动中的良性循环。① 2002 年去世的德国哲学家伽达默尔提出，应把"理解"扩展到"广义对话"层面。正因为"理解"被提升到"广义对话"，主体与对象（主观与客观或主与宾）才得以从不平等地位过渡到平等地位；反过来说，只有对话双方处于平等地位，对话才可能真正进行并顺利完成。可以说，伽达默尔所持的主体——对象平等意识和文化对话论，正是我们这个时代所需要的重要理念。这种理念，对我们今天如何正确而深入地理解中外文化关系、民族关系等等，具有重要的启示。② 不论是哈贝马斯的"正义"和"团结"原则，还是伽达默尔的"广义对话论"，都要以承认"和而不同"原则为前提，只有承认不同文化传统的民族和国家可以和

---

① 参见乐黛云：《文化相对主义与比较文学》，《跨文化对话》，北京大学，2002 年。

② 参见潘德荣：《伽达默尔的哲学遗产》，香港《21 世纪》，2002 年 4 月号；于奇智：《哲学的人文化成》，香港《21 世纪》，2002 年 8 月号。

谐相处，不同的文化传统的民族与国家才能获得平等的权利和义务，"广义对话"才能"真正进行并顺利完成"。因此孔子以"和为贵"为基础的"和而不同"原则，应成为处理不同文化之间关系的一条基本原则。

　　不同文化传统应该可以通过文化的交往和对话，在讨论中取得某种共识，这是由"不同"到某种意义上的"认同"的过程。这种"认同"不是一方消灭另一方，也不是一方"同化"另一方，而是在两种不同文化中寻找交汇点，并在此基础上推动双方文化的发展，这正是"和"的作用。我们可以用中国文化自身的发展为例：儒家要求"制礼作乐"，即要求"有为"以维护社会的和谐；道家追求"顺应自然"，即要求"无为"以保持社会安宁。它们本是两种很不相同的思潮，但经过近千年的发展，在不断对话中，取得了某种共识。到西晋，有郭象为调和孔老，提出了"有为"也是一种"无为"。郭象注《庄子·秋水》中有一段话说："人之生也，可不服牛乘马乎？服牛乘马不可穿落之乎？牛马不辞穿落者，天命之固当也。苟当乎天命，则虽寄之人事，而本在乎天也。"这里的意思是说，虽然"穿牛鼻""落马首"是通过"人为"（人事）来实现，但它本来就是"顺自然"的。郭象的这一观点，既是儒家可以接受的，也是道家可以接受的，但它又不全然是原来儒家和原来道家的思想了。"有为"（人为）和"无为"（天然）本不相同，但要使两者的意义都在某种程度上被容纳，就必须在商讨中找到交汇点（和），所找到的交汇点就可以成为双方能接受的普遍性原则，它并不要求抹杀任何一方的特点而使双方互相接受，这无疑是体现了"和而不同"的思想的。

我们还可以用中国历史上中国传统文化与外来文化的相遇为例，说明"和而不同"的意义。本来印度佛教文化与中国传统文化（如儒家、道家等）是两种很不相同的文化，但从汉到唐的几百年中，从中国文化自身来说，一直在努力吸收和融化佛教这种异质文化；从印度佛教方面说，则一直致力于改变不适应中国社会要求的方面。因此，在印度佛教传入中国近千年的历史中，中国文化在许多方面受惠于印度佛教。印度佛教深刻地影响着中国哲学、文学、艺术、建筑以及民间风俗习惯诸多方面。与此同时，印度佛教又在中国这块大地上得到了发扬光大，在隋唐不仅形成了若干中国化的佛教宗派（如天台、华严、禅宗等），并且中国文化仍然是中国文化，并未因吸收了印度佛教文化而失去其特色。这种文化上的交流和互相影响，可以说是很好地体现了"和而不同"的原则。不仅中印文化之间的关系如此，其实欧洲文化的发展也可以说明这一点。罗素 1922 年写的《中西文化比较》中有这样一段话："不同文化之间的交流过去已经多次证明是人类文明发展的里程碑。希腊学习埃及，罗马借鉴希腊，阿拉伯参照罗马帝国，中世纪的欧洲又模仿阿拉伯，而文艺复兴时期的欧洲则仿效拜占庭帝国。"一种文化之所以能吸收他种文化，往往是在两种文化的交往和商谈中体现了"和而不同"思想的结果。欧洲文化在自身发展中吸收了各种各样不同文化传统的因素，但它不仅没有失去其作为欧洲文化的传统，而且大大丰富了自身文化的内涵，这无疑是符合"和而不同"原则的。

自 19 世纪末，西方文化大量传入中国，中西文化之间一直存在着矛盾和冲突，但同时也存在着互相吸收和融和的趋势。中国的儒家思想和马克思主义无疑是两种不同的思想体系，但自20世纪末在我国出现过试图调和这两种哲学的种种努力。我认为也许已故冯契先生的努力是使上面所说的两种思想的调和最为成功的范例。

冯契是一位有创造性的马克思主义者，他力图在充分吸收和融合中国传统哲学和西方分析哲学的基础上使马克思主义哲学成为中国化的马克思主义哲学。他的《智慧说三篇》可以说是把马克思主义的实践唯物辩证法、西方的分析哲学和中国传统儒家哲学较好结合起来的尝试。冯契在《智慧说三篇·导论》第五节"《智慧说三篇》的基本思想"的一开头就说："本篇主旨在讲基于实践的认识过程的辩证法，特别是如何通过'转识成智'的飞跃，获得性与天道的认识。"冯契不是要用实践的唯物主义辩证法去解决西方哲学的基本问题，而是要用实践的唯物主义辩证法解决中国哲学的"性与天道"。他说："通过实践基础上的认识世界与认识自己的交互作用，人与自然、性与天道在理论与实践的辩证统一中互相促进，经过凝道而成德、显性以宏道，终于达到转识成智，造成自由的德性，体验到相对中的绝对、有限中的无限。"接着冯契用分析哲学的方法，对"经验""主体""知识""智慧""道德"等层层分析，得出如何在"认识世界和认识自己的过程中转识成智"（我认为，冯契把"认识世界"和"认识自己"看成同一过程，这无疑是中国式的思维方式），由此他提出了一个非常重要的命题："化理论为方法，化理论为德性。"（按：马克思主义哲学一向认为"理论"和"方法"是统一的，而中国儒家哲学一向认为"理论"与"德性"是统一的，而冯契要求把"理论""方法"和"德性"三者统一起来，这也许可以说是希望把儒家思想引入马克思主义哲学，而使马克思主义哲学真正中国化。）因此，他对这个命题解释道："哲学理论一方面要化为思想方法，贯彻于自己的活动，自己研究的领域；另一方面又要通过自己的身体力行，化为自己的德行，具体化为有血有骨的人格。"照冯契的看法，无论"化理论为方法"，还是"化理论为德性"都离不开实践的唯物辩证法。"化理论为方法"，不仅是取得"知识"的方法，也是取得"智慧"的方法。"智慧"与"知识"不同，"知识"所及为可名言之域，而"智慧"所达为超名言之域，这就要"转识成智"。而"转识成智"，是要"凭理性的直觉才能把握"。对此冯契解释说："哲学的理性的直觉的根本特点，就在于具体生动地领悟到无限的、绝对的东西，这样的领悟是理性思维和德性培养的飞跃。"（按：这有些类似于熊十力先生所提出希望建立的"思修交尽"的"量论"。①）"理性的直觉"是在逻辑分析基础上的"思辨的综合"而形成的一种飞跃。如果没有逻辑的分析，就没有说服力；如果不在逻辑基础上作"思辨的综合"，就不可能为哲学研究提供新的方向，开辟新的道路。从这里我们可以体会到冯契运用逻辑的分析和思辨的综合的深厚功力。正是由于此，实践唯物辩证法才具有理论的力量，也说明

---

① 熊十力认为，中国传统哲学比较重视体认（心的体察认知），而不注重"思辨的分析"，因此"中西文化，宜互相融合"，"中国诚宜融摄西洋而自广"。因此。他主张把中国的"体认"与西洋的"思辨"结合起来，成为"思修交尽之学"。参见拙作《中国现代哲学的三个"接着讲"》，收入《世界文化的东亚视角》，北京大学出版社，2004年。

他研究哲学的目的归根结底是为了用实践唯物辩证法来解决"性与天道"（按：也可以说是"天人关系"的问题）这一古老又常新的中国哲学问题。因此，新的中国哲学体系必须要在马克思主义与中国传统哲学这两种不同的哲学中找到结合点，以便使这两种不同的哲学都得到发展。

在不同文化传统的交往中体现"和而不同"的原则可能会有多种情况：第一种情况是，在商谈中发现不同文化原来有相近或相似的观念，如在基督教中有"博爱"，在佛教中有"慈悲"，在儒家中有"泛爱众"，从抽象的意义上讲都是"爱"，于是，"爱"就可以成为不同文化传统都能接受的普遍原则。同时"博爱""慈悲""泛爱众"仍然保留其各自不同的特点。第二种情况是，在文化交往中发现此种文化不具有另一种文化的某些重要观念，但另外那种文化中的这些观念和此种文化并非不能相容，这样就可以在交往中接受这些新的观念，并经过改造而逐渐使之融化在此种文化之中，从而丰富此种文化的内容。例如，在中国原来并没有明确的"顿悟"的观念，但到宋明时代，程朱理学和陆王心学都在某种程度上接受了"顿悟"的观念，使之融化在他们的体系之中。第三种情况是，在文化的交往中会发现，此种文化不具有彼种文化中的某些有意义的观念，而且这些有意义的观念和此种文化的某些观念不相容，从而在交往中不得不放弃此种文化中的某些旧观念，而接受外来的新观念，致使此种文化得到发展。例如西方的"民主"思想输入中国之后，中国人不得不放弃过去传统中的"三纲"等旧观念。第四种情况是，在两种或多种文化的交往中，经过反复的交谈会发现，双方或多方都未曾有过的、然而十分有意义的新观念，例如"和平共处""文化多元共处"等，把这些观念引入不同的文化体系中，无疑对各种文化都是有意义的。当然除此之外，还有其他的不同情况，兹不赘述。上述四种情况，都说明在不同传统文化之间可以因其"不同"通过"和"（调和、协调）的作用而达到某种"同"，在"不同"中找到可以共同接受的原则，在"不同"的情况下取得"共识"正是交往和商讨中实现"和而不同"的原则的体现。

在讨论"和而不同"作为不同文化之间交往的原则时，似乎还有两点值得注意：一是文化的异地发展问题；二是文化的双向选择问题。一种文化在一地（或一民族）发展日久或者遇到特殊的原因，会出现衰退甚至断绝的现象，而往往会在其传到的另一地区（或民族）得到发展，例如佛教在印度流传到七、八世纪，以后没有什么重大发展，但佛教在中国隋唐时期（七、八、九世纪），由于吸收了中国文化的某些因素而为中国的高僧大德所发展，形成了中国化的佛教宗派，并传到了朝鲜半岛和日本，于是这些宗派又和当地文化相结合，特别是在日本又创造了独特的日本佛教派别。所以我常说："中国文化曾受惠于印度佛教，印度佛教又在中国得到发扬光大。"这种文化的异地发展的现象不仅发生在亚洲，而且也发生在欧洲。如前引罗素所说，今日欧洲的文化是由埃及而到希腊，中经罗马、阿拉伯再回到欧洲，正是这种文化的异地发展，形成了"人类文明发展的里程碑"。究其原因，甲种文化移植到乙种文化中往往会为甲种文化增加某些新因素，这些新因素或者是甲种文化原来没有的，或者是在甲种文化中没有得到充分发展的，它们的加入使甲种文化在乙种文化中得到了发展。这种情况正符合文化发展"和而不同"的原则，正是"和实生物，同则不济"的体现。关于"文化的双向选择"问题，我们知道，并不是任何异质文化传到某一地区（或民族），在任何时候和任何情况下都会被接受和得到发展。例如在隋唐时期，不仅佛教对中国社会有着重大影响，《隋书·经籍志》中说："佛经在民间数十百倍于儒经"，而且在这一时期景教（基督教的一派）也曾传入中国，并发生过一定影响，但最终并未在中国站住脚。这就有个文化的双向选择问题。不仅如此，就是印度佛教的宗派在中国的命运也不相同。例如密教（密宗）在唐中期以后在中国汉地曾盛极一时，这点我们可以从扶风法门寺地宫出土文物得到证实，但以后密宗就衰落了，在汉地几乎没有什么影响，可是印度密教在西藏地区与当地的苯教结合而形成藏传佛教，直到现在仍是藏族人民信仰的宗教。这是为什么呢？就汉地佛教说，最初传入的是小乘禅法安世高系，其后支娄迦谶把般若学传入中国。自晋以后在中国流行的是般若学，而非小乘禅法。究其原因，盖因般若学与以老庄学说为骨架的玄学相近，而在东晋南朝选择了般若学。在唐朝发展起来的禅宗也并非印度禅法，其思想基础仍可说是般若一支，且禅宗无疑不仅吸收了某些老庄思想，而且为适应中国社会的需要又吸收了某些儒家思想。这就可以看出，文化间确实存在着一种"双向选择"问题，而这种"双向选择"也是"和而不同"原则的另一种体现。我们还可以看到，在唐初虽有玄奘大师宣扬佛教唯识学，但此学在中国唐朝仅流行了三十余年，就不为中国人所重视，这是因为唯识学的思维模式完全是印度式的，与中国的思维模式大不相同。然而禅宗在唐中叶以后却大为流行了，这正因为禅宗的思维模式较近于中国，成为中国化的佛教宗派，而影响了宋明理学。这说明，在不同文化的交流中，文化之间常常存在着"双向选择"的问题，而这种"双向选择"也在一定程度上体现着"和而不同"的原则。盖文化之间总是因有"不同"，才有"选择"，如果是完全相同的思想，那就无所谓"选择"了，而且完全相同的思想的传入，对原有的思想文化不会增加什么新的因素，因而也就不能刺激和推动原有文化的发展，可见"和而不同"原则对文化的"双向选择"有着非常重要的意义。

我们把"和而不同"看作推动文化健康地交流、促进文化合理地发展的一条原则，这正符合当前世界文化多元化发展的趋势。如果我们希望中国文化得到更好的发展，希望中国文化今后能对人类文明有所贡献，就必须以"和而不同"的态度对待其他民族、国家、地域的文化，充分吸收它们的文化成果，更新自己的传统文化，以创造适应现代社会生活的新文化。

九、论"周易哲学"

在本书第一篇中，我已对《周易》哲学作了讨论，主要是说明《周易》是一部"所以会天道、人道"的书，即说明它是一部讨论"天""人"之间存在着相即不离的内在关系的书。当然，这种"天""人"之间的相即不离的内在关系无疑是中国传统哲学讨论的主题之一。我在这里准备写的《论"周易哲学"》是想讨论《周易》所包含的中国最早的"本体论"（ontology）和"宇宙生成论"（cosmology）两大体系的问题，它为中国哲学的发展方向奠定了基础，并证明了"易，所以会天道、人道也"是对《易》的准确的表述。相传《易》经三圣，虽未必全为历史事实，但确说明《易》的发展经过了三个时期。伏羲画八卦，文王演八卦，孔子作《易传》，这种说法就与《易》的发展有三个时期大体上是不错的。① 因此，我们可以说，在远古的伏羲时代已有"八

---

① 《易纬·乾凿度》云："垂皇策者羲，卦道演德者文，成命者孔。"《易纬·通卦验》又云："苍牙通灵昌之成，孔演命明道经。"准此诸文，伏羲制卦，文王系辞，孔子作《十翼》，《易》历三圣，只此谓也。（见《周易正义》卷首）

卦"①，而周文王时演而为六十四卦②，有卦名、卦画、卦序的排列以及卦辞、爻辞等等，这是《易经》的一部分，从中我们可以分析出某些极有价值的哲理以及对历史经验的总结，但我们还不能说它是一种较为完备的哲学理论，而仍是一部作为占卜或警世之用的经典（这可证之于《左传》）③。《易传》虽非孔子所作，但属战国时儒家文献，其中当然也融合春秋至战国各家思想，特别是其中有关宇宙论部分无疑吸收了道家的思想。这方面已有许多学者讨论到。④

《易传》包括"十翼"，它是对《易经》的解释，我们可以对"十翼"作多方面的解释，但其中《系辞》对《易经》所作的整体性的哲学解释最为重要，它可以引申出两个解释系统，一为本体论的解释系统；一为宇宙生成论的解释系统，而这两大不同的解释系统在实际上又是互相交叉着的。

照《系辞》看，《易经》的六十四卦是一个整体性的开放体系，它的结构形成了一个整体宇宙的架构模式，体现着宇宙的存

---

① 《周易·系辞下》："古者包牺氏之王天下也，仰则观象于天，俯则观法于地，观鸟兽之文，与地之宜，近取诸身，远取诸物，于是始作八卦……"

② 司马迁《史记》谓："文王拘而演《易》。"

③ 《左传》中有多处引用了《易经》，用于占卜。如《左传·庄公二十二年》："……周史有以《周易》见陈侯者，陈侯使筮之，遇《观》䷓之《否》䷋曰：是谓'观国之光，利用宾于王。'……"《左传·闵公元年》："初，毕万筮仕于晋，遇《屯》䷂《比》䷇。……"《左传·僖公十五年》："晋献公筮嫁伯姬于秦，遇《归妹》䷵之《睽》。史苏占之，曰：'不吉。其繇曰："士刲羊，亦无衁也。女承筐，亦无贶也。"西邻责言，不可偿也。《归妹》之《睽》，犹无相也。……'"《左传·宣公六年》："郑公子曼满与王子伯廖语，欲为卿。伯廖告人曰：'无德而贪，其在《周易》《丰》䷶之《离》䷝。弗过之矣。'间一岁，郑人杀之。"等等。

④ 陈鼓应：《易传与道家思想》，台湾商务印书馆，1995年。

在象状。这个整体性的宇宙架构模式与"宇宙"一一相当,它是一生生不息的有机架构模式,故曰:"生生之谓易。"世界上的万事万物都可以在这个模式中找到它一一相当的位置①,所以《系辞》中说:《易经》(或可称"易道")"范围天地之化而不过,曲成万物而不遗,通乎昼夜之道而知,故神无方而《易》无体。"②意思是说:《易》所体现的天地运化的道理是无过差的,成就形形色色的事物而无所遗漏,虽然天地万物奥妙的变化是无穷的,但可以从其中知道天地万物变化的所以然的道理,因为《易》是一变化无方所、无形体的开放体系,而不是系于一方一体的。从这里,我们可以了解到,《易》("易道")③所说,天地万物(宇宙)之所以如此存在,都可以在《易经》的架构模式中找到其所以然的道理,它包括了天地万物的道理没有差错,而且无所遗漏。天地万物其生成变化的"道理"和根据都包含在《易经》的架构模式中,"在天成象,在地成形,变化见矣","天下之理得,而成位乎其中矣"。因此,"《易》与天地准,故能弥纶天地之道"。"弥纶",朱熹谓:"'弥'如封弥之'弥',糊合便无缝

---

① 韩康伯注谓:"自此以上,皆言神之所为也。方体者皆系乎形器者也。神则阴阳不测,易则唯变所适,不可以一方一体明。"又如《系辞》:"子曰:'夫《易》何为者也?夫《易》开物成务,冒天下之道,如斯而已者也。'"韩康伯注谓:"冒,覆也。言易通万物之志,成天下之务,其道可以覆冒天下也。"意思是,《易》是做什么的?《易》是开启万物,成就事务的,它覆盖着天下的道理,就是这样的。

② 《程氏易说》卷一:"范围,俗语谓之模景。模景天地之运化而不过差,委曲成就万物之理而无遗失,通昼夜辞阖屈伸之道而知其所以然。如此,则得天地之妙用,知道德之本源;所以见至神之妙,无有方所,而易之准道,无有形体。"

③ 《程氏易说》卷一:"易道广大,推远则无穷,近言则安静而正。天地之间,万物之理,无有不同。"按:"万物之理"无不同于"易道"。

罅；'纶'，如纶丝之'纶'，自有条理。言虽是弥得外面无缝罅，而中则事事物物各有条理。"①《易经》所表现的宇宙架构模式（从至大无外的宇宙说，从至小之具体事事物物说）可以成为实际存在的天地万物相应的准则。圣人之所以能得到《易》这个宇宙架构的模式，是由于他对天地万物的观察，并能由表及里、由始至终，由对有形无形之象以及存在和尚未存在的事物的探讨而得到的。所以《易经》这个架构模式既包含着已经实际存在的天地的道理，还包含着尚未实际存在而可能显现成为现实的一切事物的道理，"故神无方而《易》无体"②，"易"所指示的变化是无方所的，也是不受现实存在的事物所限制的。这就说明，《系辞》的作者认为，天地万物之所以如此存在着、变化着，都可以从"易"这个系统中找到其存在的道理，"易"这个系统是一个无所不包的宇宙模式。故《系辞》说："《易》之为书也，广大悉备，有天道焉，有人道焉，有地道焉，兼三才而两之，故六。六者，非它也，三才之道也。"（《说卦》谓："昔圣人之作《易》也，将以顺性命之理，是以立天之道，曰阴与阳；立地之道，曰柔与刚；立人之道，曰仁与义。兼三才而两之，故《易》六画而成卦，分阴分阳，迭用柔刚，故《易》六位而成章。"）《易》这部圣人所作的书，它包含着天、地、人三才的道理。天、地、人所表现的虽不同，或为阴阳、或为柔刚、或为仁义，但都是在

---

① 《朱子语类》卷七十四。
② "无体"，《朱子语类》卷七十四谓："'神无方而易无体'，神便是忽然在阴，又忽然在阳底。易便是或为阴，或为阳，如为春，又为夏；为秋，又为冬。交错代换，而不可以形体拘也。"

"易道"之中，可由《易》的卦画表现出来。因此，我们可以说《易》作为宇宙的架构模式所表示的是形而上的"道"，而世界上已经存在的或者还未存在而可能存在的东西都能在此《易》的宇宙架构模式中找到其所以存在之理，所以《系辞》说："形而上者谓之道，形而下者谓之器。"①《系辞》已注意到"形上"与"形下"的区别，唯有其分别，圣人才得观察其深远之意义，盖因"言天下之深远难知，而理之所有不可厌也；言天下之动无穷也，不可紊也。"②所以以"形上""形下"言道器，"只是上下之间，分别得一个界止分明。道亦器，器亦道，有分别而不相离"。此以"体用一源"论"道""器"关系，是一种哲学本体论的论证。这就是说，《易》这个"广大悉备""弥纶天地之道"的宇宙架构模式包括了"天""地""人"所有的"道理"，它是一"无体"之"易"的形而上的体系。

我们也许还可以进一步讨论，《系辞》为什么把《易经》

---

① 《周易正义》疏谓："《正义》曰：'是故形而上者谓之道，形而下者谓之器'者，道是无体之名，形是有质之称。凡有从无而生，形由道而立，是先道而后形，是道在形之上，形在道之下。故自形外已上者谓之道也，自形内而下者谓之器也。形虽处道器两畔之际，形在器，不在道也。既有形质，可为器用，故云'形而下者谓之器'也。"这个解释或未得《系辞》意，它把"形上""形下"分割开来，而在时间上有先后，在空间上则相隔。这实是一种生成论的解释。而宋儒，如朱熹的解释则是一种本体论的解释。《朱子语类》卷七十五中说："问：'"形而上下"，如何以形言？'曰：'此言最得当。设若以"有形、无形"言之，便是物与理相间断了。所以谓"截得分明"者，只是上下之间，分别得一个界止分明。器亦道，道亦器，有分别而不相离也。'"又说："道是道理，事事物物皆有个道理；器是形迹，事事物物皆有个形迹。有道须有器，有器须有道。物必有则。"此用"体用一源"论"道""器"关系，自是一种本体论的论证。

② 《程氏易说》卷一。

（"易理""易道"）解释为开放的、生生不息的宇宙架构模式，认为天地万物的"道理"（"易理""易道"）都包含其中？《系辞》中说："子曰：'《易》，其至矣乎！夫《易》，圣人所以崇德而广业也。知崇礼卑，崇效天，卑法地。天地设位，而《易》行乎其中矣。成性存存，道义之门。'"《易经》是一部伟大的书。这是因为，圣人用"易"来崇德广业，知崇礼卑，崇效天，卑法地（韩注："极知之崇，象天高而统物；备礼之用，象地广而载物也"），天地的运行有其常定之规律，这是"易"（"易理"贯穿其中，按：此讲"天道"），而圣人按照"礼"的要求而使"各正性命"（按：此讲"人道"），这样"易"的道义也就表现出来了。所以张载说："此论《易》书之道，而圣人亦所以教人。"① 由此可见，圣人之作《易》其目的是由"天道"而"人道"，此即郭店楚简《语丛三》所说："易，所以会天道、人道也。"《系辞》对《易经》解释的目的，就是要揭示《易经》的这一宇宙的架构模式，而此架构模式是为"通天人之际"，而"道济天下"的。圣人制《易》本来就是为了"成天下之务"，"以通天下之志，以定天下之业，以断天下之疑"（《系辞上》）。那么怎样才能做到呢？就是要用《易经》这部占卜的书。而《易经》这部占卜的书是圣人据"天文""地理""百姓日用""万物之情"等而总结出来的。

---

① 《横渠易说·系辞上》："天地定位而易行乎其中，知礼成性而道义出。夫《易》，圣人所以崇德广业，以知为德，以礼为业也，故知崇则德崇矣。而论《易》书之道，而圣人办所以教人。'天地设位而易行乎其中'，比下文 '成性存存道义之门' 而言也。天地设位，故易行乎其中，知礼成性，则道义自此而出，道义之门盖由仁义行也。"

它可以指示，自天子以至庶人"占往知来"，以定吉凶。为此，《系辞》揭示出《易经》所体现的宇宙架构模式，而使之有形而上的本体论根据。

这种对《易经》本体论的解释模式对后来中国哲学的影响非常之大，如王弼对《系辞·大衍之数》的解释即是。在汉朝众多学者以象数解释"大衍之数"，郑玄以"五行"释之，苟爽以卦爻释之。[①] 又孔疏引京房曰："五十者，谓十日，十二辰，二十八宿也，凡五十。""其一不用者，天之生气，将欲以虚来实，故用四十九焉。"《易乾凿度》曰："五音六律七变，由此作焉。故大衍之数五十，所以成变化而行鬼神也。日十干者，五音也；辰十二者，六律也；星二十八者，七宿也。凡五十所以大阂物，而出之者也。"京房曰："其一不用者，天之生气，将欲以虚来实故用四十九焉。"（《孔疏》）"故《星经》曰：天一太乙主气之神。"（《易乾凿度》郑注）所有这些均以象数解之。而王弼解《大衍义》则一扫汉时旧说，而以玄理解之。其文谓：

> 演天地之数，所赖者五十也。其用四十有九，则其一不用也。不用而用之以通，非数而数之以成，斯易之太极也。四十有九，数之极也。夫无不可以无明，必因于有，故常于有物之极，而必明其所由之宗也。

这里王弼用"体""用"和"一""多"的关系来说明"大衍之数"

---

① 参见汤用彤：《王弼大衍义略释》，《汤用彤全集》第4卷，第55页。

的问题。所谓不用之"一"即《易》中所说的"太极",也就是指作为天地万物之本之"无",（按：王弼《老子》四十章注谓："天下之物，皆以有为生。有之所始，以无为本。将欲全有，必反于无。"《老子指略》中说："夫物之所以生，功之所以成，必生乎无形，由乎无名。无形无名者，万物之宗也。"）而"太极"不是在天地万物之外（之后）的另一实体。照王弼看，"太极"是包蕴万物、孕育万物者；也就是说"太极"（"不用之一"）不是在"有物之极"（"四十有九"）外，而是支持"有物之极"者。所以对于"无"（非有名有形之"无"，即"太极"）不能由其本身加以说明，因为它无名无形，不可言说；必须从有名有形之"有"来体察之。这就是说："一"是"四十九"之体，"无"即"有物之极"之本。作为"一"（太极）之"本"与作为"多"（"四十有九"）之"用"，因"多"（四十九）为"数"（有形有名之具体事物），而"一"（太极）非数（不是具体事物），"四十有九"之"数之极"（"多"）是总合天地万物，而"太极"（"一"）则为其本体。要想了解天地万物之种种现象（多）也须把握其所由之宗"本"（"一"），"知其母而执其子"，"执一而统众"。"万有"如大海之波，千姿百态，汹涌澎湃，而其本为水。离开大海之波，也就无大海之水；而大海之本则为水，大海之波则为其种种表现。"大海之水"为"一"、为"本"；"千姿百态之波"为"多"，为用。这种"体用如一""本末不二"的观点正是由《易》的本体论发展而来的，为"易学"的一新的贡献。由此，亦可见《系辞》对《易经》之解释实为中国哲学之本体论之开端也。

在《系辞》对《易经》之解释中，我们还可以看到它不仅

为《易经》建构了一宇宙架构模式的本体论，而且还包含着对
《易经》的宇宙生成论的解释。《易经》作为一部占筮之书，自
然要"定吉凶"。但它为什么能成为一部"探赜索隐、钩深致
远"是"以定天下之吉凶""以通天下之志，以定天下之业，以
断天下之疑"的书呢？为此我们必须据《易经》内含的无穷变
化之微妙，"阴阳不测之谓神"（《系辞》），发掘一宇宙生成论
之模式。所以《系辞》曰："生生之谓易。"（注谓："阴阳转
易，以成化生。"）而《庄子》也说："易以道阴阳。"这里说明，
《易》作为一种模式和天下万物一样是一个生生不息、不断变化
发展的系统，所以《易》有三义，其一为"变易"①。《易》这个
体现宇宙变化的系统是以"阴阳"的交荡而形成的。所以《系
辞》说："《易》有太极，是生两仪。两仪生四象。四象生八卦。
八卦定吉凶，吉凶生大业。"②这说明《易经》包含着一个天地万
物的生成系统。这个生成系统表现着天地万物的生生化化。《系
辞》所构成的这一宇宙系列生化系统或受道家老子之"道生一，
一生二，二生三，三生万物……"之影响。照《系辞》看，《易

---

① 《周易正义》卷首谓："《正义》曰：夫'易'者，变化之总名，改换之殊称，
自天地开辟，阴阳运行，寒暑迭来，日月更出，孚萌庶类，亭毒群品，新新不停，生
生相续，莫非资变化之力，换代之功。然变化运行，在阴阳二气，故圣人初画八卦，
设刚柔两画，象二气也；布以三位，象三才也。谓之为'易'，取变化之义。……郑玄
依此义，作《易赞》及《易论》云：'易一名而含三义：易简，一也；变易，二也；不
易，三也。'"
② 关于"太极"在历史上有种种说法：韩康伯说："夫有必始于无，故太极生两
仪。"谓"太极"无名无形（无）为万有之本体。《正义》谓："太极谓天地未分之前，
元气混而为一，即是太初、太一也。"谓"太极"是在万物之前存在之元气。朱熹认
为"太极"是"理"，"太极却不是一物，无方所顿放，是无形之极。"（《朱子语类》卷
七十五）

经》的生化所描述的是宇宙从混沌未分之"太极"（太一）生发出来的，而后有"阴"（－－）、"阳"（－）①，再由阴阳两种基本性质分有太阴（＝＝）、太阳（＝）、少阴（＝＝）、少阳（＝＝）等四象；由四象分化而有八卦（☰、☷、☳、☴、☵、☲、☶、☱）。八卦这八种符号代表着万物不同的性质，据《说卦》，这八种性质是："乾，健也；坤，顺也；震，动也；巽，入也；坎，陷也；离，丽也；艮，止也；兑，说也。"这八种性质又可以用天、地、山、泽、雷、风、水、火的特征来表示。②由八卦又可以组成六十四卦，但《易经》并不是说至六十四卦就完结了，实际上仍可展开，所以六十四卦最后为"既济"和"未济"。这就是说事物发展到最后必然有个终结，但此一终结又是另一新开始，故《说卦》中说："物不可穷也，故受之以未济终焉。"《系辞》认为，天地万物之生成发展变化可以由《易经》这个符号系统表现出来。《易经》之所以能由"太极生两仪，两仪而四象……"的系统把天地万物之生成变化表现出来，是因为天地万物本来就是如此生成发展变化的，不过圣人用简易的符号表现，以便利人们用之于"定吉凶""成大业"。因为"易则易知，简则易从"。《系辞》中说："天地絪缊，万物化醇；男女构精，万物化生。"《序卦》中说："有天地，然后有万物；有万物，然后有男女；有男女，然后有夫妇；有夫妇，然后有父子；有父子，然后有君臣；有君臣，然后有上下；有上下，然后礼义有

① 朱熹则认为："太极即存阴阳里"，谓"理"不离"气"。
② 《说卦》中说："天地定位，山泽通气，雷风相薄，水火不相射。"《说卦》中也还有其他种种说法，大体都是对八卦性质的归类。

所错。"① 我想，这些说法大体上都是对当时天地万物的生生化化的描述。但我认为这些描述和"太极生两仪……"这种符号性的描述或有不同。"太极生两仪……"是一个对宇宙符号化的系统；而"天地绸蕴……""有天地，然后有万物……"不是一符号化的系统，是一种对宇宙实际生化过程的描述，是用实例来说明宇宙生化过程的。因此，我们也许可以说《系辞》所建构的"太极生两仪……"（宇宙是由混沌来分的"太极"［太一］发生出来，而后有"阴"［－－］和"阳"［－］……）是一种宇宙生化的符号系统。② 在这里，我们是不是又可以提出中国哲学研究的新课题？这就是宇宙生化的符号系统的问题。关于天地万物（或曰宇宙）生成的符号化的问题，在先秦就有，例如有关于"河图""洛书"的说法，汉朝的象数之学中也包含着宇宙生化的符号问题。后来道教中的符箓派（《太平经》中就有许多符号问题），至宋有邵雍的"先天图"、周敦颐的"太极图"（据传周敦颐的《太极图》是脱胎于道士陈抟的《无极图》，此说尚无定论，待考）。我认为，区分宇宙生化的符号系统与宇宙实际生化过程的描述是很重要的。宇宙实际生化过程的描述往往是依据生活经验而提出的具体形态事物（如天地、男女等等）的发展过程，而宇宙生化的符号系统虽也可能是据生活经验，但其用以表述的宇宙生化过程并不是具体形态的事物，而是象征性的符号，这种符号或者有名称，但它并不限于具体形态的事物及其性

---

① 《周易正义》谓："错综天人以效变化。"

② 关于中国文化中的符号问题，也许应与中国的语言、文字、图形等等方面来考虑，是不是也是一种"符号学"？我认为是应进一步研究的。

质，它是一种抽象性的表述。因此，这种宇宙生化的符号系统就很像代数学那样，它可以代表任何具体形态的事物及其性质。两仪（—和--）可以代表天地，也可以代表男女，还可以代表刚柔，等等。所以我认为，仅仅把《系辞》对《易经》的解释系统看成某种宇宙实际生化过程的描述是不足的，而应该把它理解为一种宇宙生化系统的模式，是一种宇宙代数学，我把这一系统称之为《系辞》对《易经》解释的宇宙生成论。像《系辞》这类以符号形式表现的宇宙生成论，并非只此一家，《老子》的"道生一，一生二，二生三，三生万物，万物负阴而抱阳，冲气以为和"，也是一种宇宙生成论的特别符号系统，也是一种宇宙代数学，其中的数字可以代之以任何相当的具体事物。"一"可以代表"元气"，也可以代表"虚廓"（《淮南子·天文训》谓："太始生虚廓"，"虚廓"者，尚未有时空分化之状态）。"二"可代表"阴阳"，也可代表"宇宙"（《天文训》谓："虚廓生宇宙"，即由未有时空分化之状态发展成已有时空分化之状态）。"三"不一定就是指"天、地、人"，也可以指"父、母、子"，或者说可以解释为有了相对应性质的两事物的交荡就会产生第三种事物，而任何具体事物都是由两种相对应性质的事物产生的，是两种相对应事物交荡作用的和合之物。因此，在先秦大概有多个如《系辞》的"太极生两仪……"一类的符号式的宇宙生成论系统。①

我们说《系辞》对《易经》的解释包括两个解释系统，即

---

① "五行"也许又是另外一种符号的宇宙生成论，当另文讨论。可参见拙作《阴阳五行与中医学》，《长白论丛》，1994 年 2 期。

宇宙本体论系统和宇宙生成论系统,那是不是说《系辞》对《易经》的解释存在着矛盾?我认为,并不如此,从一个角度说,也许这两个系统形成一种互补的态势而成为中国传统哲学发展的两大系。宇宙本身,我们可以把它作为一个无边的开放系统和无极的延伸系统来考虑。郭象《庄子·庚桑楚注》说:"宇者,有四方上下,而四方上下未有穷处;宙者,有古今之长,而古今之长无极。"既然宇宙可以从两个方面来考察,那么圣人的哲学也就可以从两个方面来建构其解释宇宙的体系,所以"易与天地准"。《易经》包含着一个开放性的宇宙整体性架构模式,因此"易道"是"大全",宇宙的事事物物曾经存在的、现在仍然存在的或者将来可能存在的都可以在"易道"这个系统中找到理据。但"易道"又不是死寂的,而是一"生生不息"系统,故它显示为"阴"与"阳"朴素作用的两个符号("--"和"—"),"阴"和"阳"互相作用而生变化,"阴阳不测谓之神"。这两个相互作用的符号(不是什么凝固的东西)是包含在"易道"之中的,"易道"是阴阳变化的根本,所以说"一阴一阳之谓道"。杨士勋《春秋穀梁传疏》中引用了一段王弼对"一阴一阳之谓道"的注释,文说:《系辞》云:一阴一阳之谓道。王弼云:一阴一阳者,或谓之阴,或谓之阳,不可定名。夫为阴则不能为阳,为柔则不能为刚,唯不阴不阳然后为阴阳之宗;不柔不刚,然后为刚柔之主。故无方无体,非阴非阳,始得谓之道,始得谓之神。"阴"(--)和"阳"(—)代表着两种不同性质的力量,一方不能代表另一方,只有"道"("易道")既不定在阴,又不定在阳,但它是阴阳变化之宗主(本体),变化莫测,故曰:"神无方而《易》无体。"就这点看,《系辞》把《易经》解释为一无边的开放体系和无极的延伸体系的哲学,无疑是一种高深而微妙的哲学智慧。故《系辞》说:"夫《易》,圣人之所以极深而研几也。唯深也,故能通天下之志。唯几也,故能成天下之务。"(注谓:"极未形之理则曰深,适动微之会则曰几。")这不正是郭店楚简《语丛一》所说的"易,所以会天道、人道也"吗?

十、论"儒学复兴"

（一）从中国历史传统看"儒学"复兴的可能

儒学的复兴和中华民族的复兴是分不开的，这是由历史原因造成的。儒学自孔子起就自觉地继承着夏、商、周三代的文化，在历史上曾是中国文化的主体，是中华民族发育、成长的根，我们没有可能把这个根子斩断。如果我们人为地把中国民族曾经赖以生存和发展的根子斩断，那么中华民族的复兴就没有可能了。因此，我们只能适时地在传承这个文化命脉的基础上，使之更新。就目前我国发展的实际情况看，我估计在 21 世纪儒学作为一种精神文化在中国，甚至在世界（特别是在东亚地区）会有新的发展。为什么儒学会有一个新的发展？原因当然是多方面的，有政治的、经济的原因，但与"西学"（主要指作为精神文化的西方哲学等等）对中国传统文化（特别是儒学）产生的全方位的冲击有着密切的关系。正是由于"西学"对中国传统文化的冲击，使得我们得到对自身文化传统进行自我反省的机会。我们逐渐知道，在我们的传统文化中应该发扬什么、应该抛弃什么以及应该吸收什么。

因而在长达一百多年的岁月中，我们中国人在努力学习、吸收和消化"西学"，为儒学从传统走向现代奠定了基础，为中国文化的更新提供了难得的契机。当前，在我国，儒学的现代走向已成必然趋势。儒学将可为中华民族的复兴作出重要贡献。

（二）从当前中国和世界社会发展的趋势看"儒学"复兴的可能

由于在新世纪，我们国家提出建设"和谐社会"的要求，而在我国传统儒家思想中包含着"和谐社会"的理想以及可以为建设"和谐社会"提供的大量思想资源。《礼记·礼运》的"大同"思想可说是为中华民族勾画出的最为重要的"和谐社会"的理想。《易经》中的"太和"思想经过历代儒学思想家的发挥，已具有普遍和谐的意义，所以王夫之说"太和"是"和之至"。"和之至"是"和谐"的最高理想，它包括"人与自然的和谐""人与社会的和谐""人自我身心内外的和谐"，也可以称之为普遍和谐。《论语》中的"礼之用，和为贵""和而不同"，《中庸》的"中和"以及朱熹对"中和"的解释等等，为中国哲学提供了一种世界观和思维方式。所有这些都是我国今天建设"和谐社会"的有意义的资源。从世界范围来说，由于全球化的出现，而有"新轴心时代"的提出。在这全球化的"新轴心时代"人类社会的要求无疑是建构"和谐世界"。我们知道，德国哲学家雅斯贝斯曾提出"轴心时代"的观念。他认为，在公元前500年前后，在古希腊、以色列、印度、中国、波斯都出现了伟大的思想家。在古希腊有苏格拉底、柏拉图，以色列有犹太教的先知，印度有释迦牟尼，中国有孔子、老子，古波斯有琐罗亚斯德等等，形成了不同的文化传统。这些文化起初并没有互相影响，都是独立发展起来的，因此这一时期被雅斯贝斯称为"轴心时代"。这些文化传统经过两千多年的发展，在相互影响中已成为人类文明的主要精神财富。当今世界各地的思想界出现了对"新轴心时代"的呼唤，这就要求我们更加重视对古代思想智慧的温习与发掘，回顾我们文化发展的源头，以响应世界文化发展的新局面。雅斯贝斯说："人类一直靠轴心时代所产生的思考和创造的一切而生存。每一次新的飞跃都回顾这一时期，并被它重新燃起火焰。自此以后，情况就是这样。轴心期潜力的苏醒和对轴心期潜力的回忆，或曰复兴，总是提供了精神力量。对这一开端的复归是中国、印度和西方不断发生的事情。"[①] 例如，我们知道，欧洲的文艺复兴就是把目光投向其文化的源头——古希腊，从而使欧洲文明重新燃起新的光辉，对世界产生重大影响。中国的宋明理学（新儒学）在受到印度佛教文化的冲击后，充分吸收和消化了佛教文化，"出入佛老，而反求诸六经"，再次回归先秦孔孟而把中国儒学提高到一个新的水平，并对朝鲜半岛、日本、越南的文化产生了重大影响。当今在全球化的形势下，作为"轴心文明"之重要一支的儒家文化，在长达一百多年的西方文化的冲击下，我们可

---

① 卡尔·雅斯贝斯：《历史的起源与目标》，魏楚雄、俞新天译，华夏出版社，1989 年 6 月。

以预见它将得以"苏醒",得以"复兴",以"和谐"的理念贡献于人类社会。正是由于中华民族要复兴,因而必须要复兴自己有着几千年历史的文化传统作为她的精神支柱,以便实现文化上的"返本开新"。

(三)我国当前对"儒学"的种种看法

由于儒学是历史的产物,在我国历史上对它就有种种不同的看法,特别是在"西学"进入后,对它的看法更是五花八门,有褒有贬,直到最近对儒学的看法仍是众说纷纭。有的学者提出重建中国儒教的构想。他们认为,"必须全方位地复兴儒教,以应对西方文明全方位的挑战"。因此,主张把儒教立为国教,在我国恢复所谓自古以来的"政教合一"。而对这个观点有来自两方面的批评:一是来自"自由主义派",他们认为"儒教救国论"是对当代民主政治的反动,是对"平等"观念的践踏。把"儒教"立为"国教",将会使"儒教意识形态化,为专制主义服务"。二是来自马克思主义学者的批判,他们认为:"儒教救世的想象实质是道德作用的自我夸大",也是"以天道性命的形上学来追求王道政治,这样只能重踏封建专制的陷阱","真正的救世主只能是马克思主义"。[①] 还有一批学者,他们从维护和发扬儒家

---

① 见于《儒学"第四次浪潮"激辩儒教》,载上海《社会科学报》,2006 年 2 月 23 日。

思想出发，充分肯定儒学，以实现儒学的现代化。例如，现代新儒家认为"内圣之学"可以开掘出适合现代民主政治的"外王之道"，儒家的"心性之学"可以发展出科学的认识论系统。有学者还提出"文化中国"的观点。这些看法，也受到众多学者的质疑。当然也有一些学者认为，孔子的儒家学说是维护专制统治的工具，在五四运动时期已被否定，今天再把它推崇到至高地位，无疑是历史的倒退。北京大学有位学者认为，北京大学是五四运动的发源地，要在北京大学建立"孔子学院"或儒学院，有悖于五四精神，如此等等。对"儒学"的看法真是仁者见仁，智者见智。有上述种种看法，并且可以公开讨论，说明我们的社会在进步，因为思想文化问题只能自由讨论，在贯彻"百家争鸣"的方针中通过理性对话的方式不断前进。

（四）"儒学"的不同视角

由于儒学是历史的产物，又有两千多年的历史，因此对它有种种不同的看法应该说是很自然的。在今天全球化、现代化的时代，我们应该或可能怎样看儒学？我认为也许可以从三个不同的角度来考察：一是政统的儒学（政治化的儒学）；二是道统的儒学（形成有历史传承的儒学派别）；三是学统的儒学（学术文化传统的儒学）。

（1）政统的儒学：在中国历史上，儒学曾长期与政治结合，它的"三纲六纪"无疑对专制统治起过重要作用。儒家特别重视道德教化，在历史上，曾一定程度起到稳定社会的作用。这虽有合理的一面，但是，把道德教化的作用夸大，成为"泛道德主义"，就会使中国重"人治"而轻"法治"，不仅很容易使政治道德化，而美化政治统治，而且很容易使道德政治化，使之成为政治服务的工具。一个合理、较为健康的社会应是由两套相辅相成的系统组合而成，一为政治法律制度，一为社会道德教化系统。当然，儒家哲学中的某些政治理念也会对消解专制统治起到一定的限制作用，如"民为贵""以德抗位"等等。又如"畏天命"，要对"天"有所敬畏，甚至"天人感应"在一定条件下，也可以起限制"皇权"的作用。总的说来，政治的儒学层面对当今的社会来说存在着较多的问题。

（2）道统的儒学：任何一个成系统、有历史传承的学术派别，必有其传统，西方如此，中国也是如此。从中国历史上看有儒、道、释三家，它们都有其传统。儒家以传承夏、商、周三代文化为己任，"祖述尧舜，宪章文武"，并且对其他学术有着较多的包容性，他们主张"万物并育而不相害，道并行而不相悖"。但既成学派难免会有排他性。因此，对"道统"的过分强调就可能形成对其他学术文化的排斥，而对异端思想的压制，会导致对不同思想的扼杀；但是，在历史上某些异端思想的出现，恰恰是对主流思想的冲击甚至颠覆，这将为新的思想发展开辟道路。

（3）学统的儒学：学统的儒学是指其学术思想的传统，包括它的世界观、思维方法和对真、善、美境界的追求等等，儒学在这些方面可提供的有意义的资源较为丰厚，应为我们特别重视。基于此，当前甚至以后，儒学不应政治意识形态化，学术最好归

学术。而且儒学更应具有海纳百川的气度，在与各种文化的广泛
对话中更新自己。

（五）我们应该如何看"儒学"

既然我们对儒学要特别重视的是其"学统"，也就是说应该
特别重视其思想学术层面，那么我们应该如何从"学统"的角
度来看儒学呢（当然，对其他学术文化的传统也应如此看）？
我有以下四点看法：

（1）要有文化上的主体意识。任何一个民族的生存与发展
都必须植根于自身的文化土壤之中，只有对自身文化有充分的
理解与认识、保护和发扬，一个民族的文化才能适应自身社会
合理、健康发展的要求，才有吸收和消化其他民族文化的能力。
一个没有能力坚持自身文化自主性的民族，也就没有能力吸收
和融化其他民族的文化以丰富和发展其自身文化，它将或被消
灭，或被同化。

（2）任何文化要在历史长河中不断发展，必须不断吸收其
他民族文化，在相互交流与对话中才能得到适时的发展和更新。
罗素说得对："不同文明之间的交流过去已经多次证明是人类文
明发展的里程碑。"在历史上，中华文化有着吸收和融化外来印
度佛教文化的宝贵经验，应该受到重视。在今天的全球化时代，
面对西方的强势文化，我们应更加善于吸收和融化西方文化和
其他各民族的优秀文化，以使中华文化更具有世界意义。

（3）社会在不断发展，思想文化在不断更新，但古代思想

家提出和思考的文化（哲学）问题，他们思想的智慧之光，并不会因此就过时，他们思考的有些问题、路子以及理念可能是万古常新的。例如中国哲学自先秦以来所讨论的"天人关系""内圣外王""知行合一"等问题，仍然是我们现代中国哲学讨论的主要问题。德国哲学家雅斯贝斯在《大哲学家》^①一书中对东西方哲学家进行了研究，他认为：在科学方法的运用上，可以说我们所处的时代是超过了亚里士多德，但就哲学本身而言，我们很难再达到苏格拉底和柏拉图的水准。哲学历史的某些发展是显而易见的，但我们并不能由此得出结论说，后代的哲学家就一定超过前代。

（4）历史上的任何思想体系，甚至现实存在的思想体系，没有完全正确的，没有放之四海而皆准的绝对真理的学说，它必然有其局限性，其体系往往包含着某些内在矛盾，即使其中具有普遍意义（价值）的精粹部分，也往往要给以合理的现代诠释。恩格斯在《反杜林论》草稿片断中说："在黑格尔以后，体系说不可能再有了。十分明显，世界构成一个统一的体系，即有联系的整体。但是对这个系统的认识是以对整个自然界和历史的认识为前提，而这一点是人们永远达不到的。因而谁要想建立体系，谁就得用自己的虚构来填补无数空白，即是说，进行不合理的幻想，而成为观念论者。"^②罗素在其《西方哲学史》中说："不能自圆其说的哲学绝不会完全正确，但是自圆其

① 卡尔·雅斯贝斯：《大哲学家》，李雪涛主译，社会科学文献出版社，2005 年。

② 此段译文是北京大学哲学系编译资料室根据苏联莫斯科政治书籍出版社的《反杜林论》1957 年版译出的。

说的哲学满可以全盘错误。最富有结果的各派哲学向来包含着
显眼的自相矛盾，但是正为了这个缘故才部分正确。"① 我认为这
两段话对我们研究思想文化都很有意义。因为任何思想文化都
是在一定历史条件下产生的，不可能完全解决人类社会今天和明
天的全部问题，就儒学来说也是一样的。正因为儒学是一种在历
史发展中的学说，才有历代各种不同诠释和批评，而今后仍然会
不断出现新的诠释、新的发展方向、新的批评，还会有儒家学者
对其自身存在的内在矛盾的揭示。在人类社会进入全球化时代的
今天，不断反思儒学存在的问题（内在矛盾），不断给儒学新的
诠释，不断发掘儒学的真精神中所具有的普遍性意义和特有的理
论价值，遵循我们老祖宗的古训"日日新，又日新"，自觉地适
时发展和更新其自身，才是儒学得以复兴的生命线。

（六）考察"儒学"必须有"问题意识"

复兴儒学要有"问题意识"。当前我国社会遇到了什么问题，
全世界又遇到了什么问题，是复兴儒学必须考虑的问题。对"问
题"有自觉性的思考，对"问题"提出解决的思路，由此而形成
的理论才能是有真价值的理论。当前，我国以及全世界究竟遇到
哪些重大问题？近一两百年来，对自然界的过度开发、残酷掠

---

① 罗素：《西方哲学史》下册，何兆武、李约瑟译，商务印书馆，1988 年，第
143 页。

夺，造成生态环境的严重破坏。人们对物质利益的片面追求和权力欲望的无限膨胀，造成了人与人之间以及国家与国家之间的矛盾与冲突，以致发生残酷的战争。由于过分注重金钱和感官享受，致使身心失调，人格分裂，造成自我身心的扭曲，已成为一种社会病。因此，当前人类社会需要解决，甚至今后还要长期不断解决的"人与自然"、"人与人"（"人与社会""国与国""民族与民族"）、"人自我身心"之间的种种矛盾问题，无疑是人类要面对的最大课题。其中"人"的问题是关键。因为所有这些问题都是人自己造成的，因而就要人来解决。

（七）"儒学"可为当今人类社会提供的思想资源

针对上面提出的三个问题，我认为，儒学可以为当今人类社会提供有益的思想资源。

（1）儒家的"天人合一"（合天人）的观念将会为解决"人与自然"之间的矛盾提供某些有意义的思想资源。1992年全世界1575名科学家发表了《世界科学家对人类的警告》："人类和自然正走上一条相互抵触的道路。"造成这种情况不能说与西方哲学长期存在的"天人二分"的思维模式没有关系。罗素在《西方哲学史》中说："笛卡尔的哲学，……它完成了或者说几近完成了由柏拉图开端而主要因为宗教上的理由经过基督教发展起来的精神与物质二元论……笛卡尔体系提出来精神和物质两个平行而彼此独立的世界，研究其中之一能够不牵涉另外一个。"这就是说，西方哲学长期把"天"和"人"看成相互独立的，研究"天"可以不牵涉"人"；研究"人"也可以不牵涉"天"，这自然是一种"天人二分"的思维模式（但进入20世纪，西方哲学有了很大变化，已在打破"天人二分"的定式，如怀特海）。而中国"天人合一"是说在"天"和"人"之间存在着相即不离的内在关系，研究其中一个必然要牵涉另外一个。《周易》是有关中国思想最古老的书，它是中国哲学的源头。郭店楚简《语丛一》："易，所以会天道、人道也。"《周易》是一部会通天道、人道所以然的道理的书，也就是说它是一部讲"天人合一"的书。对如何了解"天人合一"思想，朱熹有段话很重要，他说："天即人，人即天，人之始生，得之于天；即生此人，则天又在人矣。""天"离不开"人"，"人"也离不开"天"。人初产生时，虽然得之于天，但是一旦有人，"天道"要由人来彰显，即"人"对"天"就有了责任。"天人合一"作为一种世界观和思维模式，它要求我们不能把"人"看成和"天"对立的，这是由于"人"是"天"的一部分，破坏"天"就是对"人"自身的破坏，"人"就要受到惩罚。因此，"天人合一"学说认为，"知天"（认识自然，以便合理地利用自然）和"畏天"（对"自然"应有所敬畏，要把保护自然作为一种神圣的责任）是统一的。[①]"知天"而不"畏天"，就会把"天"看成一

---

① 康德的墓志铭上写着："有两样东西，我们愈经常愈持久地加以思索，它们愈使心灵充满不断增长的景仰和敬畏：在我们之上的星空和我心中的道德法则。"这是不是说，康德也认为应对"天"有所敬畏呢？这和孔子的"畏天命"是不是有相通之处呢？

死物，不了解"天"乃是生生不息的、与"人"有机联系着的"生命的共同体"。"畏天"而不"知天"，就会把"天"看成外在于"人"的神秘力量，而使人不能真正得到"天"（自然）的恩惠。所以"天人合一"思想要求"人"应担当起合理利用自然，又负责任地保护自然的使命。"天人合一"虽是中国哲学中一个很古老的哲学命题，但它是儒家思想的基石，同时也是一个应该常新的人类社会需要不断给以新的诠释的命题。我们在考虑人类社会问题时，必须考虑与"天"（自然界）的关系问题，而且应该是接着"天人合一"的观念来不断深入探讨"天"和"人"之间相即不离的内在关系。当前人类社会不就是由于长期严重地忽视了"天"与"人"之间相即不离的内在关系而受到惩罚吗？"人类"和"自然"不是正走上一条相互抵触的道路吗？因此，"天人合一"这种思维模式和理念应该说可以为解决当前"生态危机"提供有意义的资源。

（2）"人我合一"（同人我）的观念将会为解决"人与人（社会）"之间的矛盾提供某些有意义的思想资源。"人我合一"是说在"自我"和"他人"之间存在着一种相即不离的关系。为什么"自我"和"他人"之间存在着相即不离的关系？郭店楚简《性自命出》中说："道始于情。"人世间的道理（人道）是由感情开始的，这正是孔子"仁学"的出发点。孔子的弟子樊迟问"仁"，孔子回答说："爱人。"这种爱人的品质由何而来呢？《中庸》引孔子的话说："仁者，人也，亲亲为大。""仁爱"的品德是人本身所具有的，爱自己的亲人是最根本的爱。但孔子的儒家认为"仁爱"不能停留在只是爱自己的亲人，而应该由"亲亲"扩大到"仁民"。所以郭店楚简中说："亲而笃之，爱也；爱父，其继爱人，仁也。"如果把爱自己的亲人扩大到爱他人，那么社会不就可以和谐了吗？"孝之放，爱天下之民"，"孝"必须扩大到爱天下的老百姓。如果一个国家、一个民族把爱自己国家、自己民族的"爱"扩大到对别的国家、别的民族的爱，那么世界不就可以和平了吗？把"亲亲"扩大到"仁民"，把爱自己的亲人扩大到对老百姓的仁爱，就是要行"仁政"。在《论语》中虽然没有出现"仁政"两字，但其中却处处体现着"仁政"思想，如"博施于民而能济众"，"举贤才"，"泛爱众"，"导之以德，齐之以礼"等等都是讲"仁政"的。2008年我们国家的抗震救灾，可以说是一伟大的"仁政"，它体现了一种对人的关怀。关怀人的生命是一种崇高的普世价值，中国人民在这次大灾难中体现了这种关心人的崇高的普世价值。孔子的继承者孟子讲"仁政"，其意义也很广泛，我认为最重要的是他所说的："民之为道也，有恒产者有恒心，无恒产者无恒心。"意思是说，对老百姓的道理，要使老百姓都有一定的固定产业，这样他们才能有一定的道德观念和行为准则。没有一定的固定产业，怎么能让他们有相应的道德观念和行为准则呢！所以孟子说："夫仁政，必自经界始。""仁政"，首先要使老百姓有自己可以耕种的土地。我想，我们今天要建设"和谐社会"，首要之事就是要使我们的老百姓都有自己固定的生活来源和产业。费孝通先生说："我有一次和胡耀邦谈话，他表现出一种重视家庭的思想，把家庭看成社会的细胞，他的这个思想是从实际里边来的。我是赞成回到家庭，包产到户，实行家庭联产承包责任制，生产力一下子就解放出来了。"①我想，我们要真正建立"和谐社会"就必须"使民有恒产"。就全人类来说，就是要使各国、各民族都能自主地拥有其应有的资源和财富，强国不能掠夺别国的资源和财富以推行强权政治。"治国""平天下"应该行"仁政""王道"，而不应该行"暴政""霸道"。行"仁政""王道"可以使不同文化传统的民族和国家得以共同发展。行"霸道"则将引起冲突，甚至战争，这是人类的灾难。所以"人"与"人""国家"与"国家"之间协调和相互爱护的"人我合一"思想，对建设"和谐社会""和谐世界"应该是有意义的。

（3）"身心合一"（一内外）将会为调节自我身心内外的矛盾提供某些有意义的思想资源。"身心合一"是说肉体生命与精神生命之间存在着一种相即不离的和谐关系。儒家认为达到"身心合一"要靠"修身"。郭店楚简《性自命出》中说："闻道反己，修身者也。"意思是说，知道了做人的道理，就应该反求诸己，这就是"修身"。所以《大学》认为，"修身""齐家""治国""平天下"，"自天子以至于庶人，壹是皆以修身为本。"《中庸》里也说："为政在人，取人以身，修身以道，修道以仁。"社会靠人来治理，让什么人来治理要看他自身的道德修养，修养是以符合不符合"道义"为标准，做到使社会和谐就要有"仁爱"之心。这里，把个人的道德修养（修身）与"仁爱之心"联系起来，正说明儒家思想的一贯性。郭店楚简《性自命出》中说：

---

① 费孝通：《中国文化与新世纪的社会学人类学》，见《费孝通论文化与文化自觉》，群言出版社，2005年，第280页。

"修身近至仁。"修身是为达到实现"仁"的境界。因此,儒家讲"修身"不是没有目标的,而是为了"齐家""治国""平天下",即希望建设"和谐社会"。《礼记·礼运》中所记载的"天下为公"的"大同"社会就是儒家理想和谐社会的蓝图。儒家把和谐社会的理想建立在"修身"上,因此特别重视人的身心内外的修养(按,治国、平天下仅靠道德修养的提高是不够的,而且易于流为"泛道德主义",因为一个合理的社会还要有良好的制度)。在《论语·述而》中,孔子提出一个做人的道理,他说:"德之不修,学之不讲,闻义而不能徙,不善不能改,是吾忧也。"一个人做人要修养自己的道德,讲求学问,提高智慧,努力实践合乎道义的事,有错必改,这样才能对社会有益。如果一个社会有了良好的制度,再加之以有道德、有学问、有能力的人来管理它,全社会的人都能"以修身为本",那么这个社会也许就可以成为一个"和谐的社会",世界就可以成为"和谐的世界"!

在儒家看来,"人"是解决上述种种矛盾的关键。因为,"人是天地的核心",只有人才可以"为天地立心,为生民立命,为往圣继绝学,为万世开太平"。我们是不是可以说,当今人类社会遇到的问题,儒学可以为其提供某些有意义的思想资源?善于利用儒学资源来解决当今人类社会存在的种种问题,是不是可以说为儒学的复兴提供了机会?当然,我们必须注意到,孔子的儒家思想并不能全盘解决当今人类社会存在的诸多复杂问题,它只能给我们提供思考的路子和有价值的理念(如世界观、人生观、价值观等等的理念),启发我们用儒学的思维方式和人生智慧,在给这些思想资源以适应现代社会和人类社会发展前途的新诠释的基础上，为建设和谐的人类社会作出它可能作出的贡献。

司马迁说的"居今之世，志古之道，所以自镜也，未必尽同"，是很有道理的名言。我们生活在今天，要了解自古以来治乱兴衰的道理，把它作为一面镜子，但是古今不一定都相同呀！因此，我们今天的任务是对自古以来的有价值的思想（包括儒家思想）进行现代诠释，创造适应现代社会需要的新理论。

十一、论儒家哲学中的真、善、美问题

（一）

我们能否用最简单而又最精确的命题把我国历史上儒家哲学关于真、善、美的问题表述出来，如果能做到这一点，就可以说对儒家哲学有一个总体上的认识。我认为，中国儒家哲学中关于真、善、美的观念集中体现在中国古代思想家长期讨论的三个基本命题之中，即："天人合一""知行合一""情景合一"。"天人合一"是讨论"真"的问题；"知行合一"是讨论"善"的问题；"情景合一"是讨论"美"的问题。

关于"天"和"人"这两个概念可以因不同的哲学家而有十分不同的含义，这里不可能详细讨论，但无论如何，"天（道）"总是就宇宙的根本或宇宙的总体方面说的，"人（道）"往往是就人们的社会生活或人本身方面说的。天人关系问题从来就是中国古代思想家所研究的最重要的问题。在中国传统哲学中对"天人关系"虽有各种说法，如荀子提出的"明天人之分"，庄子的"蔽于天而不知人"，郭象的"天者，万物之总名"，刘禹锡有

"天人交相胜"之说等等。而且"天人关系"问题在魏晋时期又常通过"自然"与"名教"的关系表现出来。但儒家的主流却大都把论证"天人合一"或以说明"天人合一"为第一要务。

孔子多言"人事",而少言"天命",然而孔子并非不讲"天命"。我们知道,他不仅说过"大哉尧之为君也!巍巍乎!唯天为大,唯尧则之",而且认为"天命"与"圣人之言"是一致的,他说:"君子有三畏:畏天命,畏大人,畏圣人之言。"这些都接触到"天""人"关系问题。特别是子贡说:"夫子之言性与天道,不可得而闻也。"可见当时已把"人性"与"天道"的问题联系起来讨论,只是子贡等没有听到孔子对这个问题的论述而已。孟子可以说开始有了"天人合一"思想的表述,如他说:"尽其心者,知其性也。知其性,则知天矣。"又说:"夫君子所过者化,所存者神,上下与天地同流。"这表明他把"天"和"人"看成一个统一的整体。荀子虽然讲"明天人之分",而其根本要求则在"制天命而用之",即从"人"的方面来统一"天",因而他把"人"抬高到与"天""地"并列的地位:"天有其时,地有其财,人有其治,夫是谓之能参";"故善言古者必有节于今,善言天者必有征于人。凡论者,贵其有辨合,有符验,故坐而言之,起而可设,张而可施行。"这表明荀子认为"天"和"人"是一统一的整体。郭店楚简《语丛一》中说:"易,所以会天道、人道也。"《周易》是一部讲"天道"和"人道"会通的所以然的道理的书。这也许是现在已知的最早的"天人合一"的明确表述。董仲舒宣扬"天人感应",他说:"天亦有喜怒之气、哀乐之心,与人相副。以类合之,天人一也。"董仲舒这类言"天人合一"的理论自然是一种粗俗的"天人合一"论，且带有神秘主义色彩。

魏晋玄学讨论的中心课题是"自然"与"名教"的关系问题，但实际上也是天人关系问题。而魏晋玄学的主流则是以调和"自然"与"名教"为主题，即欲"以儒道为一"。王弼主张"体用如一"，故有"举本统末"之言，谓了解"天道"即可了解"人事"，圣人可以"体冲和以通无"，体现"天道"以至于同于"天"。郭象也讲"体用如一"，以为"用外无体"，他认为圣人"常游外以弘内"，在现实社会中就可以实现符合"天道"的理想社会，所以"名教"不仅和"自然"不矛盾，恰恰应在"人间世"中来实现其"逍遥游"。这虽和先秦两汉儒家对"天人合一"的表述不同，但它正是魏晋人所追求的一种特有的"天人合一"的精神世界。

宋儒所讲的身心性命之学，更是以"天人合一"为其所要论证的基本命题。周敦颐明确地说："圣人与天地合其德"，"圣希天"。故王夫之说："自汉以后，皆涉猎故迹，而不知圣学为人道之本。然濂溪周子首为《太极图说》，以究天人合一之原。"张载的《西铭》更谓"天地之塞，吾其体；天地之帅，吾其性"；《东铭》则谓"儒者则因明致诚，因诚致明，故天人合一，致学而可以成圣，得天而未始遗人"。二程讲"体用一源"，其目的亦在明"天人合一"之理，故说："在天为命，在义为理，在人为性，主于身为心，其实一也"；又说："天人无二，不必以合言（按：意谓天人本一体）；性无内外，不可以分语。""圣人之心，与天为一。"朱熹也说："天即人，人即天。人之始生，得于天也；既生此人，则天又在人矣。""人"及人类社会虽由"天"而有，但既有"人"及人类社会，"天道"将由人来体现，即"天道"通过人的行为实现于社会，而能完全实现"天道"者唯圣人。所以朱熹说："圣人……与天为一。"程朱理学如此，陆王心学也以阐明"天人合一"之理为己任。陆九渊说："宇宙内事是己分内事，己分内事是宇宙内事"。王阳明说："心无体，以天地万物感应之是非为体。""盖天地万物与人原是一体，其发窍之最精处，是人心一点灵明，雨风露雷、日月星辰、禽兽草木、山川土石，与人原只一体。故五谷、禽兽之类皆可以养人，药石之类皆可以疗疾，只为同此一气，故能相通耳。"阳明认为，"天"与"人"原为一体，"人"的生存发展是不能离开"天"的，它们在本质上是相通的。所以他说："大人之能以天地万物为一体，非意之也，其心之仁本若是。""圣人"之所以能与天地万物为一体，盖因其心本"仁"，而与"天"心之仁相通。他在解释《大学》中的"亲民"与"明明德"时又用了"体用如一"的观点，他说："明明德者，立其天地万物一体之体也。亲民者，达其天地万物一体之用也。故明明德必在于亲民，而亲民乃所以明其明德也。"明清之际的重要思想家黄宗羲和王夫之分别从不同的方面论证了"天人合一"之理。黄宗羲从"盈天地皆心"的观点出发，批评把"理"与"心"析分为二的做法，他说："夫自来儒者，未有不以理归之天地万物，以明觉归之一己，歧而二之，由是其不胜支离之病。阳明谓良知即天理，则天性明觉只是一事，故为有功于圣学。"故"心无本体，工夫所至，即其本体"，这是按照中国传统哲学中的"体用不二"来说明"天人合一"。王夫之则以"天"与"人"之气化同运，来说明"天人合一"之理，他说："父母载乾坤之德以生成，则天地运行之气、生物之心在是，而吾之形色天性，与父母无二，即与天地无二也。"因为"天人之蕴，一气而已"，所以"道一也，在天则为天道，在人则有人道"，"天"与"人""惟其一本，故能合"，"惟其异，故必相须以成而有合"。"天"与"人"本一体之气化同运，所以能"合一"，但"天"与"人"又并非等同，正因为有差别才能相补而成为一体之合。王夫之认为，"天道"乃一刚健之气化的流行，而人受之为"仁义之心"，故谓"成之者，人也；继之者，天人之际也"，"天人相接续之际，命之流行于人者也"，盖"天人同于一原"也。

中国传统儒家哲学思想家虽在立论上有所不同，但都以讨论"天人合一"为中心课题，或从"元气"论出发，把整个宇宙视为气化流行，而人即在其中谋求与天地气化流行成为和谐之整体；或以"天"（"天道"或"天理"）为一超时空的至健的大秩序，而"人"（"人道"或"人事"）则是依此超时空之至健的大秩序而行事、"体道"以求宇宙之和谐；或以"天"为"心"，认为一切道理俱于一心之中，充分发挥"本心"之作用即可"与天同体"。从中国儒家哲学整体看，虽然各个儒学思想家在论述"天""人"的统一性问题时的立论基础并不相同，但是，它们之间有着基本的共同点。这些共同点，或者可以说表现了我国儒家哲学思维方式的某些特殊性。这就是：第一，所谓"天人合一"的观念表现了从总体上观察事物的思想，不多作分析，而是直接地描述，我们可以称它为一种直观的"总体观念"；第二，论证

"天人合一"的基本观点是"体用如一",即"天道"与"人道"的统一是"即体即用",此可谓为和谐"统一观念";第三,中国传统哲学,不仅没有把"天道"看成僵化的东西,而且认为"天道"也是生动活泼、生生不息的,"天行健,君子以自强不息",人类社会之所以能发展、人们的道德之所以能提高,是因为"人道"能适应"天道"的发展,此可谓为同步的"发展观念";第四,"天"虽是客体,"人道"要符合"天道",但"人"是天地之心(核心之心),要为天地立心,天地如无"人"则无生意、无理性、无道德,此可谓之为道德的"人本观念"。这就是中国儒家哲学中"天人合一"思想的全部内涵。

关于"知行"问题,我国近世学者往往从认识论的角度去分析它,但在儒家哲学中,它更是一个伦理道德问题。认识问题如果不与道德修养问题相结合,就很难成为儒家哲学的一个部分而流传下来,因此认识问题往往与伦理道德是同一问题,故儒家主张在社会生活中不仅应"知"(认识),而且应"行"(实践,身体力行)。

至于"善",虽然各个不同的阶级或阶层、集团的看法不同,所立的标准各异,但在儒家哲学中重要的哲学家大都认为"知"和"行"必须是统一的,否则就根本谈不上"善"。所以,从总体上看,"知行合一"思想实贯穿于儒家哲学之始终。古代贤哲们把"知"和"行"能否统一看作关系到做人的根本态度问题,知行统一是他们所追求的理想之一。从孔子起就把"言行一致"视为道德上划分君子与小人的一个标准,"君子耻其言而过其行"。孟子讲"良知""良能",虽以恻隐之心、羞恶之心、辞让之心、是非之心等四端为人先天所固有的，但要成为道德的仁、义、礼、智，则必须把四端"扩而充之"，这点必须在道德实践中方可达到，所以孟子说："凡有四端于我者，知皆扩而充之矣，若火之始然，泉之始达。苟能充之，足以保四海；苟不充之，不足以事父母。"荀子强调"行"为"知"的目的，但同时也承认"知"对"行"的指导作用，因此他说："不闻不若闻之，闻之不若见之，见之不若知之，知之不若行之，学至于行之而止矣。行之，明也，明之为圣人。圣人也者，本仁义，当是非，齐言行，不失毫厘，无它道焉，已乎行之也。故闻之而不见，虽博必谬；见之而不知，虽识必妄；知之而不行，虽敦必困。不闻不见，则虽当，非仁也，其道百举而百陷也。"《大学》讲三纲领八条目，说的也是知行的统一过程。至宋儒，程颐虽主张"知先行后"，但在道德修养方面则认为："知而不能行，只是未真知"，所以黄宗羲说："伊川先生已有知行合一之言。"(《宋元学案》卷七十五)朱熹虽继承了程颐"知先行后"之说，但他特别提出"知行常相须""知与行工夫，须着并进"，其理由是："论先后，知为先；论轻重，行为重"，所以有人说程朱是"重知的知行合一说"。"知"虽是"行"的基础，而"论知之与行，曰方其知之，而行之未及也，则知尚浅"，"既亲历其域，则知之益明，非前日之意味"。朱熹之所以重"行"，则是因为他把"知"与"行"问题从根本上视为道德修养问题，所以他说："善在那里，自家却去行他，行之久则与自家为一，为一则得之在我。未能行，善自善，我自我。""善在那里"是"知"的问题，"自家却去行他"是"行"的问题，是一个道德实践问题，必得"知行合一",才可以体现至善之美德。中国传统哲学中常言"体道"（或"体天道""体天理"），这或有二义：其一是指"以道为体"，即圣人应和"道"认同，应同于"天"；其二是说实践"道体"，即要求依"天道"而身体力行之。至于王阳明的"知行合一"学说自然为大家所熟悉，但看来对他这一学说也有误解之处，人们往往抓住他的"一念发动处便是行"这句话就断定他"销行归知""以知为行"。其实从一定意义上说，王阳明并没有把"知"和"行"完全等同起来。所谓"一念发动处便是行"，正是就人们道德修养上说的，所以在这句话的后面他进而指出："发动处有不善，就将这不善的念克倒了。须要彻根彻底，不使那一念不善潜伏在胸中。"他又说："知之真切笃实处，即是行；行之明觉精察处，即是知。知行工夫本不可离，只为后世学者分作两截用功，失却知行本体。"王阳明对知行的统一关系也有明确的说明，他说："知是行的主意，行是知的功夫；知是行之始，行是知之成。"如果从认识论的角度，或者可以说王阳明的某些话有"合行于知"的嫌疑，但从道德修养层面上看，强调"知行合一"是有一定的合理因素的。到明清之际，王夫之虽主张"行先知后""行可兼知"，但他在讲道德修养问题时，仍主张"知行合一"，他说："盖本知行者，致知力行之谓也。唯其为致知力行，故功可得而分；功可得而分，则可立先后之序；可立先后之序，而先后之互相而成，则由知而知所行，由行而行则知之，亦可云并进而有功。"知行之所以是"并进而有功"的，就是因为知行问题归根结底仍是道德问题。在王夫之看来，"智者，知礼者也；礼者，履其知也。履其知而礼皆中节，知礼则精义入神，日进于高明而无穷"。故圣人之由明而诚，率性以成己之事；圣人之由诚而明，则修道以成物之教，"诚明合一，则其知焉者即行焉，行焉者咸知矣"。这正是儒家哲学中做人的道理之所在。

目前在中国哲学史的研究中流行着一种观点，认为宋明以来的道学家谈论知行问题，总是把这个认识论问题和道德修养问题混为一谈，并认为这是中国古代哲学家的局限性和错误之所在。这虽有点道理，但似有两点可以讨论：第一，宋明以来的理学家本来就不以为知行问题只是认识问题，而认为知行问题之所以重要，正因为它关乎道德修养问题，所以从理学家本身的立论上说，不存在把认识论问题与道德修养问题混淆在一起的问题。第二，作为道德修养方面，"知行合一"的学说或知行统一的观点不能说没有一点合理之处，不能认为全无积极意义。作为道德修养上的知行从根本上说是不应割为两截的。王阳明所说的"知是行的主意，行是知的功夫；知是行之始，行是知之成"应是中国古代哲学家对这一问题的较好总结。

"情景合一"是一个美学问题，王国维在《人间词话》中写道："词以境界为最上，有境界则自成高格，自有名句。"何谓"境界"，王说："境非独谓景物也。喜怒哀乐，亦为人心中之一境界。故能写真景物、真感情者，谓之有境界，否则谓无境界。"所以，"境界"一词，除"景物"外，实当亦兼指"情意"。诗词以有境界为最上，写"景物"以写出"情意"的"真"为"有境界"。王国维说："红杏枝头春意闹，着一'闹'字，而境界全出。云破月来花弄影，着一'弄'字，而境界全出。"此"闹"，此"弄"正是点出他所说的"人心中之一境界"，而"红杏枝头春意闹""云破月来花弄影"既写出"真景物",又写出"真情意",它体现着"情景合一",而为诗人所得—"情景合一"之境界。叶嘉莹在《迦陵论词丛稿》中有段文字对王国维"境界说"的解释颇有见地,她说:"境界之产生,全赖吾人感受之作用;境界之存在,全在吾人感受之所及。因此,外在世界在未经过吾人感受之功能予以再现时,并不得称之为境界。从此一结论看来,可见静安先生所标举之境界说,与沧浪之兴趣说及阮亭之神韵说,原来也是有着相通之处的。"布颜图在《画学心法问答》中对"境界"的解释也如静安先生,他说:"山水,不出笔墨、情景。情景者,境界也。"所以王国维说:"昔人论诗词,有景语、情语之别。不知一切景语,皆情语也。"可见王国维认为一切诗词等文艺创作以"情景合一"为上品。但这一"情景合一"的美学观点,并非创始于王国维。中国文学艺术理论真正独立出来成为一门学问、成为较有系统的理论体系,大体上说应该是在魏晋南北朝时期。当时已有"情景合一"的思想,这点在钟嵘的《诗品序》中反映得较为清楚,他说:"夫四言,文约意广,取效风骚,便可多得。每苦文繁而意少,故世罕习焉。五言居文词之要,是众作之有滋味者也,故云会于流俗。岂不以指事造形,穷情写物,最为详切者邪!故诗有三义焉:一曰兴,二曰比,三曰赋。文已尽而意有余,兴也;因物喻志,比也;直书其事,寓言写物,赋也。宏斯三义,酌而用之,干之以风力,润之以丹彩,使味之者无极,闻之者动心,是诗之至也。"这种认为"至文""神品"当"穷情写物"的思想,即"情景合一"。到明朝,有前后七子多言"情景合一",如后七子之谢榛《四溟诗话》

中说："作诗本乎情景，孤不自成，两不相背。"又说："诗乃摹
写情景之具，情融乎内而深且长，景耀乎外而远且大。"而与谢
榛不同派别的公安派袁中道似乎也以"情景合一"立论，如他
在《牡丹史序》中说："天地间之景，与慧人才士之情，历千百
年来，互竭其心力之所至，以呈工角巧意，其余无蕴矣。"明清
之际大戏曲家李渔亦谓："文贵高洁，诗尚清真，况于词乎？作
词之料，不过情景二字。非对眼前写景，即据心上说情。说得
情出，写得景明，即是好词。"而王夫之在《姜斋诗话》中说得
更明白："情景名为二，而实不可离。神于诗者，妙合无垠。巧
者则有情中景，景中情"，"景中生情，情中含景，故曰景者情
之景，情者景之情"，"情景一合，自得妙语"。所谓"情景一
合，自得妙语"，也许正是中国传统文艺理论一个基本命题。因
此，对"美"的看法也应当由此命题上去寻求。在中国传统思想
中有一种倾向，"美"和"善"往往是联系在一起的，"充实之为
美"是指得到了一种高尚享受的精神境界。孔子听《武》，说它
"尽美矣，未尽善"；而《韶》则是"尽善尽美"。"尽善尽美"的
音乐才是最高的、最理想的音乐。最高、最理想的音乐如此，其
他艺术当然也是一样。"尽善尽美"的艺术即要提高人的精神境
界，并使人从中得到最高的美的享受；而创作艺术作品的人必须
是"有境界"的，他的艺术作品必须是"情景合一"的。

　　从儒家哲学的总体上看，可以说"知行合一""情景合一"
是从"天人合一"中派生出来的。"知行合一"无非是要求人
们既要知"天道""人道"，又要行"天道""人道"，而"人
道"本于"天道"，故实知且行"天道"即可。"情景合一"无

非是要求人们以其思想感情再现天地造化之工，故亦是"天人合一"之表现。儒家哲学之所以在真、善、美的问题上追求这三个"合一"，就在于儒家哲学的基本精神乃是教人如何"做人"，为此就应有一个"做人"的要求，即要有一个理想的真、善、美的境界。达到了这个"天人合一""知行合一""情景合一"的真、善、美的理想境界的人就是所谓的"圣人"。人们的理想所表现的形式和内容虽然千差万别，但总应有一种理想，追求一高尚的精神境界。在儒家思想中有一种理想主义的倾向，从孔子起就向往"天下有道"的社会，并极力想把它实现于现实社会之中，甚至虽并不认为它肯定能实现，但却认为人们应有这种对理想的追求，应用"知其不可而为之"的精神致力于此。所以当子贡问孔子："如有博施于民而能济众，何如？可谓仁乎？"孔子回答说："何事于仁！必也圣乎！尧、舜其犹病诸！"可见孔子也并没有认为尧舜时代的社会就是人类最高的理想社会。因此，对中国古代思想家来说，就有一个如何看待理想社会的问题。在中国古代的一些思想家看来，理想社会就是一种理想，它只有实现的可能性，但并不一定能把这种可能性变为现实性。尽管理想社会从来没有实现过，但要不要追求它却是一个根本性问题，是一个人生态度问题。理想社会虽不一定能在现实中实现，但对于中国古代思想家来说，却可以在他们的个人生活中实现，或者说可以在他们的心中实现。为什么张载的《西铭》那么受后来宋明理学家的重视？我以为就在于《西铭》体现了我国古代哲人追求理想社会的精神，而且在他们的心中已建立了这种精神。张载所理想的"民，吾同胞；

物，吾与也"的社会是否能实现，这对他固然很重要；但更重要的是人有没有一种追求理想社会的人生态度，所以《西铭》以"存，吾顺事；没，吾宁也"一句作为结语。人生在世必须去尽自己的责任，这个责任就是如何为实现理想的"大同世界"而奋斗，为创造一个和谐的社会而尽力。从这里看，儒学思想家的理想社会实际上带有空想的色彩，他们不可能把自己的理想建立在现实的基础上，这自然是为时代所限。

儒家哲学中的这种理想主义的倾向又是以人本主义为前提的。在中国古代的一些哲学家看来，"人"在天地之中是最重要的，只有"人"才能"为天地立心，为生民立命，为往世继绝学，为万世开太平"，所以孔子说："人能弘道，非道弘人。""道"（"天道"）是客观存在的，但"道"要人来发扬光大它，要人在实践中体现它。人怎样才能体现"天道"？中国古代的一些哲人认为，如果懂得了"天人合一""知行合一""情景合一"的根本道理，那么，人就有了一种"做人"的最高境界，也就可以把其美好的理想凝聚心中，而求实现于人间世。

"天人合一"的问题虽然说的是人和整个宇宙的关系，但它把"人"视为整个宇宙的中心。《中庸》中说："诚者，天之道也；诚之者，人之道也。诚者，不勉而中，不思而得，从容中道，圣人也。"因此，圣人的行为不仅应符合"天道"的要求，而且应以实现"天道"的要求为己任。人生活在天地之中，不应采取消极态度，而应"自强不息"，"天行健，君子以自强不息"，体现宇宙大化的流行。这样人就会对自己有个要求，有个做人的道理，有个高尚的精神境界。其中最重要的就是要做到"知行合一"，有个道德修养上的知行统一观。《大学》的"三纲领八条目"说的就是这个道理，它说："大学之道，在明明德，在亲民，在止于至善。""古之欲明明德于天下者，先治其国；欲治其国者，先齐其家；欲齐其家者，先修其身；欲修其身者，先正其心；欲正其心者，先诚其意；欲诚其意者，先致其知，致知在格物。物格而后知至，知至而后意诚，意诚而后心正，心正而后身修，身修而后家齐，家齐而后国治，国治而后天下平。"从"格物致知"到"治国平天下"，这是一个认识过程，更是一个实践的过程。人应该有理想，最高的理想是"致太平"，使人类社会达到"大同"境地。为此儒家提出一个"大同世界"的理想。而"大同世界"的基本要求首先是每个人都应对自己有个做人的要求，要有个做人的道理，要能"己所不欲，勿施于人"。孔子说："吾道一以贯之"，"忠恕而已矣"。理想的"大同世界"能否达到自然是个问题，但人们应有这个要求，并从中得到做人的乐趣。要"做人"，也要有"做人"的乐趣，要能在生活中领略天地造化之功；要真正领略天地造化之功，就必须在再现"天地造化之功"中表现人的创造力，表现人的精神境界，表现人之所以为人，使文成"至文"，画成"神品"，乐成"天籁"。所以艺术的要求应是"情景合一"。当人进入这一创造的境界，将是真、善、美合一的境界，人生的意义、人类最高的理想正在于此。孔子说他自己"七十而从心所欲，不踰矩"，这大概就是中国古代思想家们所追求的境界。他们以为自己的一切言行和整个宇宙、人类社会、他人和自我的身心内外都和谐了，这种境界是真、善、美合一的境界，自然也就是所谓"圣人"的境界了。中国儒家哲学如果说有其一定的价值，也许就在于它提出了一种"做人"的道理。它把"人"（一个在特定关系中的"人"）作为自然和社会的核心，因此加重了人的责任感。在中国古代的贤哲看来，"做人"是最不容易的，做到和自然、社会、他人以及自我的身心内外的和谐就更不容易。对这种"做人的责任感"似乎应给以充分的理解，并在创新的基础上加以继承。

中国传统哲学对中华民族的民族心理曾有过深刻的影响，它凝结成中华民族的一种特殊的心理特性。这种特殊的心理特性在过去长期影响着我们这个民族的各个方面，它既表现了中华民族思想文化传统的优点，也表现了某些缺点。儒家哲学凝聚而成并长期影响着我们这个民族的或许有以下四个方面，即空想的理想主义、实践的道德观念、求统一的思维方式和直观的理性主义。

（1）儒家哲学中的主要哲学家大都对现实社会抱着一种积极热诚的态度，企图用他们的学说、他们的理想来转化现实政治，然而他们的学说、理想不仅转变不了现实政治，而且往往被用来作为粉饰现实政治的工具。"大同"或"致太平"的思想几乎成了中国古代人们所普遍追求的一种理想。儒家思想中有，道家的思想中也有；统治阶级希望有"太平盛世"，被压迫的劳动人民也期望有"太平世界"。儒家的经典《礼记·礼运》勾画了一个"大同世界"的蓝图；有的帝王以"太平"为年号；有的帝王自称为"太平皇帝"；有些农民起义也以"太平"相号召，东汉末的黄巾起义以"太平道"为其组织形式；宋朝的起义农民以"杀尽不平，享太平"为宗旨，一直到近代，洪秀全领导的农民起义军仍号"太平军",国号"太平天国"。可见,"致太平"的"大同世界"在过去的时代里多么深入人心!但真正的"太平盛世"从来就没有实现过,由此可见中国传统思想的"理想主义"带有很大的空想成分。那些先哲们虽然可能是真诚地提倡他们的"治国平天下"的理想,可是他们的那一套并没有现实的可能性。不仅如此,所谓"治国平天下"的理想归根结底不过是理想化的皇权专制社会。

(2)儒家哲学有着人本主义的倾向,它不仅和西方中世纪占统治地位的"神本主义"不同,而且也和西方近世的人本主义有区别。西方的人本主义把"人"作为单个的个人,强调个性解放,有强烈的个人主义色彩,而中国古代社会里的"人本主义"可以说是一种"道德的人本主义"。它把"人"放在一定的关系中加以考察。因此,有所谓君臣、父子、夫妇、兄弟、朋友等五伦,讲"君义臣忠""父慈子孝"等等。不仅如此,儒家哲学还把"人"作为核心,从"人"的方面来探讨"人"和"宇宙"(天)的关系,特别强调"天"和"人"的统一性("天人合一")。它一方面用"人事"去附会"天命"(天道),要求人去体现"天道"之流行;另一方面又往往把"人"的道德性加之于"天",使"天"成为一理性的、道德的化身,而"天理"的基本内容则是仁、义、礼、智、信等至善的德行。这样一来,"天"虽然作为客体与"人"相对,但又带有"人"的强烈的主体性。由于儒家哲学讲"知行合一",即要实现"天理",而"天理"是一"至善的表德",所以人们最根本的实践活动是道德实践。而最高的艺术作品又必须以"至善"为前提,即所谓"尽善尽美"。可见，中国传统哲学注意到伦理道德在社会生活中的重要意义，特别强调"知"和"行"必须统一，这有其可取的一面。但是，赋予"天"道德性，把道德实践活动作为最根本的实践活动，这就很难解决社会生活中存在的种种矛盾，这是一种历史唯心主义。在过去中国的社会里，医学、天文历算、农业技术等往往被看成"小技"，而"身心性命之学"才是"大道"，不大重视对客观世界的研究，因此认识论方面的理论得不到发展，甚至可以说没有建立起完整、系统的认识论体系；此外，对人的心理活动的分析也较为笼统；逻辑学也很不发达，缺少系统的推理理论。

（3）儒家哲学中的重要哲学家（除个别外）大都把建立一个和谐统一的社会作为自己的责任，因此在中国传统哲学中虽有丰富的辩证法思想，但往往却以矛盾的调和为终点。中国传统哲学的理论思维方式，从一开始就注重成对概念的统一关系或诸种概念的相互关系。《易经》系统以乾、坤（后来以阴、阳）为一对对立统一的概念；而《洪范》则以五行之间的对立统一关系立论。特别是到春秋战国时期，"天"和"人"作为一对哲学概念提出后，儒家哲学就较多地注重"天"和"人"的统一的一面。这种思想方式自有其合理性，因为强调统一、强调和谐，而反对"过"与"不及"，在一定条件下有利于社会的稳定和发展，有利于人们注意研究事物之间的联系。但是，这种思维方式也有它的缺陷。过分地强调社会的和谐和统一，是我国专制社会长期停滞、资本主义萌芽生长缓慢的一个原因。儒家哲学之所以缺乏系统的认识论和逻辑学，就在于它的理论思维往往是一种没有经过分疏的总体观，它虽包含着相当丰富的真理颗粒，但由于缺乏必要的分析和论证，因而不容易发展成现代科学。因此，必须对儒家哲学的思维方式加以补充和改造，继承和发扬重视事物之间的联系、强调事物之间的统一与和谐等思维传统，并把它建立在坚实的逻辑论证和科学的认识论的基础上。同时，我们应该注意分析，把西方现代哲学（特别是分析哲学）的某些方法吸收过来，取中西哲学之长，避中西哲学之短，建立新的现代儒家哲学体系。

（4）与上述问题相联系，儒家哲学有一种直观的理性主义的倾向。在儒家哲学中，有注重"经验"的，有注重"理性"的，有两者同时并重或有所偏重的。这里所说的儒家哲学有一种直观的理性主义的倾向，是就其发展的趋势说的，不是一概而论。中国古代哲学家大都很注重"心"的作用，是从积极方面发挥人的主观能动性方面着眼。在先秦，孟子提出："耳目之官不思，而蔽于物，物交物，则引之而已矣。心之官则思，思则得之，不思则不得也。此天之所以与我者。先立乎其大者，则其小者弗能夺也。此为大人而已矣。"所以扩充"心"的作用则"足以保四海；苟不充之，不足以事父母"。荀子说："心者，形之君也，而神明之主也，出令而无所受令。"但对于为什么"心"有这样的作用问题则没有什么具体的说明。到宋以后，儒家的气论派（如张载）、理论派（如朱熹）和心论派（如陆九渊）都十分重视"心"的作用，张载的《正蒙》中有《大心》一篇专门讨论了"心"的作用，他说："大其心，则能体天下之物。"朱熹认为，"理"具于"心"，如能充分发挥"心"的作用以穷物理，则因物理而可使"心之全体大用无不明",所以他说:"心包万理,万理具于一心。""能存心,而后可以穷理。"至于陆王心学更强调"心"的作用,陆九渊说:"人心至灵,此理至明。人皆有是心,心皆具是理。"王阳明说:"虚灵不昧,众理具而万事出。心外无理,心外无事。"王夫之虽然主张感性认识和理性认识不可偏废,但他也特别强调"心"的作用,如他说:"目所不见之有色,耳所不闻之有声,言所不及之有义,小体之小也,至于心而无不得矣。思之所不至而有理,未思焉耳。故曰尽其心者知其理,心者天之具体也。"他还说:"万物皆有固然之用,万事皆有当然之则,所谓理也。……具此理于中而知之不昧、行之不疑者,则所谓心也。……故理者人心之实,而心者即天理之所著所存者也。"理就是心的实在的内容,心就是天理所在之处。由此可以看出王夫之仍受朱熹的"理具于心"的影响。儒家哲学强调"心"(理性)的作用,自有其可取之处。强调"心"的作用,即强调人的主动性,强调人在宇宙中的核心地位,而人之所以能是宇宙的核心,正在于人有"明德"之心。人的理性又是带有道德性的,宋儒认为"仁"是心之体,可见儒家哲学有道德理性主义的倾向。但是,对于为什么"心"有如此之作用、如此之特性的问题,则很少分析;对"心"的作用的过程(心理活动之过程)更缺乏具体分析,这致使儒家哲学成为一种直观的道德理性主义。

一个民族既然能长期存在,并有其不间断的历史和思想文化传统,必有其存在的道理,其传统思想文化亦必有其特定的价值,如何发扬其思想文化中的优秀方面,如何克服和扬弃其消极方面,对这个民族的发展至关重要。

（二）

沈有鼎先生在英国牛津大学作研究时，曾给国内朋友写过一封信，在这封信中他说：

> 康德的价值论和黑格尔的价值论有一个重要不同点，如下图所示：
>
> 康　德：善←美←真
>
> 黑格尔：真←美←善
>
> 从这里可以看出康德是中国人，黑格尔是印度人（或希腊人）。（《哲学评论》，十卷六期，1947年8月）

沈先生的这个论断非常有见地，并富有创发性。从中国传统哲学的主流儒家思想看确实如此。现在我想以孔子为例解说沈先生的看法。但是如果从中国传统哲学的不同学派或不同哲学家看就不全然是如此了。

子曰："知之者不如好之者，好之者不如乐之者。"（《雍也》）知，要有对象（客体），求真；知，客体是客体，主体是主体。好，是一种享受，客体入于主体；乐，是主体进入客体，必须实践，要"乐善好施"，以至于"乐以忘忧，不知老将至"（《述而》），在实践中要超越自我、世俗，超越生死等等，达到与天为一的最高之善的境界。"知"是理智的问题，"好"是情感的问题，"乐"是理智和感情的结合。这大概是孔子对"知""好""乐"的层次高低的看法。在《论语》中记载着孔子的一段话，他说："吾十有五而志于学，三十而立，四十而不惑，五十而知天命，六十而耳顺，七十而从心所欲，不踰矩。"我们知道，孔子和儒家都认为，人们的生死和富贵不能靠其自身的努力追求到，但人们道德和学问的高低却因自身的努力追求而有所不同。上面引的孔子那段话可以说是孔子对他一生的生活道路的描述，或者说是他一生修养的过程，成"圣人"的路径，也就是孔子本人对"真、善、美"的追求和了解。从"十有五而志于学"到"四十而不惑"可以说是他成圣成贤的准备阶段；从"知天命"到"从心所欲，不踰矩"可以说是他成圣人的一个深化过程。"知天命"可以解释为对"天"（宇宙人生的终极关切问题）有了一种认识和了解，这也许可以算是"求真"的范围，因为这一阶段孔子仍然把"天"看成认识的对象，还没有达到"同于天"的阶段，也就是说还没有达到与"天"合一的境界，只是在追求"天人合一"的境界。郭象在《庄子序》中说："夫庄子者，可谓知本矣，……言虽无会，而独应者也。夫应而非会，则虽当无用。"盖能与天地万物之本体相应者自可谓"知"本，即为"知"本，则仍与天地万物之本体为二，仍把天地万物之本体视为认识之对象，此尚未与天地万物之本体会合为一，故虽"知本"仍未能"从心所欲，不踰矩"也。此境界虽已甚高，但"虽高不行"，而未能以"体用如一"也。①

"六十而耳顺"这句话向来有不同解释，杨伯峻先生在《论

---

① 参见汤用彤：《向郭义之庄周与孔子》，载《汤用彤全集》第四卷，河北人民出版社，2000 年 9 月。

语译注》中说："耳顺——这两个字很难讲，企图把它讲通的也有很多人，但都觉牵强。译者姑且作如此讲解。"杨先生是这样解释的："六十岁，一听别人言语，便可以分别真假，判明是非。"我认为，杨先生的理解大体是符合孔子原意的。但自古以来却也有多种解释，例如晋李充说"耳顺"是"心与耳相从"，这也许是杨先生的解释所本。晋孙绰用玄学思想解释说："耳顺者，废听之理也，朗然自玄悟，不复役而后得，所谓不识不知顺帝之则。"这应是一种非由耳目经验所得，而是由超乎经验的直觉所得宇宙大全之理的境界，是一"内在而超越"的境界。照现在解释学的看法，凡是对前人思想的解释都有解释者的意见在内，不过解释和被解释之间总有某些联系，否则也就无所谓"解释"了。历代的思想家对孔子思想的解释大都是如此。这里，我打算引用朱熹对这句"六十而耳顺"的解释，他说："声入心通，无所违逆，知之之至，不思而得。"（《四书集注》）"声入心通"当和"声音"有关（"有音之声"和"无音之声"都可以包括在内）；"知之之至"是智慧的极高层次，是由"转识成智"而得，因此它是超乎"知天命"的境界，这种境界与"知天命"的境界不同，它是"不思而得"的，所以是超乎知识的。那么这种境界是一种什么样的境界呢？我认为它可以解释为一种直觉的审美境界，所得到的是一种超乎经验的直觉意象，也可以说是一种艺术的境界，"美"的境界。这种对"六十而耳顺"的解释或许"牵强"，但照伯峻的看法，自古以来对"耳顺"的"解释"大都牵强，我的这一解释无非是在诸多的解释中再增加上一种"牵强"的解释而已。但是我的这种解释自信也不能说全无道理，特别是由哲学的观点来看，它或许是更有新意的。而且在解释中，如果是有价值的，它一定为原来的意思增加了点什么。如果不增加点什么，就没有新意了。我们知道，孔子对音乐很有修养，他"在齐闻《韶》，三月不知肉味"，"三月不知肉味"自然是"不思而得"的一种极高的审美境界。孔子还对他所达到的这种境界有所说明，他说："不图为乐之至于斯也。"想不到听音乐竟能达到这种境界。"这种境界"是一种超越的美的享受。

"七十而从心所欲，不踰矩"，朱熹注说："矩，法度之器，所以为方者也。随其心之所欲，而自不过于法度，安而行之，不勉而中也。"盖此即"体用如一"的圣人境界，其言行即是"法度"，自同"天道"。故此"从心所欲，不踰矩"的境界是与天地万物为一体的境界，它是在"知真""得美"而后达到一圆满"至善"的境界。孔子把"尽善尽美"看成高于"尽美"，《论语》中记载："子谓《韶》，'尽美矣，又尽善也'。谓《武》，'尽美矣，未尽善也'。"这里"尽善"是说的"极好"，但说事物"极好"或"尽善"总在一定程度上（至少儒家是如此）和道德的价值判断联系在一起的。孟子说："充实之谓美。"此处的"美"实也含有某种道德价值判断的意义。朱熹注说："力行其善，至于充满而结实，则美在其中，而无待于外。""善"是一种内在的"美"，人格的美。看来，朱熹认为"善"从某方面说可以包含"美"，"尽善"之所以高于"尽美"，实因"尽善"即是"尽善尽美"。这里我们似乎可以说，孔子的人生境界（或圣人的境界）是由"知真""得美"而进于"安而行之，不勉而中"的"圆满至善"的境界，即由"真"而"美"而"善"。

"善←美←真"正是康德哲学的特点。照康德看，实践理性优于思辨理性。他的《纯粹理性批判》所研究的是以理智行使职能的现象界为对象，它受自然必然律支配；《实践理性批判》所研究的是以理性行使职能的本体为对象，它不受必然律支配，它是自由的。前者是自然，后者是道德。前者属于理论认识的范围，后者属于道德信仰的范围。而两者之间无法直接沟通。因此就有一个问题，如何在理论认识（认识论）与道德信仰（伦理学）之间架起一座桥梁，使之沟通，这就是康德哲学所必须解决的一个问题，于是他又写了《判断力批判》。在该书的开头处他写道："在自然概念的领域，作为感觉界，和自由概念的领域，作为超感觉界之间，虽然固定存在着一不可逾越的鸿沟，以致从前者到后者（即以理性的理论适用为媒介）不可能有过渡，好像是那样分开的两个世界，前者对后者绝不能施加影响；但后者却应该对前者具有影响，这就是说，自由概念应该把它的规律所赋予的目的在感性世界里实现出来；因此，自然界必须能够这样地被思考着：它的形式的合规律性至少对于那些按照自由规律在自然界中实现目的的可能性是互相协应的。因此，我们就必须有一个作为自然界基础的超感觉界和在实践方面包含于自由概念中的那些东西的统一体的根基。虽然我们对于根基的概念既非理论地，也非实践地得到认识的，它自己没有独特的领域，但它仍使按照这一方面原理的思想形式和按照那一方面原理的思想形式过渡成为可能。"[1]康德认为，正是判断力把理智（纯粹理性）与

---

① 《判断力批判》，宗白华译，商务印书馆，1964年，第13页。

理性（实践理性）联合起来，而判断力既略带有理智的性质，也略带有理性的性质，又不同于二者。康德把人的心灵分为知、情、意三个部分。有关"知"的部分的认识能力是理智，这是纯粹理性；有关"意"的部分的认识能力是理性，这是超于经验之上的实践理性；有关"情"的部分的认识能力，则正是康德所说的"判断力"。由于"情"介于"知"和"意"之间，它像"知"一样对外物的刺激有所感受，又像"意"一样对外发生一定的作用，所以判断力就介于理智与理性之间。一方面，判断力像理智，它所面对的是个别的局部的现象；另一方面，它又像理性一样，要求个别事物符合于一般的整体的目的。这样，面对局部现象的理解力和面对理念整体的理性，就在判断力上碰头了。判断力要求把个别纳入整体中来思考，所以判断力能够作为桥梁，来沟通理智和理性。① 从而康德就建构了他的哲学"善←美←真"的三部曲。

当然，孔子的哲学和康德的哲学从价值论上看确有其相似之处，但是他们建构他们的哲学的目标则是不相同的。孔子无非是建构一套人生哲学境界的形态，而康德则是要求建立一完满的知识理论体系的形态。这也许可以视为中西哲学的一点不同吧！如果我们把孔子这一由"知天命"到"而耳顺"而达到"从心所欲，不踰矩"的过程，和我所概括的中国传统哲学观"真""善""美"的基本命题相对照，也许可以说"五十而知天

---

① 参见李泽厚：《批判哲学的批判》，人民出版社，1984年，第368—370页；蒋孔杨：《德国古典美学》，商务印书馆，1981年，第63—68页。

命"是追求"天人合一"的层次，"六十而耳顺"是达到"情景合一"的层次，"七十而从心所欲，不踰矩"则是实践"知行合一"的境界。"天人合一"属于"智慧"（知）的方面，"情景合一"属于"欣赏"（情）的方面，"知行合一"属于"实践"（意）的方面。照儒家看，这三者是不可分的。做人既要了解宇宙大化之流行，又要能欣赏天地造化之功，更应在生活实践中再现宇宙的完美完善。就以上的分析看，孔子的"知天命""而耳顺""从心所欲，不踰矩"都是就人生境界的追求来说的，它是孔子对自己追求"真""美""善"的总结。

十二、孔子思想与"全球伦理"问题 [①]

　　孔子（前 551—前 479）是我国伟大的思想家和教育家，1999 年我们刚刚举办了纪念孔子诞辰 2550 年的活动，在北京和曲阜开了讨论会，让大家更深刻地了解孔子思想。在人类社会即将进入 21 世纪的时候，人们面临着许多需要共同解决的问题，也许道德滑坡、信仰危机、理想破灭是我们所面临的最严重的问题。要解决这些问题，我们是否能从孔子思想中得到一些可资利用的资源呢？我认为是可以的。我们知道，记录孔子言行的《论语》可以说处处都是在讨论伦理道德问题，所以我们应该认真研究它，并给以现代诠释以有益于当今人类社会。

　　我们知道，孔子生活在春秋时代的末期，当时是一个诸侯纷争、礼崩乐坏、天下无道的时代，社会出现了很严重的道德问题，孔子说：不修养道德，不讲求学问，听到合乎道义的话而不能跟着做，做了坏事而不能改正，这是我最大的忧虑。[②] 在这种

---

① 本文作于世纪之交，并发表于《中国哲学史》2000 年 04 期。
② 见《论语·述而》："德之不修，学之不讲，闻义不能徙，不善不能改，是吾忧也。"

道德破坏的情况下，孔子说，那我不如乘着小船到海外去呢！^①这说明，孔子那个时代是一个存在着严重"道德危机"的时代。而今天，我们面对的人类社会，可以说是一个问题更多更复杂、争夺更激烈、道德沉沦的时代。

在人类社会即将进入 21 世纪的时候，我们回头看看 20 世纪的历史，可以发现即将过去的这个世纪是人类社会飞速发展的世纪，是取得辉煌成就的世纪，但同时又是充满矛盾悲惨的世纪。在这百年间，发生了两次世界大战，死亡几千万人，大量破坏了人类多少世纪辛勤建造的文化遗产。而我们的国家，在这百年中经历了种种苦难，同时也取得了巨大的进步。今日的中国社会正在从传统走向现代，这是历史发展的要求，但在这个过程中也不可避免地发生了种种问题，例如我国社会目前存在的"信仰危机""道德真空""贪污腐化""环境污染"等等，已经到了相当严重的地步，是不得不引起注意的时候了。从全世界看，现今虽然告别了冷战时代，可是人类面临的问题更多、更复杂。我们可以看到，科学技术的高度发展，虽然给人类社会带来了巨大的利益，但是作为自然界一部分的人，在他们征服自然的过程中，不仅掌握了大量改造自然的工具而且也掌握了毁灭人类自身的武器。因此，1993 年，世界宗教会议通过的《走向全球伦理宣言》，提出的"全球伦理"问题，很快为世界各国学者所重视，并在世界各地多次召开了有关这个问题的讨论会。1997 年，中国学者在北京召开了"中国传统伦理与世界伦理讨论会"，并发表了《纪

---

① 见《论语·公冶长》："道不行，乘桴浮于海。"

要》① 作为对《走向全球伦理宣言》的回应。1998 年夏，联合国教科文组织和中国社会科学院又在北京召开了有关"全球伦理"的国际讨论会，把"全球伦理"问题推向纵深发展，希望以此为解救人类社会走出精神危机的途径。下面我打算分四点来讨论孔子思想与"全球伦理"问题。

（一）寻求伦理观念上的"最低限度的共识"

在寻求"全球伦理"的讨论中，学者们提出应该注意寻求某些伦理观念上的"最低限度的共识"，并把它叫作"底线伦理"。我认为，找寻不同民族文化在伦理观念上的"最低限度的共识"是很有意义的，而且我们必须承认，同为人类，他们在伦理问题上必定有其共同的方面，例如，在多次有关"伦理"问题的讨论会中，不同国家的学者都承认"己所不欲，勿施于人"是可以为不同文化传统的民族和国家所共同接受的伦理准则，并且认为这是"道德金律"。而"己所不欲，勿施于人"正是孔子提出来的做人的基本要求。"己所不欲，勿施于人"之所以能作为"道德金律"，因为在这个观念中包含着"自己"与"别人"的对等关系，不能把自己的要求强加于人，更不能把不希望加之于自己的加之于别人。因此，我们可以看到孔子提出的"己所不欲，勿

---

① 《中国传统伦理与世界伦理北京讨论会纪要》，刊于《跨文化对话》，1999 年 6 月，上海文化出版社。

施于人"无疑是可以为全人类接受的伦理观念。那么是不是说除了"己所不欲，勿施于人"之外，不可能再有什么伦理观念上的"共识"了呢？我认为也不是的。例如我们可不可以把"尊重他人"也作为伦理观念中的最低限度的共识呢？当然对于如何"尊重他人"，也存在不同民族文化传统对此理解上的（或者是具体形式上的）差异。这就需要我们在对话和商谈中相互理解而达到某种"共识"。这就是说，取得伦理观念上的最低限度的共识并不是一件很容易的事。这就需要我们把问题展开来讨论了。如果一些看起来可以或者已经取得某种"共识"的伦理观念因文化的差异而出现分歧，我们是不是就无法在伦理观念上取得"共识"呢？如果这样，那么我们寻求"全球伦理"就没有意义了。因此，我想要求在伦理观念上取得某种"共识"需要克服思想上的两种不好的倾向。一是文化上的霸权主义。"全球伦理"应该是以承认和接受多元文化为前提，必须充分理解和尊重人类各文明、各民族、各群体，甚至每个人的多样性和差异性，因此要反对文化上的霸权主义。一是文化上的相对主义或者文化部落主义。我们必须看到，在各种文明和不同民族文化传统中本来就存在着某种伦理观念上的一致性，同样存在着对这些观念的解释上的一致性，也就是说，大家必须承认在某些伦理观念上有某种客观标准，为此我们要反对"公说公有理，婆说婆有理"的文化上的相对主义。同时我们还必须反对那种封闭性的、拒绝一切有价值的文化部落主义。而文化部落主义往往又与文化相对主义有着某种联系。

（二）寻求"全球伦理"要从
不同民族文化传统中吸取资源

寻求伦理观念上的"最低限度的共识"在建设"全球伦理"中是非常重要的，这对当今人类社会来说就有了一个共同的最低限度的道德要求，不同民族文化传统的民族和国家就可以在此基础上进行对话。我们知道，不同文化传统，特别是有很长历史的民族，在长期发展过程中已经形成了非常坚固的基本伦理观念。这些基本伦理观念正是这个民族精神之所在，也是这个民族生存发展的基本保证。因此，对不同民族文化来说，人们找到的伦理观念上的"最低限度的共识"都是和各个民族的整体伦理思想相联系的，和她的终极伦理观念相联系的。而且就不同民族的伦理思想来说，我们都会发现其中存在着有益于解决当今人类社会问题的资源。如果我们把"己所不欲，勿施于人"作为当前社会可以共同接受的最低限度伦理观念上的"共识"，那么这个伦理观念上的"最低限度的共识"对中国传统文化中的儒家而言正是和它的"仁学"（樊迟问仁，子曰：爱人）相联系的；对西方基督教而言则是和它的"博爱"相联系的；对印度佛教而言则是和它的"慈悲"观念相联系的。这三种不同文化传统的伦理体系中的理念，显然有着深刻的差异，例如儒家的"爱人"包含着"亲亲"观念；基督教的"博爱"包含着"平等"的观念；佛教的"慈悲"中包含着"涅槃"的观念。因此，它们的不同是显而易见的，问题是我们如何对待这种不同。照我看，这三种不同文化传统的伦理观念虽然不同，但并不是互相排斥的，甚至在"爱人"（仁）、"博爱"和"慈悲"中还存在着某种深刻的互相"认同"的方面，这就是都以不同方式表达人的"爱心"。所以寻求"全球伦理"不是要排斥或否认不同民族文化传统的伦理价值，而是应在尊重各民族文化传统的伦理价值的基础上，发掘和利用不同民族文化传统中的伦理思想的内在资源。因此，越是深入发掘和利用不同民族文化传统中的伦理思想的深层资源，对建立"全球伦理"越有意义。

这里我们以孔子的"仁学"为例来说明各个民族的传统文化都可以为当今寻求的"全球伦理"提供有意义的资源。孔子把"仁"解释为"爱人"，这是基于"亲亲"的思想（《中庸》引孔子的话："仁者，人也，亲亲为大。"《论语·学而》："有子曰：'……孝弟也者，其为仁之本与！'"）。"爱人"并不是凭空产生的，它是从爱自己的亲人出发，但是为"仁"不能停止于此，而必须"推己及人"，因而要"老吾老以及人之老""幼吾幼以及人之幼"。要做到"老吾老以及人之老""幼吾幼以及人之幼"并不容易，得把"己所不欲，勿施于人""己欲立而立人，己欲达而达人"的"忠恕之道"作为"为仁"的准则。如果要把"仁"推广到整个社会，这就是孔子说的："克己复礼曰仁。一日克己复礼，天下归仁焉。为仁由己，而由人乎哉？"对"克己复礼"的解释，往往把"克己"与"复礼"解释为平行的两个相对的方面，我认为这是不合孔子思想的，或者说并不是最好的解释。所谓"克己复礼曰仁"是说，在"克己"基础上的"复礼"才叫作"仁"。"仁"是人自身的内在本质，"克己"要靠人的自觉；"礼"是规范人的行为的外在的礼仪制度等，它的作用是调节人与人之间的关系，"礼之用，和为贵"。要人们自觉地遵守礼仪制度才有意义，才符合"仁"的要求，所以孔子说："为仁由己，而由人乎哉？"对"仁"和"礼"的关系，孔子有非常明确的说法："人而不仁，如礼何？人而不仁，如乐何？"因此，我们可以说，孔子认为"克己"（求仁）是要靠自己的内在要求。有了"求仁"的内在要求（"我欲仁，斯仁至矣"），并把它实现于日常社会生活之中，这样社会就和谐安宁了。我认为，孔子的"仁学"作为一种有意义的伦理思想可以在以下三个方面对建设"全球伦理"作出贡献：（1）人们的道德问题必须建立在对自我有个要求的基础上，这就是孔子要求的"克己"，在对自我有个要求的基础上形成的伦理规范才有实际意义；（2）道德的建立要有一个基本出发点（儒家认为应该由"亲亲"出发），由此基本的道德要求生发出来的伦理思想体系必定要包含某些普遍性原则（如"己所不欲，勿施于人"），有了普遍性的伦理原则，其伦理体系才会对社会生活产生重大作用；（3）建立一套伦理思想体系是为了社会的安宁和个人的幸福，除此之外没有其他目的，这就是孔子所向往的"一日克己复礼，天下归仁"了。我想，如果我们对儒家伦理学说作出适应当今人类社会要求的解释，对建立"全球伦理"将会有很大意义。

在这里，我们只是举例说明每种文化传统都可以对"全球伦理"的建立作出贡献，不是说仅仅儒家的伦理思想有这样的功能，其他民族文化传统就没有。在我们看到儒家思想的价值的同时，还要看到其中也存在着某些负面的东西，这些负面的东西是我们需要加以否定的。

（三）寻求"全球伦理"必须关注
当今人类社会存在的重大问题

要对儒家伦理给以适应当今人类社会的解释（当然任何一种伦理学说都有这个问题），就必须关注当前人类社会面临的重大问题。孔子一生都希望能以他的学说来实现"天下有道"，他的这一思想成为儒家"以天下为己任"的社会责任，这就是说儒家始终有对人类社会的强烈使命感。在今天我们寻求"全球伦理"的时候，同样也应十分关注当今人类社会存在的重大问题。我们知道，自 20 世纪 90 年代"冷战"结束后，"和平与发展"就成为各个国家与民族追求的目标。要实现"和平共处"就要求我们处理好民族与民族、国家与国家之间的关系，即"人与人"之间的关系；要实现"共同发展"就不仅要求我们处理好"人与人"之间的关系，而且还要处理好"人与自然"之间的关系。因此，我们在创建"全球伦理"时应十分注意，从不同民族文化传统中找寻可以对实现"和平与发展"有意义的伦理资源。在讨论到民族与民族、国家与国家关系问题时，其伦理问题就不仅仅是个人伦理问题了，而是政治伦理、社会伦理、经济伦理和环境伦理等等问题。我认为，在这方面各个民族都可以从其伦理观念中找到有益于解决当今社会存在和发展问题的思想资源。例如，我们可以从孔子提出的"和为贵"引出某种政治伦理来；由墨子的"兼相爱，交相利"引出某种经济伦理来；由道家的"崇尚自然"（"道法自然"）引出某种环境伦理来，如此等等。因此，讨论"全球伦理"必须关注当前人类社会所面对的根本问题。[①] 我相信，各个民族的伦理思想中都包含着一些有益于解决当前人类社会存在的重大问题的极有价值的资源。

（四）"和而不同"应是寻求"全球伦理"的原则

在不同民族文化传统中，我们固然可以找到某些共同的伦理准则，但是我们还必须看到，在不同民族的伦理观念之间，不仅会存在着差异，甚至会存在着矛盾的方面。如何处理不同民族在伦理观念上的差异和矛盾可能引起的冲突，这也是寻求"全球伦理"必须研究的问题。近年来讨论文化问题，为了确保不同民族文化的健康合理发展，为了避免因文化问题引起民族与民族、国家与国家之间的对抗与战争，一些学者曾提出若干处理不同民族文化之间的关系的原则，例如哈贝马斯提出"正义"和"团结"的原则，把它们作为处理不同民族文化之间关系的原则。据我了解，哈贝马斯的"正义"原则可以理解为，要保障每一种民族文化独立自主、按照其民族意愿发展的权利；"团结"原则可以理解为，要求对其他民族文化有同情理解和加以尊重的义务。只要不断通过商谈和交往等途径总可以形成在不同民族文化之间的互动中的良性循环。而我认为，中国古已有之的"和而不同"的

---

① 参见拙作《中国文化面对 21 世纪人类社会可有之贡献》，刊于《文艺研究》，1999 年第 3 期。

观点更可以作为处理不同民族文化之间关系的重要原则。"和而不同"的意思是说，要承认"不同"，在"不同"基础上形成的"和"（"和谐"或"融合"）才能使事物得到发展。如果一味追求"同"，不但不能使事物得到发展，反而会使事物衰败。

这就是说，"和而不同"既可以保持和发挥自身文化的特性，又可以在互相交流与对话中得到发展，而促使不同文化之间的相互"认同"。因此，在不同传统文化之间应该通过对话与交往，在讨论中取得某种"共识"。这是一种由"不同"到某种意义上的互相"认同"的过程。这种"认同"不是一方消灭另一方，也不是一方"同化"另一方，而是在两种不同传统文化中寻找交汇点，并在此基础上推动双方文化的发展，这正是"和"的作用。伦理问题作为人类文化中的重要组成部分，在今日我们寻求"全球伦理"之时，"和而不同"应作为一条处理不同民族的伦理观念的原则被肯定下来，这无疑会对我们寻求"全球伦理"极有意义。①

我们从以上四点可以看出，孔子思想对于建立"全球伦理"可以提供极其有意义的资源，问题是我们要善于把孔子思想与今日社会生活存在的实际问题联系起来，在对孔子思想进行现代诠释的条件下，使之得以落实于操作层面，这样孔子思想才能真正发挥作用。

---

① 参见拙作《文化的多元共处——"和而不同"的价值资源》，刊于《跨文化对话》，1998 年 10 月，上海文化出版社。

十三、儒家伦理与中国现代企业家精神

　　二十世纪八九十年代，中国的经济由计划经济转变为市场经济，中国企业家在这种情况下应具有什么样的精神，中国传统文化，特别是儒学对造就中国现代企业家是否有意义，是我们应该研究的一个课题。这是因为儒学在历史上曾是我们民族文化的主流，它对中国社会生活长期有着深刻的影响。

　　我们知道，有一本书叫《新教伦理与资本主义精神》，这是德国学者马克斯·韦伯（1864—1920）写的书。这里的"资本主义精神"指的是西方近代资本主义精神。这本书在西方社会影响非常大，是讨论西方近代资本主义的兴起和基督教新教伦理，特别是加尔文教派之间的关系的一本重要著作。在20世纪80年代，该书曾引起海内外学术界，特别是东亚地区以及华人世界的广泛关注。当时由于日本经济在"二战"后的快速发展，以及"亚洲四小龙"的崛起，大家热烈地讨论"儒家伦理"与东亚经济起飞的关系问题。《新教伦理与资本主义精神》的"作者导言"说："资本主义确实等同于靠持续的、理性的、资本主义方式的企业活动来追求利润，并且是不断再生的利润。因为资本主义必须如此：在一个完全资本主义式的社会秩序中，任何一个个别的资本主义企业者不利用各种机会去获取利润，那就注定要完蛋。"^①韦伯认为，作为企业家的一生必须不断以钱生钱，而且人生便是以赚钱为"目的"，这种精神是"超越而又非理性的"，在这种精神的支配下人必须用一切最理性的"手段"来实现这一目标。韦伯认为，加尔文派的教义便是这一精神的来源。^②现在关于"韦伯式"问题的讨论，由于20世纪末的亚洲金融风暴，也许已不那么为人们所关注。但是，在面对中国儒学有可能复兴的今天以及欧美大国所出现的严重的经济危机，我想，我们可从另一个层面来重新讨论这一问题，或者有不同的意义。照韦伯的看法，西方近代资本主义精神是来自基督教伦理（主要是加尔文教义），它是以不断获取利润为"目的"，而以"一切最理性"的方法为"手段"。所谓"加尔文教义"，简单地说，它认为"赚钱"是一种"天职"，是可以"增加上帝的荣耀"。^③照韦伯看，以"赚钱"为"目的"的西方近代资本主义是把"增加上帝的荣耀"作

---

① ［德］马克思·韦伯：《新教伦理与资本主义精神》，于晓、陈维纲译，陕西师范大学出版社，2006年，第4页。

② 余英时：《中国近世宗教伦理与商人精神》，"序论"第7页中说："韦伯《新教伦理》的特殊贡献在于指出：西方近代资本主义的兴起，除了经济本身的因素之外，还有一层文化的背景。此即所谓'新教伦理'，……他特别引了富兰克林的话来说明'资本主义精神'。这一精神包括了勤、俭、诚实、有信用等美德。但更重要的是人的一生必须不断地以钱生钱，而且人生便是以赚钱为目的。……人必须用一切最理性的方法来实现这一'非理性'的目的。"联经出版事业公司，1987年。

③ 《新教伦理与资本主义精神》第54、55页："整个尘世的存在只是为了上帝的荣耀而服务，……与此宗旨相吻合，上帝要求基督教徒取得社会成就，……因而尘世中基督徒的社会活动完全是为'增加上帝的荣耀'，……到加尔文宗那里，则成为他们伦理系统中的一个鲜明特点。"

为"天职",它带有宗教信仰的意义。而所谓"最理性的方法"就是所谓的"科学的方法"(西方企业的经营、管理等等)。如果我们换个角度考虑,我们可不可以把西方企业的"目的"与"手段"的问题改变成为:以增进人类社会福祉和企业家精神境界的提高为"目的",而以"用一切最理性的方法不断赚钱"为"手段",我们从这里来考虑经济"目的"与"手段"的关系问题,我认为这也许是符合儒家伦理的精神。这就是说,依据儒家伦理,"赚钱"是为了社会的福祉和自我精神境界的提高,它具有现实社会生活意义,而不像基督教新教伦理那样具有"超越而非理性"的宗教性的意义,是有着"现实的理性"的意义。

我国古老的《周易·系辞下》中说:"何以聚人,曰财。"意思是说,要用财富把老百姓凝聚在一起。这里"增加财富"是"手段",而把老百姓聚集在一起是"目的",这是儒家伦理的精神所在。孟子说:"民之为道也,有恒产者有恒心,无恒产者无恒心。"对于老百姓的道理,要使他们都有固定的产业,这样他们才能有一定的道德观念和行为准则,他们才可以聚集在一起。如果他们无固定的产业,那就不会有一定的道德观念和行为准则,就不可能聚在一起。所以孟子说:"夫仁政,必自经界始。"(实行仁政,一定要从划分整理田界开始。)也就是说要用"井田制"。所谓"井田制"是说每一井田有九百亩,当中一百亩为公田,其余八百亩分给八家做私有田。这八家共同耕种公田。先把公田耕种完毕,再各自耕种自己的私田。这就是说,要使老百姓有自己的土地。看来,儒家不是不讲"利",而是要求"取之有道",不能"见利忘义",所以孔子说:"富与贵,人之所欲也,不以其道得之，不处也。"孔子一生追求的就是"天下有道"，这个"道"就是"社会的公义"，也可以说是"社会的公利"，一句话就是"人民的福祉"，这才是儒家追求的目标，但这个"目标"在人类社会（特别是在中国社会）进入"现代"或者说是"后现代"的时期如何实现，我想也许应该以最理性的方法（最科学的经营管理的办法）不断获取利润为"手段"来实现。如果中国企业家是在以增进"人类福祉"为"目的"，而"以一切最理性的办法来赚钱"为"手段"的情况下经营管理其企业，企业家的精神境界必会不断升华。《周易·系辞下》中说："利用安身，以崇德也。"人们取得有社会效用的利益，是为了给自己找个"安身立命"之处，这就达到了对道德的推崇。《周易·上经·乾·文言》中说："利者，义之和"，这里说的"利"是指"公利"，也可以说是"公义"。"公利"是社会众多"利"之总和，最大的"利"应是"公利"，它就是"公义"的总和，所以程颐说："义与利，只是个公与私也。"判断"利"与"义"都是要以"公"和"私"为准则。照儒家看，如果能用最合理的办法取得利润（赚钱）作为"手段"，而以"公利"（也就是"公义"）为"目的"，我认为，这应是中国企业家的精神。

这里我想借用冯友兰的"四种境界"说来说明这个问题。冯友兰先生把"人生"分成四种"境界"：自然境界、功利境界、道德境界、天地境界。所谓有"自然境界"是说人和动物一样，只是为活着，对于人生的目的没有什么了解（觉解）。所谓有"功利境界"，是说一切为了"利益"，为他自己的利益。所谓有"道德境界"，是说他的行为是为了"行义"，也就是为了"公利"，他的行为是为了对社会有所"奉献"。有"天地境界"的人，他的行为也可以说是"奉献"，但他不仅是"奉献"于社会，而且"奉献"于宇宙。人如果达到这种境界，那么他不仅与"他人"（社会）和谐了，"自我身心内外"和谐了，而且也与宇宙（自然界）和谐了。他就有了一个极高的"安身立命"处，也就是宋代儒家追求的"孔颜乐处"①。如果我们中国的企业家真能做到以增进人类"社会福祉"为"目的"，以"用一切最理性的方法赚钱"为"手段"，也就是有儒家伦理精神的中国现代企业家了，那么他就有着"民胞""物与"的大胸怀，他就是在做着"为天地立心，为生民立命，为往圣继绝学，为万世开太平"的大事业，他就是"道德境界"和"天地境界"中人了。朱熹说："但能致中和于一身，则天下虽乱，而吾身之天地万物，不害而安泰；其不能者，天下虽治，而吾身之天地万物，不安而乖错。则其间一家一国，莫不皆然，此又不可不知也。"如果自己的身心内外能做到中正和谐，即使天下大乱，他处在天地万物之间也能身心内外不受什么影响而安宁康泰；如果自己的身心内外做不到中正和谐，即使天下治理得很好，自己的身心也定是不安和错乱的。所以在儒家看来，为"社会的福祉"尽力与自己身心内外的和谐以及自己的人生境界是息息相关的。从儒家说，用合乎道义的手段赚钱并不错，但要有个"目的"，这个目的就是为社会福祉和个人精神境界的提高，而且人的精神境界的提高只能在不

---

① 《论语·述而》："叶公问孔子于子路，子路不对。子曰：'女奚不曰："其为人也，发愤忘食，乐以忘忧，不知老之将至云尔。"'"《雍也》："子曰：'贤哉，回也！一箪食，一瓢饮，在陋巷，人不堪其忧，回也不改其乐。贤哉，回也！'"

断地为社会福祉赚钱中才能实现。

我们还可以注意到，照韦伯的看法，他认为西方近代资本主义在整个人类历史上只是一个特例，而且也只能发生一次。[①] 所以韦伯不同意社会发展的历史单一说，也就是说，西方近世资本主义的发展和"新教伦理"相结合只是个特例，只能发生在西方近世社会。这就是说，现代企业并不是只有一种模式，它可以根据不同的文化传统而有不同的模式，我们是不是可以说，如果中国现代企业与中国儒家伦理相结合就会产生中国的现代企业家。这就是说无论如何在中国的现实社会生活中"儒家伦理"对造就中国企业家精神的意义是不应被忽视的。正像西方资本主义的建立与发展一样，它长达几个世纪的巨大发展，虽然有种种原因，但是基督教伦理对西方资本主义的发展无疑是一种无可替代的精神力量。我们还必须注意到西方近代资本主义的兴起，"新教伦理"只是众多原因中的一个，另外还有政治的、地理环境的和历史的等其他原因。因此，中国现代企业的建立和发展也不可能由单一的"儒家伦理"来实现。但无论如何"儒家伦理"对创建中国式现代企业的意义应该受到重视。

企业必须赚钱，社会才能增加财富；可是"赚钱"又得用最理性的方法取得，二者似乎有着矛盾。但从西方社会的经验看，正是他们能利用合理的办法"赚钱"，才有今天西方社会的富足。因此，中国企业家在经营自己的企业时，应该向西方企业家学习，学习他们如何用合理的手段来取得最大的利润。我认为，西

---

① 余英时：《中国近世宗教伦理与商人精神》，"序论"第6页。

方经济经过两三百年的发展，无疑已积累了一套用理性方法赚钱的经营、管理体系，这是我们必须吸取和借鉴的。中国现代企业家在为社会福祉"赚钱"的过程中必然会提高他们的精神境界，这就是因为"赚钱"不仅是为了人类社会，而且是为了"宇宙"（自然界）；那么他就不仅达到了"道德境界"，而且达到了"天地境界"。

如果我们的企业家能以这种儒家的精神来发展他们的企业，他们就会自觉地在他们的企业中注意解决当前影响人类社会合理有序地发展的三大问题：（1）人与自然的矛盾；（2）人与人的矛盾（扩而大之就是国家与国家、民族与民族的矛盾）；（3）自我身心（内外）的矛盾。

（1）我们的地球，为什么会出现"生态问题"？也许原因很多，但是人类对地球自然环境的破坏，是造成当前生态问题的主要原因。西方文化传统曾长期把精神界和物质界的关系看成各自独立、互不相干的外在关系，其思维模式以"心""物"为独立二元，为了"人"的需要可以不考虑"自然"；对"自然"的征服也不必考虑"人"的生存条件。[1] 然而中国儒家的思维模式与之有着根本的不同，儒家认为研究"天"（天道），不能不牵涉到"人"（人道）；同样研究"人"，也不能不牵涉"天"。早在公元前三百多年这个观点已被提出。郭店楚简《语丛一》中说："易，所以会天道、人道也。"说的是，《易经》这部书是讲如何会通

---

[1] 但是在进入 21 世纪之际，西方出现了"建构的后现代主义"，他们认为"人和自然是一生命共同体"。

天、人所以然的道理的书。中国历代儒家的重要思想家，大多继承和发挥着这一"天人合一"的思想，这里不可能——列举，我们以朱熹的话为代表，朱熹说："天即人，人即天。人之始生，得之于天；既生此人，则天又在人矣。"这是说，"人"和"天"有着一种相即不离的内在关系，因为"人"是由"天"产生的，是"天"的一部分；但一旦"人"产生之后，"天"（"天道"，天的道理）就要由"人"来彰显，"人"就有保护"天"的责任。因此，"人"不仅应"知天"（知道利用"天道"的规律），而且应该"畏天"（对"天"有所敬畏）。因为照儒家看，"天"不仅是自然意义上的"天"，而且是神圣意义上的"天"。现在人们只讲"知天"，而不知对"天"应有所敬畏。但是，儒家认为，"知天"和"畏天"是统一的，"知天"而不"畏天"，就会把"天"看成一死物，而不了解"天"乃是有机的、生生不息的大流行（"天行健，君子以自强不息"），也不了解"地"乃是生长养育万物的载体（"地势坤，君子以厚得载物"）。"畏天"而不"知天"，就会把"天"看成外在于人的神秘力量，则不能体现"天"的活泼泼的气象，不能体现"地"的孕育万物的功能。由于"知天"和"畏天"是统一的，正说明"天人合一"思想体现着"人"对"天"的一种内在的责任。"为天地立心"①就是"为生民立命"，不能分为两截。现在，我们既然看到"天人二分"的思维模式给人类社会生活带来了严重的问题，我们能不能换一种思维模式来

———————

① 《朱子文集》卷六十七："在天则蔼然生物之心，在人则温然爱人利物之心，包四德而贯四端。"

解决这一问题呢？"天人合一"作为另外一种处理"人"和"自然"关系的世界观和思维模式，不仅是解决当前生态危机，而且是实现"人"和"天"共同和谐（协调）发展的另一思考的路子。我们企业家们能不能考虑利用儒家"天人合一"的思想化解"人"与"自然"之间的矛盾，来发展中国的企业，以使其成为人类社会一更有思想文化内涵的企业精神和有中国气派的企业家形象而贡献于人类社会呢？

（2）当前在人与人之间，扩而大之在民族与民族、国家与国家之间，由于对权力与欲望的极度膨胀，对物质利益的片面追求，对自然资源的恶性争夺，造成人与人之间的关系紧张，彼此冷漠、互不理解甚至仇视；在民族与民族、国家与国家之间的关系上形成对立，互不信任，以至于发生种种冲突和战争。我们可以看到当前的"新帝国主义"在全球行使"霸权"，各种"原教旨主义"又在全球发动恐怖袭击，这样下去人类社会终将瓦解。那么，我们能不能在儒家文化中找到某些有益于人类社会走出这一困境的资源呢？我认为是有的。在郭店楚简中有一句话也许值得我们深入探讨："道始于情。"这是说，人与人之间的关系是建立在情感基础上的。中国社会一向重视亲情。[1] 樊迟问仁，孔子曰："爱人。"这种爱人的思想由何而来？《中庸》引孔子的话说："仁者，人也，亲亲为大。"仁爱的精神，是人

---

[1] 费孝通：《论文化与文化自觉》，第 478 页说："中国文化的特点之一，我想是在世代之间的联系的认识上。一个人不觉得自己多么重要，要紧的是光宗耀祖，是传宗接代，养育出色的孩子。"这就是说，中国文化的特点之一是"要尊重祖先，培养优秀的后代"。

自身所具有的，爱自己的亲人是最基础的。但"仁爱"之心不能停止于此，必须"推己及人"，所以郭店楚简中说："亲而笃之，爱也；爱父，其继爱人，仁也。""孝之放，爱天下之民。"这就是说，孔子的"仁学"要求由"亲亲"扩大到"仁民"。但是如何把孔子的以仁爱思想为基础的"仁政"实现于社会呢？孔子说："克己复礼为仁。一日克己复礼，天下归仁焉。"这是说，只有在"克己"（克制自己的私利）的基础上的"复礼"（复兴良好的礼仪制度）才叫作"仁"。费孝通先生对此有一解释，他说："克己才能复礼，复礼是取得进入社会，成为一个社会人的必要条件。"这话很有道理。因为"仁"是人自身的内在品德（"爱生于性"），"礼"是规范人的行为的礼仪制度，它的作用是调节人与人之间的关系，使之和谐相处，在《论语》中说："礼之用，和为贵。"人们进入社会必须遵守一定的礼仪制度，而对礼仪制度的遵守应该是出于人的"仁爱"之心，才符合"仁"的要求。把"仁爱"精神按照一定规范实现于日常生活之中，这样社会就会安宁和谐了，"一日克己复礼，天下归仁焉"。孔子儒家思想，对一个国家的治理者，对于世界上那些发达国家的统治集团应是有着极其重要的意义。"治国""平天下"应行"仁政"，不能行"霸道"。行"仁政"将会使民族与民族、国家与国家之间"和平共处"；行"霸道"只会引起民族与民族、国家与国家之间的冲突，以至于战争。我们中国的企业是不是可以考虑以"仁政"的某些观念作为自己企业的精神资源，如由"亲亲"推广到"仁民"，"使每个人都有恒产，又有恒心"，也许可以创造出超越西方的企业理念，使中国现代企业能成为其他民族和国家可以借鉴的模式。

（3）儒家文化特别强调人的道德修养对于建立和谐社会的重要意义。儒家经典《大学》认为，修身、齐家、治国、平天下，"自天子以至于庶人，壹是皆以修身为本"。这就是说，儒家认为如果个人的道德修养好了，那么"家"可以齐，"国"可以治，"天下"可以太平，人类的和谐社会就可实现。儒家和谐社会的理想既然是建立在人的道德修养（修身）实践的基础上，因此儒家特别重视人的自我身心内外的协调。儒家认为，生死和富贵不是人追求的终极目标，而提高自我的道德学问来增进社会福祉才是人追求的终极目标。孔子说："德之不修，学之不讲，闻义而不能徙，不善不能改，是吾忧也。"孔子的这段话告诉我们的是做人的道理，"修德"并不容易，那就必须有崇高的理想，有为人类长远利益考虑的胸怀。"讲学"同样不容易，它不但要求自己天天提高自己的知识和技能，以至于负起增进社会福祉的责任。"向善"，是说人生在世，听到合乎道义的话应努力跟着做，应日日向着善的方向努力，把"公义"实现于社会之中。"改过"，是说人总会犯这样那样的错误，问题是要勇于改正错误，这样才能成为一合格的人。"修德""讲学""向善""改过"是做人的道理，是使人自我身心内外和谐的路径。中国的社会应该是"以法治国"的社会，应该是"以德育人"的社会。如果中国的企业能"以法治企业""以德教化人"，那么儒家以修身为本的理念是不是对我们的企业建设有积极意义呢？对中国现代企业家的精神的提升有着积极意义呢？

中国的企业家应该有中国的气派、中国的风格，也许儒家正好可以给我们造就一种中国现代企业家的精神提供一些有意义的思想资源！

我要说明一下，我并不认为中国现代企业家只能有上述这样一种模式，因为中国现代企业仍然处在一个形成过程之中，可能会有多种有意义的模式。但是，以有着两千多年历史的儒家伦理作为指导原则的模式不失为一种可以尝试的路径。

十四、读钱穆先生《中国文化对人类未来可有之贡献》

　　我的讲题是"读钱穆先生《中国文化对人类未来可有之贡献》"。在我讲正题之前，先讲一点我认识钱穆先生和受他影响的一些情况。钱穆先生，我从小一直称他为钱伯父。我在五岁时就认识了钱先生，因为我们家和钱先生住在同一所院子内。后来钱先生虽然搬到马大人胡同去了，但我还能常常在中山公园春明馆或来今雨轩见到他。那时我父亲、熊十力先生、蒙文通先生常和钱先生一起在那里喝茶、聊天。当时我还是不到十岁的孩子，他们讨论什么自然全不懂，自然更谈不上对钱穆先生的学问有所认识。是在读高中时，我才从读钱先生的《国史大纲》中，对中国历史和钱先生的学问有一点了解。当时我的感受是，做学问应像钱先生那样，不仅应非常严谨，而且对自己民族的历史应有深厚的感情。此后，我又读过钱先生的《先秦诸子系年》《刘向刘歆父子年谱》等等。那时我还是十几岁的年轻人，虽然读了这些书，体会还是很肤浅的。1948年8月，我父亲用肜先生从美国回到上海，我由北京到上海去接他。父亲就带着我到苏州去看钱先生，这是我父亲和钱先生的最后一次见面，他们当时谈了些什么，我现在已经记不起来了，但我的感觉是，他们对中国的时局很悲观。从 1948 年到现在，已经快五十年了，两位老人都已先后去世。1983 年，北京大学举办"汤用彤先生九十岁纪念"，我请钱先生写了一篇文章，很快钱先生寄来《忆锡予》一文，从这篇文章中我们可以感到老一代学者的情谊，该文最后有一段如下：

> 今闻有锡予纪念论文集之编印，欲予为一文。回念前尘，一一如在目前，亦一一如散入沧海浮云中。人生如是，岂为道为学亦复如是，不得起锡予于地下而畅论之。不知读锡予书纪念于锡予之为人为学者，意想复如何，临笔怆然，岂胜欲言。

钱穆伯父也已于 1990 年去世，然先生之为道为学将为我所永记，亦应为后辈知识分子所永记。我这次的讲题本是为纪念钱穆先生百令而作，但当时因为生病，没有能到会，今天我在这里讲这个题目，也是为了纪念这位中国 20 世纪的学术文化大师。

《中国文化对人类未来可有之贡献》是钱穆先生的最后一篇文章，在该文的"前言"中钱先生说："中国文化中，'天人合一'观虽是我早年屡次讲到，惟到最近始澈悟此一观念实是中国传统文化之归宿处。"又说，"我深信中国文化对世界人类未来求生存之贡献，主要亦在于此。"钱先生这篇文章短短不到两千字，但所论之精要，意义之深宏，澈悟之高远，实为我们提供了研究和理解中国传统文化的价值之路径。初读此文，或心有所得，然不敢言已得钱先生所悟之真谛。

古往今来人类所关注的主要哲学问题正是钱先生所说的"天命"与"人生"（"天道"和"人道"；"天道"与"性命"）的关系问题，即"天人关系"问题。从中国历史上看，司马迁说他的《史记》是一部"究天人之际"的书；董仲舒答汉武策问时说，他讲的是"天人相与之际"的学问；杨雄说："圣人存神索至，成天下之大顺，至天下之大利，和同天人之际，使之无间也。"魏晋玄学的创始者之一何晏说另一创始者王弼是"始可与言天人之际"的思想家。南北朝时的道教领袖陶弘景说只有另一道教领袖顾欢能了解他的心里所得是"天人之际"的问题。唐朝的刘禹锡批评柳宗元的《天说》中的"自然之说"，他说："文信美矣，盖有激而云，非所以尽天人之际。"宋朝的哲学家邵雍说得更明白："学不际天人，不足以谓之学。"可见，中国的思想家大都把"天人关系"作为他们探讨的主要问题。这个"天人关系"问题大体可以说有两个不同的解释路向："天人合一"与"天人二分"。从中国文化的传统看，中国古人大多讲"天人合一"；而西方文化的传统则多讲"天人二分"。罗素在《西方哲学史》中说："笛卡尔的哲学……它完成了或者说极近乎完成了由柏拉图开端而主要因宗教上的理由经基督教哲学发展起来的精神、物质二元论。……笛卡尔体系提出来精神界和物质界两个平行而彼此独立的世界，研究其中之一能够不牵涉另一个。"西方哲学从苏格拉底开始就把思想与感观界看成二元，把现实世界与彼岸世界二分，柏拉图以及亚里士多德都是沿着这一路向，继承着这种二元学说。知识论是西方近代哲学研究的主要内容，知识论体系以主客二分为基点；虽说主体与客体之间不无关系，但是它们之间的关系只是一种外在的关系。而中国哲学的主流恰恰与此相反，大都认为研究"天命"（天道）不能不知"人生"；同样研究"人生"也不能不知"天命"。孔子儒家的学说实为"天道与性命"之学，孟子继孔子之后，他正面论述了"天人关系"，他说："尽其心，而知其性，则知天矣。"此论"尽心""知性"与"知天"为一统一的内在关系。程子说得更为明白，他说："安有知人道而不知天道者乎？道，一也。岂人道自是人道，天道自是天道？"（《二程遗书》卷十八）故钱穆先生说："西洋人常把'天命'与'人生'划分为二，他们认为人生之外别有天命，显然是把'天命'与'人生'分作两个层次，两个场面讲。如此乃是天命，如此乃是人生。'天命'与'人生'分别各有所归。此一观念影响所及，则天命不知其所命，人生亦不知其所生，两截分开，便各失却其本意。"西方哲学的主流讲"人"（心、主体）和"自然"（物、客体）的关系确实是认为"人生之外别有天命"，是把"人生"与"天命"分为两截。英国哲学家布拉德莱（F. H. Bradley）有一本书叫《现象与实在》（*Appearance and Reality*），讨论了"内在关系"与"外在关系"。他认为在事物（或性质）之间存在着内在关系，但从中国哲学的观点看，这种"内在关系"仍是一种"外在关系"。钱穆先生说："中国人喜欢把'天'和'人'配合起来讲，我曾说'天人合一'论是中国文化对人类最大之贡献。"此处钱先生说的把"天"和"人"配合起来讲，并不是说从存在的形式上"天"和"人"就等同了，而是说不应把"天"和"人"分为两截，不能"研究其中之一能够不牵涉另一个"。为什么必须把"天"和"人"配合起来讲？我认为，这正是因为中国古人认为"天"与"人"的关系是一种内在关系。孔子说："人能弘道，非道弘人。""天道"是可以由人来发扬光大的。孟子认为"存心""养性"就是"事天"，所以他说："诚者，天之道也；思诚者，人之道也。"

王夫之说："抑考君子之道，自汉以后，皆涉猎故迹，而不知圣学为人道之本，然濂溪周子首为《太极图说》，以究天人合一之原，所以明夫人之生也，皆天命流行之实，而以其神化之粹精为性，乃以为日用事物当然之理，无非阴阳变化自然之秩叙，而不可违。"（《张子正蒙注》卷九）按王夫之所说，孔孟的圣人之学讲的是"人道"的根本道理，但是自汉朝以来并没有对"人道"与"天道"的关系有深入的探讨，周敦颐的《太极图说》开始深入地讨论了"天人合一"的根源，使"人生"与"天命"配合起来讲，圣学的"人生"本来就是"天命流行之实"，和"阴阳变化自然之秩叙"完全相合，"人性"即"天理"，粹精的人性必体现在日用伦常之理中。钱穆先生在《朱子新学案·朱子论仁》中说："自孔孟以下，儒家言仁，皆指人生界，言人心，人事，朱子乃以言宇宙界。"《朱子文集》卷六十七中说："仁者，在天地则盎然生物之心，在人则温然爱人利物之心，包四德而贯四端者也。""天道"生生不息以"仁"为心，"天行健，君子以自强不息"，"人生之性"得"天道"之粹精而"仁"，故"人生"之目的就在实现"天道"的"盎然生物之心"，而有"温然爱人利物之心"。"人心""天心"实为一心。故"人生"的意义就在于体证"天命";"人生"的价值就在于成就"天命",在"人生"之外别无"天命"。正如钱先生所说:"就人生论之,人生最大目标,最高宗旨,即在发明天命","人生离去了天命,便无意义价值可言"。

王阳明《传习录下》中有这样一段记载:"先生游南镇,一友指岩中花树问曰:'天下无心外之物,如此花树,在深山中自开自落,于我心亦何相关?'先生曰:'你未看此花时,此花与汝心同归于寂;你来看此花时,则此花颜色一时明白起来,便知此花不在你的心外。'"现在常常有人据此批评王阳明的"心外无物"的思想,说他否认"花树"的"客观存在"。其实王阳明这里完全不是讨论"花树"与"人心"之间的存在形式的关系问题,而是讨论"花树"的存在对"人心"的意义的问题。如果"天"是自在的"天",那么它就与"人"无内在关系,只是一种外在存在的形式,它对"人"就全无意义了。然而中国古人的"天命"不是外在于"人生"的,只有在"人生"的观照下"天命"才有意义,它的意义才显现出来。照西方人看,"花树"对人是一外在的存在,即使"花树"在人的认识中与人发生关系,它也是一种外在的关系,是外"人生"来讨论"自然"问题,这样"自然"外在于"人生","人生"也外在于"自然",因此天人是二分的,人对自我的认识和人对外在的"天"的认识是两件事,这样"人生"和"天命"并不能真正相通。我认为,王阳明所说的"心外无物"是就"花树"对人的意义说的。王阳明正是由于不把"花树"作为"人心"的外在事物,这样"心"与

"物"的关系就是一种内在关系，"天命"与"人生"就打通了。程子谓："在天为命，在人为性，主于身为心，其实一也。"王阳明说："盖天地万物，与人原是一体，其发窍之最精处，是人心一点灵明，风雨露雷日月星辰，禽兽草木山川土石，与人原只一体。故五谷禽兽之类皆可以养人，药石之类皆可以疗疾，只为同此一气，故能相通耳。"所以钱穆先生说："中国人认为'天命'就表现在'人生'上，离开'人生'也就无从讲'天命'"，"离开了人，又从何处来证明有天。"

《朱子语类》卷十七中说："天即人，人即天。人之始生，得于天也；既生此人，则天又在人矣"。"天命"离不开"人生"，"人生"也离不开"天命"。盖因人之始生，得之于"天"；既生此人，则"天命"全由"人生"来彰显。如无"人生"，"天命"则无生意、无理性、无道德，那么又如何体现其活泼泼的气象，如何"为天地立心"。"为天地立心"即是"为生民立命"，不得分割为二。故钱先生说："中国古代人，可称为抱有一种'天即是人，人即是天，一切人生尽是天命的天人合一观。这一观念，亦可说即是古代中国人的一种宗教信仰，这同时也即是古代中国人主要的人文观，亦即其天文观。如果我们今天亦要效法西方人，强要把'天命'与'人生'分别来看，那就无从理解中国古代人的思想了。"也就是说，如果强把"人生"与"天命"分为两截，那就无法了解中国文化的真精神。

我们这里讨论中国文化与西方文化对"天人关系"的不同看法，并无意否定西方文化的价值。西方文化自有西方文化的价值，并且在近两三个世纪中曾经对世界文化产生了巨大的影响，使人类社会有了长足的进步。但是人类社会发展到 20 世纪末，西方文化给人类社会带来的弊病可以说越来越明显了，而其弊端不能说与"天人二分"没有关系。这一点东西方的许多学者都有所认识。例如，1992 年 1575 名科学家发表的一份《世界科学家对人类的警告》开头就说："人类和自然正走上一条相互抵触的道路。"因此，如何补救西方文化之弊，并为 21 世纪人类社会的发展提供一有积极贡献之观念，是当前需要认真考虑的问题。我认为"天人合一"的观念无疑将会对人类未来的生存发展有着头等重要的意义。当今人类社会所面临的主要问题是"和平与发展"，即"和平共处"和"共同发展"。要争取国家与国家、民族与民族、地域之间的和平共处，归根结底就是要调整好人与人之间的关系，即要在人与人之间（扩而大之，就是在国与国、民族与民族、地域与地域之间）建立起和谐的关系；要求人类社会的共同发展不仅要在人与人之间建立一种和谐的关系，而且要在人与自然之间建立和谐的关系。而"天人合一"正是为在人与人之间、人与自然之间建立和谐关系的最有意义和价值的观念，它必将对人类社会的健康合理发展有着其他理论无可代替的价值。"天人合一"作为一种观念，它所强调的不是"天"和"人"的对立，不是离开"人生"讲"天命"，而是强调"天"和"人"的和谐，即由"人生"来发明"天命"，这正是我国古代经典《周易》中的"太和"观念的基本内涵。《周易·乾·象辞》中说："乾道变化，各正性命，保合太和，乃利贞。"天道的大化流行，万物性命各得其正，保持完满的和谐，人类社会的发展就会顺通圆满。因此，我们可以说，钱穆先生的《中国文化对人类未来可有之贡献》一文是留给我们的宝贵遗产。

附记：1997年，我应香港中文大学新亚书院邀请，作为"第十五届钱宾四先生学术文化讲座"的主讲教授，本文是该讲座的讲演稿。

十五、关于编纂《儒藏》的
意义和几点意见

（一）

最近教育部公布了《教育部哲学社会科学研究重大课题攻关项目 2003 年度课题和第四批重点研究基地 2003 年度招标课题》，其中有一项《〈儒藏〉编纂与研究》，我认为这是一项非常有意义的重大工程。我们知道，在中国历史上，曾多次把佛教经典及其注疏等文献编辑为《佛藏》，同样，也多次把道教的经典、文献编成为《道藏》。20 世纪 80 年代以来，我国又编辑了《中华大藏经》，使佛教藏经的集成进入了一个新的阶段。同时，中国道教协会也正在编辑标点本的《道藏》，已为现代读者和使用者提供一个更为方便的文本系统。值得注意的是，我国传统的思想文化，历来号称儒、释、道三分天下，可是千百年来，我国有《佛藏》《道藏》，虽明清两代有编纂《儒藏》的建议，但始终没有把儒家思想文化的典籍、文献集大成地编辑为一个体系的《儒藏》。这不仅与儒家在中国历史文化中的主流地位极不相称，更不能满足传统文化的整理与研究的日益广泛深入的需要。

事实上，虽然在历史上儒、释、道三家并称，但三家在中华文化中的地位是不相同的。儒家思想文化是中华文化的主体，从经典体系来看，儒家所传承的"六经"，都是在孔子以前已经形成的，这些经典是夏、商、周三代文明的精华；而孔子开创的儒家与先秦其他各家的最大不同，就是儒家始终以自觉传承"六经"为己任，"六经"所代表的中国古代文化正是通过和依赖于儒家的世代努力而传承至今。历代儒家学者对《尚书》《诗经》《易经》《春秋》等的不断整理、解释和对其中思想文化的推衍与发展，构成了儒家典籍体系的主要内容。由此可见，就经典的根源来说，与根源于印度的佛藏和后起的道藏不同，儒家的典籍体系不是某一宗教的经典，而是中华文明的经典。

由于儒家具有如此深厚的文化根源，由于儒家积极入世的实践精神，由于儒家所具有的深厚历史感、文化感、道德感，由于儒家在传承历史文化的自觉努力，不仅使得历代主政者无不重视儒家的政治——文化功能，也使得儒家的价值观逐渐成为中国人的价值观的主体，使得儒家成为中国文化的主流。儒家崇德贵民的政治文化、孝悌和亲的伦理文化、文质彬彬的礼乐文化、远神近人的人本取向，渗透到中国社会文化的各个方面。儒家哲学强调阴阳互补和谐与永久变易以及天人合一的宇宙观，成为中国古典哲学的重要基础。儒家的价值理念，不仅通过个体表现为强烈的道德主义、积极的社会关怀、稳健的中庸精神、严肃的自我修养，也表现为人道主义、理性态度、重视传统的整体性格。这一切都深刻地影响了中华民族的文学、艺术、伦理、哲学、宗教、科技、医药以及政治经济等各个方面的发展，历史性地成为中国文化的主流。

中国古代文化是"轴心时代"几大文明之一，而儒家是轴心期中国思想的重要成分。历史学家早已指出，轴心时代的思想传统经过两千多年的发展，已经成为人类文化的共同财富，人类一直靠轴心时代所产生的思考和创造的一切而生存，而人类历史上每一次新的飞跃无不通过对轴心期的回顾而实现，并被它重新点燃。在踏入新千年之际，世界思想界已出现对于"新的轴心时代"的呼唤，这要求我们要更加重视古代思想智慧的温习与发掘，以回应世界发展的新局面。因此，《儒藏》的编纂不仅是为了弘扬和发展中华文化的真精神，也是为了面向世界，对当今人类文化发展作出新贡献。

历史上虽无《儒藏》，但历代王朝都有过汇编儒家经典的举措。如唐朝的《五经正义》，宋代的《十三经》，明朝的《四书大全》和清朝的《十三经注疏》及各种经解，尤其是清朝编辑的《四库全书》，收入了不少儒家文献。20 世纪 80 年代以来，有关方面又编辑了《四库全书存目丛书》和《续四库全书》。这些都为我们今天编辑《儒藏》奠定了基础。如果我们编出《儒藏》，在儒家文化研究方面就可以代替上述所有各书，使得研究和使用更为方便；《儒藏》还将搜集未收入上述各书的儒家著述文献，将使我们有一部最完备、最完整的儒家思想文化著述的总汇。这不仅使我们可以更系统、更全面地了解儒家文化对于中华民族生存发展的重要意义，也是使中华文化走向世界、使全世界人文社会科学研究得以利用中国文化资料检证人文社会科学理论的一项非常重要的基础建设。

《儒藏》所收文献的下限可定在清朝的结束，为《儒藏》正编。其中的内容，按传统的分类，应当包括"经部"的大部或全部，"史部"的部分，"子部"的儒家类等，以及"集部"中别集的部分和总集的部分。在正编的基础上，如果条件许可，还可以与国外合作编辑《儒藏》的续编，续编可包括韩国、日本以及东亚其他国家地区历史上（前近代）以汉文写作的儒家文献。

（二）

《儒藏》的编纂是一项前所未有的巨大工程，必须集思广益，要由众多的专家学者一起讨论，才能制定出一比较完善的规划。因此，这项工程决不是任何一个单位可以完成的，它要由有关各高等学校、科研机构、出版社通力合作才有可能完成。为了便于讨论，我们有以下初步意见，希望它能作为讨论的基础。在经过众多专家、学者讨论后，它或者可以成为大家都赞同的《儒藏》编纂的方案。甚至我们可以设想，在编纂《儒藏》的过程中，还会对方案作部分的修改。这里，把我们考虑到的一些意见，提出供大家讨论：

（1）我们编纂的这部《儒藏》可定名为《中华儒藏》。《中华儒藏》（以下简称《儒藏》）又分为两种：精华本和大全本。《中华儒藏》精华本是在儒家典籍的每部类中挑选十种左右重要的有代表性的著作编辑成册，以竖排繁体标点本（附校勘记）的形式出版。现在儒家典籍多以影印形式出版，如《四库全书》、《四库全书存目丛书》、《续四库全书》（现又准备影印文津阁《四库全书》）、《四库全书禁毁丛书》等儒家典籍均为影印，目前国家图书馆还在影印古籍善本和孤本，其中包括大量影印的儒家经典，如再影印一部影印本《儒藏》，大多是重复已有之影印本，似无必要，且影印本不便于一般读者甚至研究者利用。《儒藏》精华本因有标点，又有"校勘记"，便于更多的一般读者利用，使之更好地服务于儒家经典的阅读和研究。《儒藏》大全本是对全部儒家典籍用扫描的办法，按我们规定的字体要求，经过识别、校定和断句，附以"校勘记"的形式排版印刷出版。自20世纪80年代起，我国曾以《赵城藏》为底本，补以其他各种善本佛典编成《中华大藏经》，这对保存和研究佛教文化有着重大意义，因为之前世界上只有一部《赵城藏》。但就目前看，阅读佛典和研究佛教的学者、学生以及佛教的信仰者、有兴趣于佛教者，大都仍然利用佛典标点排印本或断句本，特别是研究佛教的专家、学者在进行佛教的研究时还是要利用日本出版的《大正藏》。因为《大正藏》是有断句（尽管有错误）排印本，有校勘记，便于利用。学者们往往是在利用《大正藏》发生字句上的问题时，才参考影印本的佛典或其原本。如果我们编纂出有标点的《儒藏》精华本和有断句的《儒藏》大全本，以后海内外阅读研究儒家典籍、儒家思想的人将都要使用这两套书。我们将先编《儒藏》精华本，再编《儒藏》大全本。为工程的顺利开展，我们打算先编出《儒藏》精华本中的《论语精华》作为样本，以供编纂其他部类典籍的参照之用，这样可以使这套《儒藏精华》在体例上大体一致。在编纂《论语精华》的同时，将编出《儒藏精华本目录》

（初稿）和《儒藏大全本目录》（初稿），作为征求意见稿。为编纂《儒藏》顺利进行，现已编出《〈儒藏〉编纂体例》，以备征求意见之用。

（2）《儒藏》的编纂不仅仅是一项技术性的工作，而是要在做大量研究的基础上，才可以编出的一部传世大文库。首先我们会遇到编纂体例问题，现我们已有一初步的《〈儒藏〉编纂体例》，在进一步修订之后提出，供专家学者讨论之用。其次是"编目"问题，这涉及哪些书该收入，哪些书可作为"存目"，选哪一种书作底本，如何作"校勘记"，等等。《儒藏》大全本，要着眼于"全"，不可漏掉重要的儒家典籍。《儒藏》精华本，要着眼于"精"，一定要把最重要的儒家典籍选入。因此，"编目"就是一项研究工作。编出一部好的《儒藏大全总目》和一部好的《儒藏精华总目》都可以说是重要的研究成果。每一部典籍的标点或断句是否正确无误，选本是否恰当，"校勘记"是否简明准确，都是要在研究的基础上才能做好。由于《儒藏》的编纂是一项十年至十五年，甚至是二十年的长时期才能完成的大工程，因此在编纂《儒藏》的同时，应开展对儒家经典和儒家思想作全方位的研究。我们知道，编纂《儒藏》不是为了装点门面，而是为了在这即将到来的中华民族伟大复兴的前夜，继承和发扬中华民族的"自强不息、厚德载物"的精神，继往开来，创建中国的新文化，并让中华文化走向世界；是为了给广大读者提供能了解和利用的儒典大文库。为此，我们可以利用编纂《儒藏》的有利条件，组织力量编写出有较高质量的《儒学史》和《儒家人物研究》（如《孔子思想研究》《朱熹思想研究》等等）、《儒家典籍研究》（如《论语研究》《春秋繁露研究》等等）、《儒家理论问题研究》（如《儒家天人合一思想研究》《儒家人性论研究》）等丛书，每类丛书可暂定为 50 本，使之可以较全面地覆盖"儒家及其思想"的方方面面。此外，还可以考虑组织力量撰写对当前人类社会所面临的重大课题的研究，如《儒家思想对当今"和平与发展"问题可有之贡献》《儒家思想与全球伦理问题》《儒家思想与生态问题》等等。我们希望这些书的编写不是发思古之幽情，而是能考虑中华文化发展的前途，考虑人类社会的合理走向。这些项目可用招标方式，以便保证质量。

（3）《儒藏》是一巨大的工程，需要全国（包括港台）专家学者通力合作。任何一个单位要单独完成这一巨大工程都是不可能的。况且就目前情况看，真正能胜任此项工作的专家学者并不太多，而且这些专家学者手头往往已有若干项目，有的年事已高只能起指导作用，很难具体参与（如担任某书的校点工作），因此必须把全国高等院校、科研机构以及出版社等组织起来，分工负责地完成这一重大的项目。我们建议，可由某一个单位承包某一方面的《儒藏》编纂任务（如承包《儒藏》中的"易类"或"四书类"等等）。承担《儒藏》某类任务的单位，可推举出该单位的一位联系人，联系人除与本单位有关人员保持联系外，要经常与编委会保持联系。为保证《儒藏》编纂工作的顺利完成和后续有人，招收相关专业的研究生非常必要。对中国传统文化有较深入研究并能胜任儒家经典的校点工作的专家学者数量并不很多，估计只有几百人，而且其中相当一部分年事已高，不可能长期从事《儒藏》的编纂工作。在这种情况下，急需培养一批能从事中国传统文化的研究和整理的力量。为此，我们建议由有条件的高等学校招收一批硕士和博士研究生，其中硕士研究生可实行硕博连读。他们可以一边参与《儒藏》编纂工作，一边系统学习儒家思想和儒家典籍。博士生可选择一儒学研究题目作为博士论文的选题。同一地区的高等学校还可以实行联合培养。花十年、八年的时间培养出一批青年学者，这不仅能充实编纂《儒藏》的力量，而且能为我们国家培养出一批推动中国传统文化的研究和使中国传统文化走向世界的新生力量。

今天，中华民族正处于伟大的民族复兴的前夜，重新回顾我们这个民族文化的源头及其不断发展的历史，必将对中华文化的伟大复兴发挥重要的作用。为了系统地、全面地、深入地研究儒家思想的方方面面，把儒家经典及其在各时代的注疏，把历代儒家学者的著述，把体现儒家思想文化的各种文献，编辑成一部儒家思想文化大文库《儒藏》，供世人阅读和研究，无疑对当今和后世都是十分必要的，而且具有重大的历史意义。

后　记

　　我对"儒学"的研究可以说是起步较晚的，而且往往也是断断续续地关注着它。我比较认真地考虑"儒学"是在1983年第十七届世界哲学大会之前，那时我已经56岁了。在这次"哲学大会"中特设了"中国哲学讨论组"。那时我正在美国哈佛大学做罗氏基金访问学人，较多地接触到杜维明等现代新儒家学者，因此看了一点牟宗三等人的著作。说实话，牟先生的书有些地方我真没看懂，可是对他的有些论点颇有怀疑，例如他认为"内圣之学"可以开出适应现代民主政治的"外王之道"；"心性之学"经过"良知的坎陷"可以开出科学的认识论来。我想，是不是"儒学"一定要求开出西方的"民主与科学"，这似乎是可疑的。因此，我在那次会上作了一个题为"儒学第三期发展可能性的探讨"的发言。这个发言后经扩充、修订，以《中国传统哲学中的真善美问题》和《再论中国传统哲学的真善美问题》的题名分别发表在1984年《中国社会科学》第4期和1990年第3期上。虽然我自1983年开始关注"儒学"研究的动向，但在20世纪80年代我仍把力量用在"中国道教史"的研究上，并出版了

《魏晋南北朝时期的道教》(后又经补充修订，以《早期道教史》
之名出版)。90 年代，由于亨廷顿《文明的冲突？》的发表，我
又把注意力放到"文化"问题上，为此也格外注意"中国现代哲
学"的发展问题。在我年轻刚入北大哲学系时曾想做一位有创
造性成体系的哲学家，但到 1949 年后，这个想法被现实打破了，
我们这些研究哲学的人只能成为"哲学工作者"，而只有马、恩、
列、斯和毛泽东同志才是"伟大的哲学家"。我们这些研究哲学
的人只能解释这些"伟大哲学家"的哲学思想，或用他们的哲学
思想研究历史和现实问题。而我真正能较多地"独力思考"一些
"哲学问题"是在 20 世纪 80 年代初，而把精力转入"儒学"已
是 21 世纪初了，这时我已经 70 多岁了。我想，我大概不可能完
成对"儒学"作一全面系统的研究而自成体系，但我是不是可以
研究一些"儒学"的哲学问题，于是我把长期考虑的"儒学"哲
学问题作了一些整理和增删，编成这本《儒学十五论》。同时期，
为使对"儒学"的研究和使用方便，我又组织和主持了《儒藏》
的编纂工作。因此，这本《儒学十五论》，前"十论"是讨论一
些"儒学"的重要问题，后"五论"除《关于编纂〈儒藏〉的意
义和几点意见》是说明编纂《儒藏》的缘起和"设想"，其他四
篇大体上说是对"十论"的补充。当然，我并不认为"十论"就
已包含"儒学"的全部问题，但这"十论"无疑总可以算是"儒
学"的重要哲学问题吧！

附录一
《中国儒学史》总序

汤一介

一、儒学与中华民族的复兴

（一）儒学的"反本开新"

我们为什么要编著一部《中国儒学史》，这是由于中华民族正处在伟大民族复兴的进程之中。民族的复兴必然与民族文化的复兴相关联，而儒学在我国的历史上曾居于主流地位，影响着我国社会生活的方方面面。因此，儒学的复兴和中华民族的复兴是分不开的，这是由历史原因形成的。儒学自孔子起就自觉地继承着夏、商、周三代的文化，从历史上看它曾是中华民族发育、成长的根，我们没有可能把这个根子斩断。如果我们人为地把中华民族曾经赖以生存和发展的根子斩断，那么中华民族的复兴就没有希望了。因此，我们只能适时地在传承这个文化命脉的基础上，使之更新。就目前我国发展的实际情况看，我估计在21世纪儒学作为一种精神文化在中国，甚至在世界（特别是在东亚地区）将会有新的发展。为什么儒学会有一个新的发展？原因当然是多方面的，有政治的、经济的原因，更与"西学"（主要指作为精神文化的西方哲学等等）对中国传统文化（特别是儒学）所进行的全方位的冲击有着更密切的关系。回顾百多年来中国的历史，在相当长的时期里，中国文化（"中学"）在与西方文化（"西学"）的搏击中节节败退，"全盘西化"（或"全盘苏化"）占尽上风，甚至"打倒孔家店"成为某些中国知识分子标榜"进步"的口号。可是在这样艰难的"中学"日衰的形势下，中国仍然有一代又一代的学人，一方面坚忍地传承着中国文化的优秀传统，另一方面又以广阔的胸怀融合着"西学"的精华。他们深信"中学"，特别是"儒学"不会断绝，自觉地承担着中国传统文化"存亡继绝"和复兴中国文化的使命。因此，正是由于"西学"对中国文化的冲击，使得我国学者得到了对自身文化传统进行自我反省的机会。我们逐渐知道，在我们的文化传统中应该发扬什么、应该抛弃什么，以及应该吸收什么。因而在长达一百多年中，我们中国人在努力学习、吸收和消化"西学"，这为儒学从传统走向现代奠定了基础。新的现代儒学必须是能为中华民族的复兴、能为当今人类社会"和平与发展"的前景提供有意义的精神力量的儒学；应该是有益于促进各民族结成团结、友好、互信、互助、和睦相处的大家庭的儒学；新的现代儒学该是"反本开新"的儒学。"反本"才能"开新"，"反本"更重要的是为了"开新"。"反本"必须要对儒学的源头有深刻的了悟，坚持自身文化的主体性。我们对儒学的来源及其发展了解得越深入，它才会越有对新世纪的强大生命力。"开新"要求我们全面、系统地了解当今人类社会所面临的亟待解决的生存和发展的重大问题和思想文化发展的总趋势，这必须对儒学作出适时的、合乎时代的新解释。"反本"和"开新"是不能分割的，只有深入发掘儒家思想的真精神，我们才可能适时地开拓儒学发展的新局面；只有敢于面对当前人类社会存在的新问题，才能使儒学的真精神得以发扬和更新，使儒家在21世纪的"反本开新"中"重新燃起火焰"，以贡献于人类社会。

（二）儒学与"新轴心时代"

当今世界处于全球化的形势下，人类社会面临着的是一个大变动的时代，正因为在这人类社会处于全球化的时代，使得各国、各民族在政治、经济、文化诸多方面处在错综复杂、矛盾重重的关系之中。人类社会如何从这种复杂的矛盾关系之中找出一条出路？在进入第三个千年之际，世界各地的思想界出现了对"新轴心时代"的呼唤，这就要求我们更加重视对古代思想智慧的温习与发掘。回顾我们文化发展的源头，希望从人类的历史文化智慧中找出一条能使世界走上健康合理的"和平与发展"道路，这无疑是各国人民所希望的前景。"轴心时代"的概念是由德国哲学家雅斯贝斯（1883—1969）提出的。他认为，在公元前500年前后，在古希腊、以色列、印度、中国、古波斯都出现了伟大的思想家。在古希腊有苏格拉底、柏拉图，以色列有犹太教的先知，印度有释迦牟尼，中国有老子、孔子，古波斯有琐罗亚斯德，等等，形成了不同的文化传统。这些文化起初并没有互相影响，都是独立发展起来的。这些文化传统经过两千多年的发展，在相互影响中已成为人类文明的共同精神财富。雅斯贝斯说："人类一直靠轴心时代所产生、思考和创造的一切而生存，每一次新的飞跃都回顾这一时期，并被它重新燃起火焰。自那以后，情况就是这样。轴心期潜力的苏醒和对轴心期潜力的回忆，或曰复兴，总是提供了精神力量。对这一开端的复归，是中国、印度和西方不断发生的事情。"[1]例如，我们知道，欧洲的文艺复兴就是把其目光投向其文化的源头古希腊，而使欧洲文明重新燃起新的光辉，并对世界产生重大影响。中国的宋明理学（新儒学）在印度佛教文化的冲击后，充分吸收和消化了佛教文化，再次回归先秦孔孟，把中国儒学提高到一个新的水平，并对朝鲜半岛、日本、越南的文化发生过重大影响。

在人类社会进入新千年之际，人类文化是否会有新的飞跃？雅斯贝斯为什么特别提到中国、印度和西方对轴心期的回忆，"或曰复兴"的问题？这是不是意味着，中华文化又有一次"复兴"的机会？我认为，答案应是肯定的。当前，中华民族正处在民族复兴的进程之中，而民族的复兴要以民族文化的复兴为精神支柱。毋庸讳言，"国学热"的兴起，可以说预示着我们正在从传统中找寻精神力量，以便创造新的中华文化，以"和谐"的观念贡献于人类社会。我们可以看出，自20世纪末，我国学术界出现了对中国传统文化研究重视的趋势；而进入21世纪则逐渐成为一种社会潮流，"读经""读古典诗词"，恢复优良的道德修养传统，蔚然成风，不少中小学设有读《三字经》《弟子规》《论语》《老子》等等的有关课程内容。社会各阶层、团体、社区也办起了读古代经典的讲习班和讲座等等。这一潮流，也影响着我国的高层领导人。胡锦涛同志在十七大的报告中提出"弘扬中华文化，建设中华民族共有精神家园"，将对有力地推动中华文化的发展产生重要影响。我们应特别注意的是，中国一批知识分子在深入研究中国自身文化传统的同时，对当今世界文化发展的总趋势更加关注，并已有较深的研究。他们知道，中国文化必须在传承中更新，这样中国文化才能得以真正的复兴，而"重新燃起火焰"。我们还可以看到，世界各国人民对中国文化的重新认识和欢迎，两百多所孔子学院的建立，儒学经典将要被译成外国的八种文字，这无疑可以说是儒学在"新轴心时代"得以复兴的明证。我认为，中国文化必须在坚持自身文化的主体性中复兴，必须在吸收其他各民族文化，特别是西方先进文化的优秀成果中复兴，必须在深入发掘中国文化的特殊价值以贡献于人类社会中复兴，当然也必须在努力寻求我们民族文化中具有"普世价值"意义的资源中复兴。因此，我们期待着和各国的学者一起，为建设全球化形势下文化的"新轴心时代"而努力。在欧洲，经过解构性的后现代主义对"现代性"思潮的批判之后，出现了以过程哲学为基础的"建构性的后现代主义"，他们认为："建设性的后现代主义对解构性的后现代主义的立场持批判态度，……以建构一个所有生命共同福祉都得到重视和关心的后现代世界。"[2]建构性的后现代主义还认为，在崭新的时代，每个人的权利都获得尊重，如果说第一次启蒙的口号是"解放自我"，那么新世纪的第二次启蒙的口号则是"尊重他者，尊重差别"。他们提出"人和自然是一生命共同体"的宇宙有机整体观，以此反对"现代二元论的科学主义和工具理性"。里夫金在他的《欧洲梦》中强调，在崭新的时代，每个人的权利都获得尊重，文化的差异受到欢迎，每个人都在地球可以维持的范围内享受着高质量生活（不是奢侈生活），而人类生活在安定与和谐之中。³ 因此，他们认为，必须对自身前现代传统的某些观念加以重视，要重视两千多年前哲人的智慧。印度在 1947 年取得了独立。在争取独立的过程中，许多民族运动的领袖都把印度的传统思想作为一种精神武器。国大党的领袖甘地采取把印度教和民族运动结合在一起的策略，因此国大党在指导思想和人员构成上都有明显的印度教特征。⁴ 20世纪中期印度思想家戈尔瓦卡就提出：印度必须建立强大的印度教国家，他特别强调"印度的文明是印度教的文明"。⁵ 他们认为，只有把印度人民的宗教热忱和宗教精神注入政治中，才是印度觉醒和复兴的必要条件。因此，印度民族的复兴必须依靠其自身印度教的思想文化传统。印度人民党同样崇奉印度教，它是一种以"印度文化为核心的民族主义或者称为'印度教特性'"。他们认为，"可将印度现在同过去的光辉连接起来"，"以印度教意识和认同来重建印度"。⁶ 思想家乌帕迪雅耶提出的"达摩之治"论，就是要把印度教"种姓达摩"观念与现代人道主义思想结合起来，其目的是要用这种学说来捍卫印度教的传统文明和精神，抵御西方文化的侵袭和影响。国大党和人民党交替执政，就说明印度教在印度的复兴。⁷ 这有力地说明印度正是"新轴心时代"兴起的一个重镇。这是不是可以说，在全球化的情况下，中国、印度和欧洲都处在一个新的变革时期，他们都将再一次得到"复兴"的机会？我认为，雅斯贝斯的看法是有远见的。这里，我必须说明，我并没有要否定其他民族文化也同样将会得到"复兴"的机会，如拉美文化、中东北非地区的伊斯兰文化等等。但是，无论如何，中国、印度、欧洲（欧盟）的复兴很可能预示着"新轴心时代"的到来。

（三）儒学的三个视角

在这可能即将出现的"新轴心时代"，面对着的与两千多年前的那个"轴心时代"的形势是完全不同了。全球化已把世界连成一片，任何国家、任何民族所要解决的不仅是其自身社会的问题，而且要面向全世界。因此，世界各国、各民族理应将会出现为人类社会走出困境的大思想家或跨国大思想家集团。实际上，各国各民族的有些思想家已在思考和反省人类社会如何走出当前的困局、迎接一个新时代的种种问题。在此情况下，各国、各民族的历史文化经验和智慧，无疑是十分重要的。因此，对影响中国社会两千多年历史的主流文化——儒学应有一总体的认识和态度是很必要的。

由于儒学是历史的产物，又有两千多年的历史，对它有种种不同的看法应说是很自然的。在今天全球化、现代化的时代，我们应该或可能怎样看儒学，我认为也许可以从三个不同的角度来考察儒学：一是政统的儒学，二是道统的儒学，三是学统的儒学。

1. 政统的儒学：政治化的儒学曾长期与中国历代专制政治结合，所提倡的"三纲六纪"无疑对专制统治起过重要作用。儒家特别重视道德教化，因而对中国社会在一定程度上起着稳定的作用。但是，把道德教化的作用夸大，使中国重"人治"而轻"法治"，而且很容易使政治道德化，从而美化政治统治；又使道德政治化，使道德成为为政治服务的工具。当然，在专制政治统治的压迫下，儒家的"以德抗位""治国平天下"的"王道"理想也并非完全丧失。不过总的来说，政治的儒学层面对当今的社会而言可继承的东西并不太多，它存在着较多的问题。

2. 道统的儒学：任何一个成系统有历史传承的学术派别，必有其传统，西方是如此，中国也是如此。从中国历史上看，儒、道、释三家都有其传统。儒家以传承夏、商、周三代文化为己任，并且对其他学术有着较多的包容性，他们主张"万物并育而不相害，道并行而不相悖"。但既成学派难免就会有排他性。因此，对"道统"的过分强调就可能形成对其他学术文化的排斥，而形成对异端思想的压制。在历史上某些异端思想的出现，恰恰是对主流思想的冲击，甚至颠覆，这将为新的思想发展开辟道路。

3. "学统的儒学"是指其学术思想的传统，包括它的世界观，思维方法和对真、善、美境界的追求等等。虽不能说儒学可以解决人类社会存在的一切问题，但儒学在诸多方面可为人类社会提供有意义的、较为丰厚的资源是无可否认的，应为我们特别重视。我这样区分，并不是说这三者在历史上没有关系，甚至可以说在历史上往往是密不可分的，只是为了讨论方便，为了说明我们应该更重视哪一个方面。基于此，我认为，当前甚至以后，儒学的研究不必政治意识形态化，让学术归学术；而且儒学应更具有"海纳百川"的气度，在与各种文化的广泛对话中发展和更新自己。

既然我们对儒学要特别重视的是其"学统"，那么我们应该如何从"学统"的角度来看儒学？我有以下四点看法：

1. 要有文化上的主体意识。任何一个民族的生存与发展必须植根于自身文化土壤之中，必须有文化上的自觉，只有对自身文化有充分的理解与认识，保护和发扬，它才能适应自身社会合理、健康发展的要求，它才有吸收和消化其他民族文化的能力。一个没有能力坚持自身文化的自主性的民族，也就没有能力吸收和融化其他民族的文化以丰富和发展其自身文化，它将或被消灭，或被同化。

2. 任何文化要在历史长河中不断发展，必须不断地吸收其他民族文化，在相互交流与对话中才能得到适时的发展和更新。罗素说得对："不同文明的接触，以往常常成为人类进步的里程碑。"[8] 在历史上，中华文化有着吸收和融化外来印度佛教文化的宝贵经验，应该受到重视。在今天全球化的时代，面对西方的强势文化，我们应更加善于吸收和融合西方文化和其他各民族的优秀文化，以使中华文化更具有世界意义。

3. 社会在不断发展，思想文化在不断更新，但古代思想家提出和思考的文化（哲学）问题，他们的思想的智慧之光，并不因此就会过时，有些他们思考的问题和路子以及理念可能是万古常新的。雅斯贝斯认为：在科学方法的运用上，可以说我们所处的时代是超过了亚里士多德，但就哲学本身而言，我们很难再达到苏格拉底和柏拉图的水准。哲学历史的某些发展是显而易见的，但我们并不能由此得出结论说，后代的哲学家就一定超过前代。[9]

4. 任何历史上的思想体系，甚至现实存在的思想体系，没有完全正确的，没有放之四海而皆准的绝对真理的学说，它必然有其局限性，其体系往往包含着某些内在矛盾，即使其中具有普遍意义（价值）的精粹部分也往往要给以合理的现代诠释。恩格斯在《反杜林论》草稿片断中说："在黑格尔以后，体系说不可能再有了。十分明显，世界构成一个统一的体系，即有联系的整体。但是对这个系统的认识是以对整个自然界和历史的认识为前提的，而这一点是人们永远也达不到的。因而，谁要想建立体系，谁就得用自己的虚构来填补无数的空白，即是说，进行不合理的幻想，而成为一个观念论者。"[10] 这里所说的"体系"是指那种无所不包的、自以为是放之四海而皆准的"绝对真理"。"绝对真理"往往都是谬误之论。罗素在其《西方哲学史》中说："不能自圆其说的哲学决不会完全正确，但是自圆其说的哲学满可以全盘错误。最富有结果的各派哲学向来包含着显眼的自相矛盾，但是正为了这个缘故才部分正确。"[11] 我认为这两段话对我们研究思想文化都很有意义。因为任何思想文化都是在一定历史条件下产生的，它不可能完全解决人类社会今天和明天的全部问题，就儒学来说也是一样的。正因为儒学是在历史中的一种学说，才有历代各种不同诠释和批评，而今后仍然会不断出现新的诠释，新的发展方向，新的批评，还会有儒家学者对其自身存在的内在矛盾的揭示。在人类社会进入全球化的时代，不断反思儒学存在的问题（内在矛盾），不断给儒学新的诠释，不断发掘儒学的真精神中所具有的普遍性意义和特有的理论价值，遵循我们老祖宗的古训"日日新，又日新"，自觉地适时发展和更新其自身，才是儒学得以复兴的生命线。

（四）儒学与"忧患意识"

儒学在中国传统文化中相对于佛道有一特点，即它的"入世"精神，并基于此"入世"精神而抱有较为强烈的忧患意识。

《周易·系辞下》中说："作《易》者，其有忧患乎？"[12]自孔子以来，从中国历史上看，儒家学者多对社会政治抱有"以天下为己任"的忧患意识。儒家的这种忧患意识也许可以说是儒家不同于现代知识分子的一种对社会政治的中国士大夫特有的批判精神。它是由于儒家始终抱有的对天下国家一种不可推卸的社会责任感和历史使命感而产生的。孔子生活在"天下无道"的春秋时代，《说苑·建本篇》说："公扈子曰：'……《春秋》，国之鉴也。《春秋》之中，弑君三十六，亡国五十二，……'"孔子对此"礼坏乐崩"的局面有着深刻的"忧患意识"，我们查《论语》，有多处讲到"忧"（忧虑，忧患），其中"君子忧道不忧贫"可说是代表着孔子的精神。"道"是什么？就是孔子行"仁道"的理想社会，其他富贵贫贱等等对孔子是无所谓的。《论语·阳货》中有一段表现孔子"忧国忧民"的抱负："公山弗扰以费畔，召，子欲往。子路不悦，曰：'末之也已，何必公山氏之之也？'子曰：'夫召我者，而岂徒哉？如有用我者，吾其为东周乎！'"孔子认为，假若有人用他治世，他将使周文王、武王之道在东方复兴。可见，孔子所考虑的问题是使"天下无道"的社会变成"天下有道"的社会。在《礼记·檀弓下》有一则孔子说"苛政猛于虎"的故事，这深刻地表现着他"忧国忧民"的"忧患意识"。这种"忧患意识"体现着孔子"仁民"的人道精神，同时也表现了他对"苛政"的批判意识。孟子有句常为人们所称道的"名言"："生于忧患而死于安乐"。这种"忧患意识"正是因为他要"以天下为己任"，而批判那些"入则无法家拂士，出则无敌国外患"的诸侯君王。我们读《孟子》也许只有十分深切地感受到中国士大夫所有的"富贵不能淫，贫贱不能移，威武不能屈"的精神，才能真正地立于天地之间而无愧。我认为，这不能不说是中国儒者特有的批判精神。有这种精神，就可以抵制和批判一切邪恶，甚至可以"大义灭亲""弑父弑君"。[13] 周公不是为了国家百姓杀了他的亲兄弟吗？[14] 管仲不是初助公子纠，后又相桓公，孔子还说他"如其仁，如其仁"吗？[15] 当齐宣王问孟子："汤放桀，武王伐纣，有诸？"孟子回答说：那些残害"仁义"的君王之被杀只是杀了个"独夫"吧！[16]

在中国古代的传统社会中，君王对社会政治无疑起着极大的作用，因此臣下能对君王有所规劝是非常重要的。郭店楚简《鲁穆公问子思》一条：

> 鲁穆公问于子思曰："何如而可谓忠臣？"子思曰："恒称其君之恶者，可谓忠臣矣。"公不悦，揖而退之。成孙弋见，公曰："向者吾问忠臣于子思，子思曰：'恒称其君之恶者，可谓忠臣矣。'寡人惑焉，而未之得也。"成孙弋曰："噫，善哉言乎！夫为其君之故杀其身者，尝有之矣。恒称其君之恶，未之有也。夫为其君之故杀其身者，效禄爵者也。恒称其君之恶者，远禄爵者也。为义而远禄爵，非子思，吾恶闻之矣。"

这段故事说明，历史上有些儒者总是抱着一种"居安思危"的情怀，为天下忧。子思认为能经常批评君王的臣子才是"忠臣"，成孙弋为此解释说：只有像子思这样的士君子敢于对君王提出批评意见，这正因为他们是不追求利禄和爵位（金钱与权力）的。中国历史上确有一些儒学者基于"忧国忧民"的"忧患意识"而能持守此种精神。汉初，虽有文景之治，天下稍安，而有贾谊上《陈政事疏》谓："进言者皆曰天下已安已治矣，臣独以为未也。曰安且治者，非愚则谀，皆非事实知治乱之体者也。"贾谊此《疏》义同子思。盖他认为，治国有"礼治"和"法治"两套，"夫礼者禁于将然之前，而法者禁于已然之后，是故法之所用易见，而礼之所为生难知也。"他并认为此"礼治"和"法治"两套对于治国者是不可或缺。此"礼法合治"之议影响中国历朝历代之政治制度甚深。在中国历史上有"谏官"之设，《辞源》"谏官"条说："掌谏诤之官员。汉班固《白虎通·谏诤》：'君至尊，故设辅弼置谏官。'谏官之设，历代不一，如汉唐有谏议大夫，唐又有补阙、拾遗，宋有左右谏议大夫、司谏、正言等。"按：在中国历史上的"皇权"社会中，"谏官"大多虚设，但也有少数士大夫以"忧患意识"之情怀而规劝帝王者，其"直谏"或多或少起了点对社会政治的批判作用。此或应作专门之研究，在此不赘述。

宋范仲淹有《岳阳楼记》一篇，其末段如下：

> 嗟夫！予尝求古仁人之心，或异二者之为，何哉？不以物喜，不以己悲，居庙堂之高则忧其民，处江湖之远则忧其君。是进亦忧，退亦忧。然则何时而乐耶？其必曰"先天下之忧而忧，后天下之乐而乐"乎。噫！微斯人，吾谁与归？

　　这段话可说是表达出大儒学者之心声。盖在"皇权"统治的专制社会中，儒学之志士仁人无时不能不忧，其"忧民"是其"仁政""王道"理想之所求，而此理想在那专制制度下，是无法实现的，故不能不忧。其"忧君"，则表现了儒家思想之局限，仅靠"人治"是靠不住的。在"皇权"的专制制度下，仁人志士之"忧"虽表现其内在超越之境界，但终难突破历史之限度。儒学者可以"杀身成仁""舍生取义"，但不仅不能动摇"皇权"专制，反而可能在某种程度上帮助巩固了皇权统治。这或是历史之必然，不应责怪这些抱有善良理想良知之大儒，他们的主观愿望是可歌可泣的。个人的善良愿望必须建立在变革这专制制度上才可能有一定程度上之实现。

　　儒家的"忧患意识"虽说对"皇权"专制有一定的批判作用，但它毕竟不同于现代社会中知识分子的"批判意识"。这是因为现代知识分子的"批判意识"是建立在"人人平等"的基础之上。现代知识分子的"批判意识"不仅仅是对某个个人批判，而必须是根据理性对某种制度的批判。面对今日中国之现实，必须把儒家原有的具有一定程度批判精神的"忧患意识"，提升至对社会政治制度的批判，而不能与非真理或半真理妥协，因此它应当是得到"自由"和"民主"保障的有独立精神的批判。[17] 可是话又要说回来，无论如何，儒家这种"居安思危"的"忧患意识"中包含的某种程度的批判精神和勇气，仍然是我们要在继承的基础上认真总结，并把它提高到现代知识分子的批判精神上来的。在中华民族伟大复兴的过程之中，儒家基于社会责任感和历史使命感的"忧患意识"在我们给以新的诠释的情况下，将使我民族能够不断地反省，努力地进取，并使儒学得以日日新，又日新，中华民族得以常盛不衰。

（五）儒学与"和谐社会"建设

在 21 世纪初，我国提出建设"和谐社会"的要求，这将对人类发展的前景十分重要，并会对人类社会健康合理生存产生深远影响。我们知道，"和谐"是儒学的核心概念，在我国传统儒学中包含着"和谐社会"的理想以及可以为建设"和谐社会"提供的大量有意义的思想资源。《礼记·礼运》中的"大同"思想可以说已为中华民族勾画出一幅"和谐社会"的理想蓝图。《论语》中的"礼之用，和为贵"，将会对调节人们社会生活之间的关系有着重要的意义；"和而不同"，又可以为不同民族和民族之间的"和平共处"提供某种理据。《中庸》中的"中和"思想，要求在各种关系之间掌握适合的度，以达到万事万物之"和谐"的根本。特别是《周易》中的"太和"[18]观念经过历代儒学思想家的阐发，已具有"普遍和谐"的意义。"普遍和谐"包含着"人与自然""人与人"（人与社会、国家与国家、民族与民族）、"人的自我身心内外"等诸多方面"和谐"的意义，所以王夫之说"太和"是"和之至"，意即"太和"是最完美的"和谐"。所有这些包含在儒家经典中的"和谐"思想，为中国哲学提供了一种对人类社会极有价值的世界观和思维方式。

复兴儒学要有"问题意识"。当前我国社会遇到了什么问题，全世界又遇到了什么问题，都是复兴儒学必须考虑的问题。对"问题"有自觉性的思考，对"问题"有提出解决的思路，由此而形成的理论才是有真价值的理论。当前，我国以及全世界究竟遇到些什么重大问题？近一二百年来，由于对自然界的无量开发，残酷掠夺，造成了生态环境的严重破坏。由于人们片面物质利益的追求和权力欲望的无限膨胀，造成了人与人之间以及国家与国家之间的矛盾与冲突，以至于残酷的战争。由于过分注重金钱和感官享受，致使身心失调，人格分裂，造成自我身心的扭曲，吸毒、自杀、杀人，已成为一种社会病。因此，当前人类社会需要解决，甚至今后还要长期不断解决的"人与自然"、"人与人"（人与社会、国与国、民族与民族）、"人自我身心"之间的种种矛盾问题，无疑是人类要面对的最大课题。其中"人"的问题是关键。

针对上面提出的三个方面的问题，我认为，儒学可以为当今人类社会提供若干有益的思想资源。

1. 儒家"天人合一"（合天人）的观念将会为解决"人与自然"之间的矛盾提供某些有意义的思想资源。1992 年世界 1575 名科学家发表的《世界科学家对人类的警告》说："人类和自然正走上一条相互抵触的道路。"造成这种情况不能说与西方哲学曾长期存在"天人二分"的思维模式没有关系。罗素在《西方哲学史》中说："笛卡尔的哲学，……它完成了，或者说极近乎完成了由柏拉图开端而主要因为宗教上的理由经基督教哲学发展起来的精神、物质二元论……笛卡尔体系提出来精神界和物质界两个平行而彼此独立的世界，研究其中之一能够不牵涉另一个。"[19] 这就是说，在西方哲学中长期把"天"和"人"看成相互独立的，研究"天"可以不牵涉"人"；研究"人"也可以不牵涉"天"，这可以说是一种"天人二分"的思维模式（但进入20世纪，西方哲学有了很大变化，已有西方哲学家打破"天人二分"的定式，如怀特海[20]）。而中国"天人合一"是说在"天"和"人"之间存在着相即不离的内在关系，研究其中一个必然要牵涉另外一个。《周易》是我国一部最古老重要的大书，它是中国哲学的源头。郭店楚简《语丛一》："易，所以会天道、人道也。"《周易》是一部会通天道、人道所以然的道理的书。也就是说它是一部讲"天人合一"的书。对如何了解"天人合一"思想，朱熹有段话很重要，他说："天即人，人即天。人之始生，得于天也；既生此人，则天又在人矣。"[21]"天"离不开"人"，"人"也离不开"天"。人初产生时，虽然得之于天，但是一旦有了人，"天"的道理就要由"人"来彰显，即"人"对"天"就有了责任。"天人合一"作为一种世界观和思维模式，它要求人们不能把"人"看成和"天"对立的，这是由于"人"是"天"的一部分，破坏"天"就是对"人"自身的破坏，"人"就要受到惩罚。因此，"天人合一"学说认为，"知天"（认识自然，以便合理地利用自然）和"畏天"（对"自然"应有所敬畏，要把保护自然作为一种神圣的责任）是统一的。[22]"知天"而不"畏天"，就会把"天"看成一死物，不了解"天"乃是有机的生生不息的刚健大流行，所以《周易·乾·象》中说："天行健，君子以自强不息。"这即是说"天"与"人"为持续发展着的"生命的共同体"。"畏天"而不"知天"，就会把"天"看成外在于"人"的神秘力量，而使人不能真正得到"天"（自然）的恩惠。所以"天人合一"思想要求"人"应担当起合理利用自然，又负责任地保护自然的使命。"天人合一"这种思维模式和理念应该说可以为解决当前"生态危机"提供某些有意义的思想资源。

2."人我合一"（同人我）的观念将会为解决"人与人（社会）"之间的矛盾提供某些有意义的思想资源。"人我合一"是说在"自我"和"他人"之间存在着一种相即不离的内在关系。为什么"自我"和"他人"之间存在着相即不离的内在关系？郭店楚简《性自命出》中说："道始于情。"人世间的道理（人道）是由情感开始的，这正是孔子"仁学"的出发点。孔子的弟子樊迟问"仁"，孔子回答说"爱人"。这种爱人的品质由何而来呢？《中庸》引孔子的话说："仁者，人也，亲亲为大。""仁爱"的品德是人本身所具有的，爱自己的亲人是最根本的。但孔子的儒家认为"仁爱"不能停留在只是爱自己的亲人，而应该由"亲亲"扩大到"仁民"以及"爱物"。孟子说："亲亲而仁民，仁民而爱物。"[23]所以郭店楚简中说："孝之放，爱天下之民。""亲而笃之，爱也；爱父，其继爱人，仁也。"如果把爱自己的亲人扩大到爱他人，那么社会不就可以和谐了？如果一个国家、一个民族把爱自己国家、自己民族的"爱"扩大到对别的国家、别的民族的爱，那么世界不就可以和平了吗？把"亲亲"扩大到"仁民"，就是要行"仁政"。在《论语》中虽然没有出现"仁政"两字，但其中却处处体现着"仁政"思想，如"博施于民而能济众"，"举贤才"，"泛爱众"，"导之以德，齐之以礼"，等等，都是讲的"仁政"。孔子的继承者孟子讲"仁政"，意义也很广泛，我认为最重要的是他说："民之为道也，有恒产者有恒心，无恒产者无恒心。"意思是说，对老百姓的道理，要使老百姓都有一定的固定产业，他们才能有一定的道德观念和行为准则。没有一定的固定产业，怎么能让他有相应的道德观念和行为准则呢！所以孟子说："夫仁政，必自经界始。""仁政"，首先要使老百姓有自己可以耕种的土地。我想，我们今天要建设"和谐社会"，首要之事就是要使我们的老百姓都有自己的固定产业，过上安康幸福的生活。就全人类说，就是要使各国、各民族都能自主地拥有其应有的资源和财富，强国不能掠夺别国的资源和财富以推行强权政治。所以"人"与"人""国家"与"国家"之间的协调和相互爱护的"人我合一"思想对建设"和谐社会""和谐世界"应是有意义的。

3. "身心合一"（一内外）将会为调节自我身心内外的矛盾提供某些有意义的思想资源。"身心合一"是说肉体生命与精神生命之间存在着一种相即不离的和谐关系。儒家认为达到"身心合一"要靠"修身"。郭店楚简《性自命出》中说："闻道反己，修身者也。"意思是说，知道了做人的道理，就应该反求诸己，这就是"修身"。所以《大学》认为，"修身""齐家""治国""平天下"，"自天子以至于庶人，壹是皆以修身为本，其本乱而末治者否矣。"《中庸》里面也说："为政在人，取人以身，修身以道，修道以仁。"社会靠人来治理，让什么人来治理要看他自身的道德修养，修养是以符合不符合"道"为标准，做到使社会和谐就要有"仁爱"之心。这里，把个人的道德修养（修身）与"仁"联系起来，正说明儒家思想的一贯性。郭店楚简《性自命出》中说："修身近至仁。"修身是为达到实现"仁"的境界的必有过程。因此，儒家讲"修身"不是没有目标的，而是为了"齐

家""治国""平天下"，即希望建设"和谐社会"。《礼记·礼运》
中所记载的"天下为公"的"大同"社会就是儒家理想和谐社会
的蓝图。如果一个社会有了良好的制度，再加之以有道德修养的
人来管理这个社会，社会上的人都能"以修身为本"，那么这个
社会也许就可以成为一个"和谐的社会"，世界就可以成为一个
"和谐的世界"吧！

　　冯友兰先生把"人生"分成四种"境界"：自然境界，功利
境界，道德境界，天地境界。所谓有"自然境界"是说人和动物
一样，只是为活着，对于人生的目的没有什么了解（觉解）。所
谓有"功利境界"，是说一切为了"利益"，为他自己的利益（私
利）。所谓"道德境界"是说，他的行为是为了"行义"，也就是
为了"公利"，也可以说他的行为是为了"奉献"。"天地境界"
的人，他的行为也可以说是"奉献"，但他不仅是"奉献"于社
会，而且"奉献"于宇宙。如果人能达到"道德境界"，"天地境
界"，那么他不仅与"他人"（社会）和谐了，与宇宙和谐了，而
且"自我身心内外"也和谐了。孔子有一段话，也许可以作为
"修身"的座右铭，他说："德之不修，学之不讲，闻义不能徙，
不善不能改，是吾忧也。"意思是说，不修养道德，不讲求学问，
听到合乎正义的话不能去身体力行（实践），犯了错误而不能改
正，是孔子最大的忧虑。孔子这段话告诉我们的是做人的道理，
"修德"并不容易，那就必须有崇高的理想，有为人类长远利益
考虑的胸怀；"讲学"同样不容易，它要求人们天天提高自己的
知识和能力，这样才可以负起增进社会福祉的责任；"徙义"是
说人生在世，听到合乎道义的话应努力跟着做，应日日向着善的

方向努力，把"公义"实现于社会生活之中；"改过"，人总是会犯这样那样的错误，问题是要勇于改正，这样才可以成为合格的人。"修德""讲学""徙义""改过"，是做人的道理，是使人自我身心内外和谐的路径。这就要求"修身"，以求得一"安身立命"处。[24]

在儒家看，想要解决上述的种种矛盾，"人"是关键。因为，只有人才可以"为天地立心，为生民立命，为往圣继绝学，为万世开太平"。是不是我们可以说，当今人类社会遇到的问题，儒学可以为其提供某些有意义的思想资源？善于利用儒学的思想资源来解决当今人类社会存在的种种问题，是不是可以说为儒学的复兴提供了机会？当然，我们必须注意到，孔子的儒家思想并不是十全十美的，它并不能全盘解决当今人类社会存在的诸多复杂问题，它只能给我们提供思考的路子和有价值的理念（如世界观、人生观、价值观等等的理念），启发我们用儒学的思维方式和人生智慧，在给这些思想资源以适应现代社会和人类社会发展前途新诠释的基础上，为建设和谐的人类社会作出它可能作出的贡献。

司马迁说的"居今之世，志古之道，所以自镜也，未必尽同"是很有道理的名言。我们生活在今天，要了解自古以来治乱兴衰的道理，把它当作一面镜子，但是古今不一定都相同，需要以我们的智慧在传承前人有价值的思想中不断创新。因此，我们今天的任务是对自古以来的有价值的思想（包括儒家思想）进行现代诠释，创造适应现代社会需要的新学说、新理论。

二、儒学与"普遍价值"问题

如果说儒学能为解决"人与自然""人与人（社会）""人自身的身心内外"的矛盾提供某些有意义的思想资源，那么我们能不能说这些思想资源针对某些特定的问题包含着"普遍价值"的意义呢？我认为，这应是肯定的。"价值论"是当今一种很流行的学说，[25] 它涉及各个学科，如宗教、哲学、文学、艺术、政治、经济，甚至科学技术，等等，而其中"价值哲学"是讨论"价值问题"最重要的学科。"价值哲学"是一种什么样的学科呢？概括起来说，它是讨论某种哲学学说，如孔子的"仁学"；某一哲学命题，如"天人合一""道法自然"；某一哲学概念，如"忠恕"（朱熹说"尽己谓之忠""推己谓之恕"）等等的价值问题。我认为，必须承认世界上各不同民族文化中都有某些"普遍价值"意义的因素。这是在当今全球化境域下，多元文化中寻求文化中的"普遍价值"的意义所要求的。当前，在我国学术界对文化（哲学）中的"价值"问题已不少讨论，而比较集中的是讨论文化（哲学）中是否存有"普遍价值"的问题，有些学者或政治家对文化（哲学）中存有"普遍价值"持否定的态度。我认为，这是大成问题的。这是因为，不承认在各个不同民族的文化中都具有"普遍价值"意义的因素，那么很可能走上文化的"相对主义"，认为没有什么"真理"（哪怕是相对意义的"真理"），只能是"公说公有理""婆说婆有理"，这样在不同文化之间很难形成对话，很难找到共同语言，很难对遇到的共同问题的解决达成"共识"。这种看法对当前世界全球化将是一种极为有害的消极力量，是不利于人类社会健康合理发展的。同时，如果我们不讲文化中具有"普遍价值"，那么其他文化，特别是西方文化却大讲他们文化中的"普遍价值"，这岂不是把我们讲"普遍价值"的权利给了西方文化，这将有助于西方某些学者和政客鼓吹有利于他们的"普遍主义"大行其道，而使他们具有了"话语霸权"。因此，发掘各个不同民族文化中的"普遍价值"，对促进全世界各个民族、各个国家共同发展将是十分有意义的。

（一）藉文化沟通与对话寻求共识

自20世纪90年代以来，在中国逐渐掀起了"国学热"的浪潮，相当多的学者，特别注意论证中国文化的民族特性和它的特殊价值之所在。为什么会发生这种情况，我认为这和世界文化发展的形势有关。因为自20世纪后半叶，西方殖民体系逐渐瓦解，原来的殖民地民族和受压迫民族为了建立或复兴自己的国家，有一个迫切的任务，他们必须从各方面自觉地确认自己的独立身份，而自己民族的特有文化（宗教、哲学、价值观等等）正是确认自己独立身份的最重要的因素。在这种情况下，正在复兴的中华民族强调应更多关注自身文化的主体性和特有价值，是完全合理的。但与此同时，西方一些国家已经成功地实现了现代化，而且许多发展中国家也正在走着西方国家已经完成的工业化和现代化的道路。因此，西方发达国家出现了一种"普遍主义"（universalism）的思潮，认为只有西方文化中的理念对现代社会才具有"普遍价值"（universal value）的意义，而其他各民族的文化并不具有"普遍价值"的意义，或者说甚少"普遍价值"的意义，或者说非西方的民族文化只有作为一种博物馆中展品被欣赏的价值。我们还可以看到，某些取得独立的民族或正在复兴的民族，也受到"普遍主义"的影响，为了强调他们自身文化的价值而认为他们的文化可以代替西方文化而成为主导世界的"普世"文化。例如，在中国就有少数学者认为，21世纪的人类文化将是"东风"压倒"西风"，只有中国文化可以拯救世界，这无疑也是一种受到西方"普遍主义"思潮影响的表现，是十分错误而有害的。因此，当前在中国，在发展中国家，更多地关注各民族文化的特殊价值，各发展中国家更加关注自身文化的"主体性"，以维护当今人类社会文化的多元发展，反对西方的"普遍主义"，反对"欧洲中心论"，是理所当然的。当然也要防止在民族复兴中受西方"普遍主义"影响而形成的民族文化的"至上主义"或"原教旨主义"。

现在的问题是，我们反对"普遍主义"，是不是就要否定各个民族文化中具有的"普遍价值"？所谓"普遍主义"可能有种种不同的解释。本文把"普遍主义"理解为：把某种思想观念（命题）认定为是绝对的、普遍的，是没有例外的，而其他民族的文化思想观念（命题）是没有普遍价值甚至是没有价值的。"普遍价值"是说：在不同民族文化之中可以有某些相同或相近的价值观念，而这些相同或相近的价值观念应具有"普遍价值"的意义，它可以为不同民族普遍地接受，而且这些具有"普遍价值"意义的观念又往往寓于特殊的不同民族文化的"价值观念"之中。正是具有"普遍价值"意义的思想往往是寓于某些不同民族文化的"特殊价值"之中，才需要我们去努力寻求其蕴含的

"普遍价值"的意义。这在哲学上是"共相"与"殊相"的问题。在我看来，在各个不同民族文化中可以肯定地说存在着"普遍价值"的因素。所以我们必须把"普遍价值"与"普遍主义"区分开来。在强调各民族文化的特殊价值的同时，我们应努力寻求人类文化中的"普遍价值"的因素及其意义。当前人类社会虽然正处在经济全球化，科技一体化的形势下，但是由于"二战"后殖民体系的瓦解，"欧洲中心论"的消退，文化呈现着多元化的趋势。因此，要求在不同文化中寻求"普遍价值"，必须通过不同文化间的沟通与对话，以致达成某种"共识"，这大概是我们寻求不同文化间"普遍价值"的必由之路。

（二）寻求不同文化间"普遍价值"的途径

为什么我们要寻求各民族文化的"普遍价值"？这是因为同为人类，必然会遇到需要共同解决的问题，在各种不同文化中都会有对解决人类社会遇到的问题有价值的资源。这些能解决人类社会所遇到的"共同问题"的有价值的思想资源，我认为就具有"普遍价值"的意义。

如何寻求人类文化中的"普遍价值"？也许有多条不同的途径，我在这里提出三条可以考虑的途径供大家批评指正：

1. 在各民族的文化中原来就有共同或者是相近的有益于人类生存和发展的理念，这些共同理念无疑是有"普遍价值"的意义。1993 年在美国芝加哥召开的世界宗教大会，在寻求"全球伦理"问题的讨论中提出寻求伦理观念上的"最低限度的共识"，或者叫作"底线伦理"。为此，在闭幕会上发表了一份《走向全球伦理宣言》，认为"己所不欲，勿施于人"在各民族文化中都有与此相同或相似的理念，它可以被视为"道德金律"。在《走向全球伦理宣言》中特别举出佛经所说："在我为不喜不悦者，在人亦如是，我何能以己之不喜不悦加诸他人？"佛经中这句话可以说十分深刻而精确地表述了具有"普遍价值"意义的"道德金律"。在《走向全球伦理宣言》中还列举了一些宗教和思想家的思想中对"己所不欲，勿施于人"的各种表述，[26] 因此认为它具有"普遍价值"的意义。又如，恩格斯在《反杜林论》中提出"勿盗窃"应具有"普遍价值"的意义。这类思想、理念在人类各种文化中是并不少见的。例如佛教的"五戒"中的"不盗、不邪淫、不妄语"和基督教《摩西十戒》中的"不可奸淫""不可偷盗"等等都有"普遍价值"的意义。

2. 在各不同民族文化的不同理路中寻求"普遍价值"。例如中国儒家的"仁"，西方基督教的"博爱"，印度佛教的"慈悲"，虽然形式不同，出发点不同，甚至理路中也有差异，但却都具有"普遍价值"的意义。

孔子的"仁"，是把"亲亲"作为出发点，作为基础，樊迟问仁，孔子曰"爱人"。为什么要爱人，"爱人"的出发点是什么？《中庸》引孔子的话"仁者，人也，亲亲为大"。[27] "仁爱"是人本身所具有的，爱自己的亲人是最根本的。但儒家认为，"亲亲"必须扩大到"仁民"以及于"爱物"，[28] 才是完满的真正的"仁"（仁爱），所以郭店楚简中说："孝之放，爱天下之民。""亲而笃之，爱也；爱父，其继爱人，仁也。"且儒家也有以"博爱"释"仁"者。[29] 这就是说，孔子的"仁"虽是从爱自己的亲人出发，但它最终是要求爱天下老百姓，以实现其"治国平天下"的目标。因此，我们可不可以说，孔子的"仁"的理念具有某种"普遍价值"的意义。

基督教的"博爱"，当然我们可以从多方面理解它的涵义，但它的基础是"在上帝面前人人平等"，而由"在上帝面前人人平等"，可以引发出来的"在法律面前人人平等"，这对人类社会也应是具有"普遍价值"的意义，因为这样人类社会才能有公平和正义。"在法律面前人人平等"从表现形式上看是近代西方法律制度的一条重要原则，但其背后支撑的伦理精神理念则是"博爱"，把所有的人都看成上帝的儿子。[30]

佛教的"慈悲"，《智度论》卷二十七中说："大慈与一切众生乐，大悲拔一切众生苦"，其出发点是要普度众生脱离苦海，使众生同乐在极乐世界。《佛教大辞典》的"普度众生"条谓："佛谓视众生在世，营营扰扰，如在海中。本慈悲之旨，施宏大法力，悉救济之，使登彼岸也。"[31] 由小乘的"自救"到大乘的"救他"，这种"普度众生"的精神，我认为也是具有某种"普遍价值"的意义。

孔子的"仁"、基督教的"博爱"、佛教的"慈悲"虽然出发点有异，理路也不大相同，而精神或有相近之处。故而是不是可以说有着某种共同的价值理念，这种共同价值的理念核心就是"爱人"。[32]"爱人"对人类社会来说无疑是有着极高的"普遍价值"的意义。

3. 在各不同民族文化中创造出的某些特有的理念，往往也具有"普遍价值"的意义。

要在各民族文化的特有的理念中寻求"普遍价值"的意义，很可能有不同的看法。我想，这没有关系，因为我们仍然可以在"求同存异"中来找寻某些民族文化特有理念中的"普遍价值"的意义。因为我对其他民族文化的知识了解不在行，我只想举一两个中国儒家哲学中的某些理念谈谈我的一点想法。

在不同民族文化中存在着不同的思想观念（如宗教的、哲学的、风俗习惯的、价值观的等等），这是毫无疑义的，而且可能因文化的不同而引起矛盾和冲突，这不仅在历史上存在过，而且在当今世界范围内也存在着。在这种情况下，"和而不同"的观念是不是对消除"文明的冲突"会有"普遍价值"的意义？"不同"而能"和谐"将为我们提供可以通过对话和交谈的平台，在讨论中达到某种"共识"，这是一个由"不同"达到某种程度的相互"认同"，这种相互"认同"不是一方消灭另一方，也不是一方"同化"另一方，而是在两种不同文化中寻求交汇点，并在此基础上推动双方文化的提升，这正是"和"的作用。就此，我们是不是可以说"和而不同"对当今人类社会的"文明共存"具有某种"普遍价值"的意义？

前面我们曾引用过 1992 年世界 1575 名科学家发表的一份《世界科学家对人类的警告》在开头的一句话："人类和自然正走上一条相互抵触的道路。"为什么会发生这种情况，就是因为人们对自然无序无量的开发，残暴的掠夺，无情的破坏，把"自然"看成与"人"对立的两极。针对这种情况也许中国的"天人合一"的理论会对解决这种情况提供某些有意义的思想资源。王夫之《正蒙注·乾称上》中有一段话讲到"天人合一"，大意是说：我考察自汉以来的学说，都只抓到先秦以来《周易》的外在表象，不知《周易》是"人道"的根本，只是到了宋朝周敦颐才开始提出了"太极图说"，探讨了"天人合一"道理的根源，阐明了人之始生是"天道"变化的结果，是"天道"运动的实在表现。在"天道"的变化中把精粹部分给了人，使之成为"人"之"性"，所以"人道"的日用事物当然之"理"与"天道"阴阳变化之秩序是一致的，是统一的，这个道理不能违背。王夫之这段话，可以说是对儒学"天人合一"思想，也是对"易，所以会天道、人道也"很好的解释。"人道"本于"天道"，讨论"人道"不能离开"天道"，同样讨论"天道"也必须考虑到"人道"，这是因为"天人合一"的道理既是"人道"的"日用事物当然之理"，也是"天道"的"阴阳变化之秩序"。"人道"本于"天道"，"人道"是"天道"的显现，因此"人"对"天"有着不可推卸的责任。这样的思想理论对当前遭受惨重破坏的"自然界"，可以说是很有意义的，因而也可以说它有"普遍价值"的意义。其实这种观点，在当今西方学术界也有，例如过程哲学的怀特海曾提出"人和自然是一生命共同体"这样的命题，这个命题深刻地揭示着人和自然之不可分的内在关系，人必须像爱自己的生命那样爱护自然界。这个理念应该说有着重要的"普遍价值"的意义。

《论语·颜渊》记载着孔子的一段话，他说："克己复礼为仁。一日克己复礼，天下归仁焉。为仁由己，而由人乎哉？"这句话，在中国历朝历代就有着不同的诠释，而这种种"诠释"都是与诠释者所处时代和他个人的学养、境界息息相关的。那么，我们今天是否可以给它以一种新的诠释呢？费孝通先生对"克己复礼"有一新的诠释,他说:"克己才能复礼,复礼是取得进入社会、成为一个社会人的必要条件。扬己和克己也许正是东西文化的差别的一个关键。"[33] 这样的诠释是有其特殊意义的。朱熹对"克己复礼为仁"的解释说:"克,胜也。己,谓身之私欲也。复,反也。礼者,天理之节文也。"这就是说,要克服自己的私欲,以便在进入社会的人际关系中很好地遵循合乎"天理"(宇宙大法)的礼仪制度。"仁"是人自身所具有的内在品德,"爱生于性","性自命出","命由天降",[34] "礼"是规范人的社会行为的外在礼仪制度,它的作用是为了调节人与人之间关系,使之和谐相处。"礼之用,和为贵。"要人们遵守合乎"天理"的礼仪制度必须是自觉的,出乎内在的爱人之心,它才合乎"仁"的要求,所以孔子说:"为仁由己,而由人乎哉?"仁爱之心是发自内心的,不是由外力来强迫而有的。因此,孔子认为有了追求"仁"的自觉要求,并把人们具有的"仁爱之心"按照合乎"天理"的规范实践于社会生活中,这样社会就会和谐安宁了。"一日克己复礼,天下归仁焉。"《论语·颜渊》中孔子所说的这段话是为"治国安邦"说,"治国安邦"归根结底就是要行"仁政"。"治国平天下"应该行"仁政",行"王道",不应行"苛政""霸权"。行"仁政"行"王道"才能使国泰民安,使不同民族、国家和睦相处,而共存共荣。孔子儒家的"仁政"对"现代化"是否也可以有所贡献?如果我们对此有所肯定,那是不是也可以说具有一定的"普遍价值"的意义呢?因此,如果各国学者一起努力发展各民族、各国家文化中存在的"普遍价值"的资源,而不要坚持唯我独尊的"普遍主义",那么世界和平就有希望了。

实际上，在各民族、各国家的文化中都存在着"普遍价值"意义的因素，问题是需要我们去发掘它，并给以合理的诠释。这是因为各民族、各国家文化中所具有的"普遍价值"意义的因素往往是寓于其特殊理论体系的形式之中，这就要我们善于从中揭示其有益于人类社会发展的内在价值资源。有责任感的学者应该是既能重视和保护自身的文化"普遍价值"，同时又能尊重和承认其他民族和国家文化中的"普遍价值"。"有容乃大"的精神也许是有活力的文化能得以不断发展的原则。

（三）"多元现代性"的核心价值

最后，我想谈谈"多元现代性"的问题。对"多元现代性"可能有多种说法，至少有两种很不相同的解释：一种是，现代性是多元的，不同民族有不同的"现代性"；另一种看法是，"多元现代性"就是"现代性"，有着共同的基本内涵，只是不同民族进入现代化的道路不同，形式有异，实现方法更可能千差万别。我个人的意见，也许第二种意见较为合理。我们知道，"现代性"就其根源性上说是源自西方，因为西方早已实现了现代化，而且现在许多发展中国家也正在走现代化的道路。因此，就"现代性"说必有其基本相同的核心价值。什么是作为根源性的"现代性"核心价值？这里我想借用严复的观点谈谈我的看法。

严复批评"中学为体，西学为用"，他认为，不能"牛体马用"，这是基于中国哲学的"体用一源"（"体"和"用"是统一的）而言。[35] 他基于此"体用一源"的理念，认为西方近现代社会是"自由为体，民主为用"的社会。[36] 我想，严复所说的"西方近现代社会"不仅仅是指"西方近现代社会",而是说的人类社会的"近现代社会"。那么,我们能不能说"近现代社会"的特征是"自由为体,民主为用"的社会,而"自由""民主"从根源性上说是"现代性"的核心价值?我认为是可以这样说的。对现代社会而言,"自由"是一种精神(包括自由的市场经济和个体的"人"的"自由"发展,因为"自由"是创造力),而"民主"从权力和义务两个方面来使"自由"精神的价值得以实现。就这个意义上说,"自由"和"民主"虽源自西方,但它是有着"普遍价值"的意义。我们不能因为它源自西方就认为不具有"普遍价值"的意义。当然,如何进入"近现代社会",所走的道路,所采取的方法,所具有的形式可能是不同的。但它不可能是排除"自由"和"民主"的社会。

如果我们用中国哲学"体用一源"的思维模式来看世界历史,也许会有一个新的视角。我们可以把"现代社会"作为一个中间点,向上和向下延伸,我们可以把人类社会分成"前现代社会""现代社会"和"后现代社会",如果用中国的"体用一源"的观点看,我们是不是可以说"前现代社会"是以"专制为体,教化为用"类型的社会;"现代社会"是以"自由为体,民主为用"类型的社会;"后现代社会"是以"和谐为体,中庸为用"类型的社会。

人类社会在前现代时期,无论是中国的"皇权专制"或是西方中世纪的"王权专制"(或"神权专制"),虽然形式不同,但都是"专制"社会,要维持其"专制"就要用"教化"作为手段。中国在历史上自汉以来一直是"皇权专制",它把儒学政治化用来对社会进行"教化"以维持其统治。[37] 当前中国社会可以说正处在由"前现代"向"现代"过渡之中。其他许多发展中国家大概也都是如此。西方中世纪"王权或神权"的"专制"社会,他们用基督教伦理作为"教化"之手段,以维持他们的统治。[38] 因此,当时的世界是一个"多元的前现代性"的世界。关于"现代性"的价值问题上面已经说过,在这里再多说一点我的看法。"自由"是一种精神,"民主"应是一种维护"自由"得以实现的保证。但是,在现代社会中"自由"和"民主"也不是不可能产生种种弊病。因为任何思想体系都会在其自身体系中存在着矛盾。[39] 任何制度在某一时期都只有相对性的好与坏,"自由""民主"等等也是一样。但无论如何"自由"和"民主"对于人类社会进入"现代"是有着根本性意义的。[40] 人们重视"自由",因为"自由"是一种极有意义的创造力。正因为有"自由经济"(自由的市场经济)才使得工业化以来人类社会的财富极大增长,使人们在物质生活上受益巨大。正因为有"自由思想",使得科学、文化日新月异。但不可讳言,"自由经济"却使贫富(包括国家与国家的、民族与民族的以至于同一国家、民族内部)两极分化日益严重;特别是自由经济如果不受到一定程度的控制,将会引起经济危机和社会混乱,近日发生的金融危机就是一明证。[41] "科学主义""工具理性"的泛滥扼杀着"人文"精神,弱化了"价值理性"。"现代性"所推崇的"主体性"和主客对立哲学,使得"人和自然"的矛盾日益加深,因而出现了对"现代性"的解构思潮,这就是"后现代主义"。关于"后现代"问题,我没有多少研究,只能粗略地谈点看法。在 20 世纪 60 年代兴起的后现代主义是针对现代化在发展过程中的缺陷提出的，他们所做的，是对"现代"的解构，曾使一切权威性和宰制性都黯然失色，同时也使一切都零碎化、离散化、浮面化。因此，初期的后现代主义目的在于"解构"，企图粉碎一切权威，这无疑是有意义的。但是它却并未提出新的建设性主张，也并未策划过一个新的时代。到20世纪末，以"过程哲学"为基础的"建构性后现代"提出将第一次启蒙的成绩与后现代主义整合起来，召唤"第二次启蒙"。例如，怀特海的过程哲学（process philosophy）认为，不应把"人"视为一切的中心，而应把人和自然视为密切相连的生命共同体。他并对现代西方社会的二元思维方式进行了批判，他提倡的有机整体观念，正好为他提供了批判现代二元论（科学主义）的理论基础。过程研究中心创会主任约翰·科布说："建设性后现代主义对解构性的后现代主义的立场持批判态度，……我们明确地把生态主义维度引入后现代主义中，后现代是人与人、人与自然和谐相处的时代。这个时代将保留现代性中某些积极性的东西，但超越其二元论、人类中心主义、男权主义，以建构一个所有生命共同福祉都得到重视和关心的后现代世界。""今天我们认识到人是自然界的一部分，我们生活在生态共同体中，……"[42] 这种观点，也许会使中国儒家的"天人合一"思想与之接轨。他们还认为，如果说第一次启蒙的口号是"解放自我"，那么第二次启蒙的口号是"尊重他者，尊重差别"。例如里夫金在他的《欧洲梦》中强调，在崭新的时代，每个人的权利都获得尊重，文化的差异受到欢迎，每个人都在地球可维持的范围内享受着高质量的生活（不是奢侈生活），而人类能生活在安定与和谐之中。他们认为，有机整体系统观念"都关心和谐、完整和万物的互相影响"。[43]上述观点，在某种程度上也许和中国儒家中的"和谐"观念有相通之处。过程哲学还认为，当个人用自己的"自由"专权削弱社会共同体的时候，其结果一定会削弱其自身的"自由"。因此，必须拒绝抽象自由观，走向有责任的深度自由，要把责任和义务观念引入自由中，揭示出"自由"与义务的内在联系。这与中国传统文化所强调的人只能在与他人的关系中才能生存的观点有着某种相似之处。[44]因此，有见于建构性的后现代主义在西方逐渐发生影响，那么相对于"现代社会"，后现代社会将可能是以"和谐为体，中庸为用"的社会。"和谐"作为一种理念它包含着"人与自然的和谐"、"人与人的和谐"（社会的和谐）、"人自我身心的和谐"等极富价值的意义。在这种种"和谐"中必须不断地寻求平衡度，这就要求由"中庸"来实现。如果中国社会能顺利地走完现代化过程，这当然是非常困难而且漫长的。但是由于在儒家文化中，有着丰富的关于"和谐"和"中庸"的思想资源，如果我们给这些有意义的思想资源以适应人类社会发展的新的诠释，[45]也许我国社会很可能比较容易进入"建构性的后现代社会"。正如科布所说："中国传统思想对建设性后现代主义是非常有吸引力的，但我们不能简单地回到它。它需要通过认真对待科学和已经发生的变革的社会来更新自己。前现代传统要对后现代有所裨益，就必须批判地吸收启蒙运动的积极方面，比如对个体权利的关注和尊重。"[46]科布的这段话，对我们应该说是很有教益的。因而，寻求不同文化中的"普遍价值"必将成为当前学术界关注的一个重点。

让我们回到"多元现代性"的问题。前面我们已经说过，就"现代性"来说必有其基本相同的核心价值，但不同民族、不同国家如何进入"现代社会"，它们所走的道路、所采取的方法、所具有的形式可能很不相同。为什么会出现这种情况，我认为这是由不同民族、不同国家的历史文化原因所造成的，不可能要求完全相同。因此，我们可以设想，中国的儒家思想是不是可以在接受"自由""民主"等现代性的核心价值的情况下，创造出不同于西方的道路，并为此补充某些新的内容，从而可以对消除"现代性"所带来的弊端起积极作用。

我认为，儒学的"民本"思想、"宽容"精神以及责任意识应可成为接引"自由""民主""人权"等现代精神进入中国社会的桥梁。儒家的"民本"思想虽不即是"民主"，但它从本质上并不是反民主的，其根据就在于"民为邦本"。"民为邦本"虽仍是由"治人者"的角度出发的，但它却知道"民"作为国家根基的重要性，因此从理论上说"民主"进入中国社会应不太困难。又，儒学有着对其他文化较为宽容的精神，如它主张"道并行而不相悖"，因此"自由"应比较容易被容纳。中国许多儒者都有着"居安思危""先天下忧而忧，后天下乐而乐"的社会责任感，这种特殊的批判精神和责任伦理引入"民主""人权"等现代意识应是有意义的。在历史上，中国接受印度佛教文化就是一例。如果我们能把儒学的"民本"思想、"宽容""责任"意识等精神融合在"自由""民主""人权"之中，那么是不是可以走出一条新的进入"自由为体，民主为用"的现代社会呢？我想，它也许是一条使中国较快而且较稳妥实现现代化的路子。

西方现代社会发展到今天，它的种种弊病已经显现，而且如不改弦易辙，那么将使人类社会走向毁灭其自身的道路。因而在西方有"后现代主义"思潮的出现。如果我们从儒家学者所具有的社会责任感和历史使命感中总结出某种"责任伦理"，这是不是可以减轻"现代化"所带来的弊病呢？如果"自由""民主"是一种负责任的"自由""民主"，这样的社会也许是可以比较合理的发展。法国人类进步基金会的主席卡拉梅就提出过"责任伦理"的问题，并认为除"人权合约"之外，应有一"责任公约"，这是很有见地的。[47]同时，实际上中国的学者也已经注意到这个问题。我最近注意到西方的某些"中国学"专家已开始从儒家思想发掘有益于人类社会合理发展的思想因素。如法国当代大儒汪德迈在他的《编纂〈儒藏〉的意义》中说："面对后现代化的挑战，……曾经带给世界完美的人权思想的西方人文主义面对近代社会的挑战，迄今无法给出一个正确答案。那么，为什么不思考一下儒家思想可能指引世界的道路，例如'天人合一'提出的尊重自然的思想，'远神近人'所提倡的拒绝宗教的完整主义以及'四海之内皆兄弟'的博爱精神呢？"[48]美国学者安乐哲、郝大维在《通过孔子而思》一书中说："我们要做的不只是研究中国传统，更是要设法使之成为丰富和改造我们自己世界观的一种文化资源。儒家从社会的角度来定义'人'，这是否可用来修正和加强西方的自由主义模式？在一个以'礼'建构的社会中，我们能否发现可利用的资源，以帮助我们更好理解哲学根基不足却颇富实际价值的人权观念？"[49]法国索邦大学查·华德教授认为："孔子思想中充满信仰、希望、慈悲，具有普遍性。在 21 世纪的今天不仅有道德的示范作用，更有精神的辐射作用。"[50] "自由" "民主" "人权"等等是现代社会的财富，"责任" "民本" "宽容"等等同样是现代社会的财富。现在社会不能没有"自由" "民主" "人权"等等，这是"现代性"社会必具备的核心价值，否定它们就没有现代社会。但是，某些民族和国家的文化中不仅会有丰富"自由" "民主" "人权"的内涵的思想因素，甚至会存在着制约"自由" "民主" "人权"等等可能发生的负面作用的思想资源。正是因为有可能制约"自由" "民主" "人权"可能产生的弊病，也许在人类社会发展到后现代时，各个民族和国家文化中具有特殊价值的因素将会成为更重要的"普遍价值"的资源。

我们编著《中国儒学史》，其目的之一也是希望揭示中国儒学的特殊价值中所存在的对人类文化具有"普遍价值"意义的因素以贡献于世界。

三、儒学与经典诠释

《中国儒学史》是 2003 年教育部哲学社会科学研究重大课题攻关项目《〈儒藏〉编纂与研究》中的一个子项目，共分九册：先秦儒学、两汉儒学、魏晋南北朝儒学、隋唐儒学、宋元儒学、明代儒学、清代儒学、近代儒学和现代儒学。这部《中国儒学史》仍是把研究的重点放在儒家的哲学思想方面，但同时我们也多少注意到不要把"儒学"仅仅限在哲学思想方面，因此希望在写作中也力图扩大"儒学"的某些研究内容。当然，我们做得如何，有待读者的评论。在写作本书时，我们特别考虑到它应包含某些"经学"的内容。

1938 年，马一浮应浙江大学校长竺可桢约至该校为学生讲论"国学"，后集为《泰和会语》。在《楷定国学名义（国学者六艺之学）》中说："六艺者，即是《诗》《书》《礼》《乐》《易》《春秋》也。此是孔子之教，吾国二千余年来普遍承认一切学术之原皆出于此，其余都是六艺之支流。故六艺可以该摄诸学，诸学不能该摄六艺。今楷定国学者，即是六艺之学，用此代表一切固有之学术，广大精微，无所不备。"[51] 马一浮这个说法确有其独特见地。盖"六艺之学"即"六经"，它为中国学术之源头，而其后之学皆源于此，并沿此之流向前行，是"源头"与"支流"的关系。正因在我国历史上"六艺之学"（"经学"）代有大儒发挥之，并吸取其他文化以营养之，故作为中华学术文化之源头的"六艺"，其中必有其"普遍价值"之意义。任何民族的学术文化都是在特定的历史环境中形成的，都是有其特殊意义的学术文化，而学术文化的"普遍价值"往往寄寓其"特殊价值"之中。如孔子的"仁者，爱人"，基督的"博爱"，释迦牟尼的"慈悲"，虽出发点不同、理路不同，但"爱人利物"则有着相同的"价值"，而具有"普遍价值"的意义。既然学术文化之"普遍价值"往往寄寓"特殊价值"之中，那么马一浮所说"六艺不唯统摄中土一切学术，亦可统摄现在西方一切学术"，应亦可解。盖因"人同此心，心同此理"也。人类所遇到的问题常是共同的，人类对解决这些问题的思考往往也是大同小异的。因此，我中华民族当然应由其自身学术文化中寻求有益于人类社会生活的"普遍价值"，这并不妨碍在其他民族学术文化中寻求"普遍价值"，古云"道并行而不相悖"也。所以马一浮说：弘扬"六艺之学"并不是狭义地保存国粹，也不是单独发挥自己的民族精神，而是要使此种文化普遍地及于人类。

60 多年之后的 2001 年，著名学者、国学大师饶宗颐先生在北京大学的一次演讲中提出应重视"经学"的研究和经典的整理，他说："经书是我们的文化精华的宝库，是国民思维模式、知识涵蕴的基础；亦是先哲道德关怀与睿智的核心精义，不废江河的论著。重新认识经书的价值，在当前是有重要意义的。'经学'的重建，是一件繁重而具创辟性的文化事业，不应局限于文字上的校勘解释工作，更重要的是把过去经学的材料、经书构成的古代著作成果，重新做一次总检讨。'经'的重要性，由于讲的是常道，树立起真理标准，去衡量行事的正确与否，取古典的精华，用笃实的科学理解，使人的生活与自然相调协，使人与人的联系取得和谐的境界。"52 现在我们编撰《中国儒学史》必须注意"经学"的研究，以期使"经学"能成为此书的重要部分。

如果我们把孔子看作儒家的创始人，那么可以说，自孔子起就自觉地继承着夏、商、周三代的文化，而"六经"正是夏、商、周三代文化的结晶。("六经"又称"六艺"53) 虽然从文献考证的角度上说，"六经"(或"五经"，因"乐经"早已失传) 并非成书于夏、商、周三代之时，但"六经"所记却可被视为记载夏、商、周三代文化的基本传世文本。1993 年于湖北出土的楚简中有一段关于"六经"的重要记载：

> 礼，交之行述也。
>
> 乐，或生或教者也。
>
> 书，□□□□者也。
>
> 诗，所以会古今之诗也。
>
> 易，所以会天道、人道也。
>
> 春秋，所以会古今之事也。[54]

这段话说明了战国中期对"六经"的看法：《礼》，是人们（各阶层或谓各种人际关系）规范交往的行为规则的书；《乐》，是陶冶人的性情（生者，性也）和进行教化的书；《书》，因缺字，但据其他文献可知应是"记事"之书；《诗》，是把古今的诗会辑在一起的一部"诗集"；《易》，是会通天道人道所以然的道理的书，即司马迁所说的"通天人之际"的书；《春秋》，是会通古今历史变迁之轨迹的书，即司马迁所说的"达古今之变"的书。从古代文献记载，可以说"六经"包括了夏、商、周三代的器物文化、制度文化、思想文化。《论语·述而》中说："子曰：述而不作，信而好古，窃比于我老彭。"意思是说，孔子所"述"、所"好"是古代的典籍文献，即"六经"。《庄子·天运》："孔子谓老聃曰：丘治《诗》《书》《礼》《乐》《易》《春秋》六经，自以为久矣。"又，《论语·述而》："子曰：加我数年，五十以学《易》，可以无大过矣。"[55]《孟子·滕文公下》："孔子成《春秋》，而乱臣贼子惧。"这样的材料在先秦文献中还有多处，不一一详列。孔子把"六经"作为自己治学、为人、行事所依的典籍，同时也把"六经"作为教学的基本教材。[56]从今天看来，恐怕离开了"六经"，我们很难了解中国文化的源头，更难了解儒学的精神。但到汉朝，《乐经》失传，而只有"五经"了。汉武帝"罢黜百家，独尊儒术"，并于建元五年（前136年）设"五经博士"，使《易》《书》《诗》《礼》《春秋》在我国确立了"经"的地位。此后的历史上虽有"七经"（或"六经"）、"九经"、"十经"、"十一经"、"十二经"以及"十三经"之设，[57]但其中《易》《书》《诗》《礼》《春秋》在儒学中的根本性地位是不言而喻的。

近几年来，"北京大学《儒藏》编纂与研究中心"承担着教育部《〈儒藏〉编纂与研究》重大攻关研究项目。"中心"已联合我国二十余所高校和研究院以及韩、日、越三国学者编纂《儒藏》精华编，并为以后编纂《儒藏》大全本做准备。《儒藏》精华编收书近五百种，按四部分类，其中"经部"有二百余种。另外尚专设"出土文献类"。《儒藏》精华编还有一特色，即我们还把日本、韩国、越南儒学者以汉文写作的儒学典籍有选择地收入，有一百五十余种。预计2015年完成校点。同时组织我校各方面力量编辑《儒藏总目》，现在《总目·经部》已经完成，所著录者有一万四千余种之多。从中我们可以看到，历代儒学大家无不对"五经"的"注疏""论述""考订"等等方面用力甚勤。这次我们编著《中国儒学史》虽注意到"经学"方面，但很难说比较完满，因在这方面的研究成果不多，对此我们将会继续关注这个方面的新进展，以便再版时对这方面有所加强。学术研究是无止境的，从总体上说定是"日日新，又日新"地前进着。

儒家的"经书"不仅应包括已有的"五经"或"十三经"，

而且应包括自 20 世纪末出土的儒家文献。饶宗颐先生在前面提到的演讲中说:"现在出土的简帛记录,把经典原型在秦汉以前的本来面目,活现在我们眼前,过去自宋迄清的学人千方百计求索梦想不到的东西,现在正如苏轼诗句'大千在掌握'之中,我们应该再做一番整理工夫,重新制订我们新时代的'圣经'(Bible)。"这是 2001 年饶先生说的一段话,意思是说新出土的先秦文献更能表现秦汉以前经典原型的本来面目。在 2001 年,我们能看到的重要出土文献主要是长沙马王堆出土的"帛书"和 1993 年在湖北荆门地区出土的郭店楚简;其后 1994 年,上海博物馆于海外购得战国竹简一千两百多支;2008 年清华大学又由海外购得战国竹简两千余支,如此等等。这批简帛虽非全为儒家典籍,但可以说归属于儒家者占首位。这批归属于儒家的典籍其价值自不待言,应可与传世"五经"的地位相当,例如其中的《帛书周易》、上博《周易》《五行篇》《孔子诗论》以及与《尚书》的篇章等等有关的文献。这批文献又可补自孔子至孟子之间儒学之缺。因此,它是我们研究儒家思想要给以特别重视的。

我国历代儒家学者都十分重视对"五经"的诠释,因而可以说我们有着十分雄厚的诠释经典的资源。中国自古就是一个非常重视历史传统的国家,故有"六经皆史"的说法。孔子说他自己对"经典"是"述而不作,信而好古"。这就是说,孔子对三代经典("六经")只是作诠释,而不离开经典任意论说;对经典信奉而且爱好,以至于"不知老之将至"。孟子以"祖述尧舜""宪章文武""述仲尼之志"为己任。荀子认为"仁人"之务,"上则法尧舜之制,下则法仲尼、子弓之义"。实际上,孔、孟、荀及先秦儒学者所述严格地说都是对"六经"的诠释。如先秦之《易传》是对《易经》的诠释；《大学》中则多有对《书经》《诗经》的诠释；上博《战国楚竹书》中的《孔子论诗》是对《诗经》的一种诠释（《中庸》和《五行》同样包含着对《诗经》的诠释）；《礼记》可说是对《礼经》的诠释；《春秋》三传是对《春秋》经文的诠释。现试以《左传》对《春秋经》和《易传》对《易经》的解释为例说明先秦儒家对经书的诠解方式。

《左传》是对《春秋》的解释，相传是由左丘明作的，但近人杨伯峻考证说"我认为，《左传》作者不是左丘明"，"作者姓甚名谁已不可考"，"其人可能受孔丘影响，但是儒家别派"。杨伯峻并认为：《左传》成书于公元前403年魏斯为侯之后，公元前386年以前。"这里我们暂且把杨伯峻先生的论断作为根据来讨论《左传》对《春秋》的解释问题。据杨伯峻推算《左传》成书的时间，我们可以说《左传》是目前知道的最早一部对《春秋经》进行全部诠释的书，或者也可以说是世界上现存最早的解释性的著作之一。这就说明中国的经典解释问题至少有着两千三四百年的历史了。

《春秋》隐公元年记载："夏五月，郑伯克段于鄢。"《左传》对这句话有很长一段注释，现录于下：

初，郑武公娶于申，曰武姜，生庄公及共叔段。庄公寤生，惊姜氏，故名曰寤生，遂恶之。爱共叔段，欲立之。亟请于武公，公弗许。及庄公即位，为之请制。公曰："制，岩邑也，虢叔死焉。佗邑唯命。"请京，使居之，谓之京城大叔。祭仲曰："都，城过百雉，国之害也。先王之制，大都，不过参国之一；中，五之一；小，九之一。今京不度，非制也，君将不堪。"公曰："姜氏欲之，焉辟害？"对曰："姜氏何厌之有？不如早为之所，无使滋蔓！蔓，难图也。蔓草犹不可除，况君之宠弟乎？"公曰："多行不义，必自毙，子姑待之。"既而大叔命西鄙、北鄙贰于己。公子吕曰："国不堪贰，君将若之何？欲与大叔，臣请事之；若弗与，则请除之，无生民心。"公曰："无庸，将自及。"大叔又收贰以为己邑，至于廪延。子封曰："可矣。厚将得众。"公曰："不义，不暱。厚将崩。"大叔完聚，缮甲兵，具卒乘，将袭郑，夫人将启之。公闻其期，曰："可矣。"命子封帅车二百乘以伐京。京叛大叔段。段入于鄢。公伐诸鄢。五月辛丑，大叔出奔共。书曰："郑伯克段于鄢。"段不弟，故不言弟；如二君，故曰克；称郑伯，讥失教也，谓之郑志。不言出奔，难之也。[58]

《左传》这样长长一段是对经文所记"郑伯克段于鄢"六个字的注释，它是对历史事件的一种叙述。它中间包含着事件的起始，事件的曲折过程，还有各种议论和讨论以及事件的结尾和评论等等，可以说是一相当完整的叙述式的故事。《左传》这一段叙述如果不是对《春秋》经文的铺陈解释，它单独也可以成为一完整历史事件的叙述，但它确确实实又是对《春秋》经文的注释。如果说"郑伯克段于鄢"是事件的历史（但实际上也是一种叙述的历史），那么相对地说上引《左传》的那一段可以说是叙述的历史。叙述的历史和事件的历史总有其密切的关系，但严格说来几乎写的历史都是叙述的历史。叙述历史的作者在叙述历史事件时必然都和他处的时代、生活的环境、个人的道德学问，甚至个人的偶然机遇有关系，这就是说叙述的历史都是叙述者表现其对某一历史事件的"史观"。上引《左传》的那一段，其中最集中地表现作者"史观"的就是那句"多行不义，必自毙"和最后的几句评语。像《左传》这种对《春秋》的解释，对中国各种史书都有影响。我们知道中国有"二十四史"，其中有许多"史"都有注释，例如《三国志》有裴松之注，如果《三国志》没有裴注，这部书就大大逊色了。裴注不专门注重训诂，其重点则放在事实的解释和增补上，就史料价值说是非常重要的。《三国志·张鲁传》裴注引《典略》"熹平中，妖贼大起，三辅有骆曜。光和中，东方有张角，汉中有张修。骆曜教民缅匿法，角为太平道，修为五斗米道"云云一长段，大大丰富了我们对汉末道教各派的了解。裴注之于陈寿《三国志》和《左传》之于《春秋》虽不尽相同，但是都属同一类型，即都是对原典或原著的历史事件的叙述式解释。

《易经》本来是古代作为占卜用的经典，虽然我们可以从它的卦名、卦画、卦序的排列以及卦辞、爻辞等等中分析出某些极有价值的哲理，但我们大概还不能说它已是一较为完备的哲学体系，而《易传》中的《系辞》对《易经》所作的总体上的解释，则可以说已是较完备的哲学体系了。[59]《系辞》把《易经》看成一个完整的整体性系统，对它作了整体性的哲学解释，这种对古代经典作整体性的哲学解释，对后世有颇大影响，如王弼的《老子指略》是对《老子》所作的系统的整体性解释,《周易略例》则是对《周易》所作的系统的整体性解释。[60]何晏有《道德论》和《无名论》都是对《老子》作的整体性解释,如此等等在中国历史上还有不少。[61]《系辞》对《易经》的解释,当然有很多解释问题可以讨论,本文只就其中包含的本体论和宇宙生成论两大问题来略加探讨,而这两个不同的解释系统在实际上又是互相交叉着的。

《易经》的六十四卦是一个整体性的开放系统,它的结构形成一个整体的宇宙架构模式。这个整体性的宇宙架构模式是一生生不息的有机架构模式,故曰:"生生之谓易。"世界上存在着的事事物物都可以在这个模式中找到它——相当的位置,所以《系辞》中说:《易经》(或可称"易道")"范围天地之化而不过,曲成万物而不遗"。在宇宙中存在的天地万物其生成变化都在《易经》所包含的架构模式之中,"在天成象,在地成形,变化见矣。"天地万物之所以如此存在都可以在《易经》中的架构模式中找到其所以存在的道理,找到——相当的根据,"天下之理得,而成位于其中。"因此,"易与天地准,故能弥纶天地之道。"《易经》所表现的宇宙架构模式可以成为实际存在的天地万物相应的准则,它既包含着已经实际存在的天地万物的道理,甚至它还包含着尚未实际存在而可能显现成为现实存在的一切事物的道理,"故神无方易无体","易"的变化是无方所的,也是不受现实存在的限制的。这就说明,《系辞》的作者认为,天地万物之所以如此存在着、变化着都可以从"易"这个系统中找到根据,"易"这个系统是一无所不包的宇宙模式。这个模式是形而上的"道",

而世界上已经存在的或者还未存在而可能存在的东西都能在此"易"的宇宙架构模式中找到其所以存在之理,所以《系辞》中说:"形而上者谓之道,形而下者谓之器。"在中国哲学中,从现有的文献资料看,最早明确提出"形上"与"形下"分别的应说是《系辞》。我们借用冯友兰先生的说法,可以说"形而上"的是"真际","形而下"的是"实际","实际"是指实际存在的事物,而"真际"是实际存在事物之所以存在之"理"(或"道",或"道理")。[62]这就是说,《系辞》已经注意到"形上"与"形下"的严格区别,它已建立起一种以"无体"之"易"为特征的形而上学体系。这种把《易经》解释为一宇宙架构模式,可以说是《系辞》对《易经》的形而上本体论的解释。

这种对《易经》本体论的解释模式对以后中国哲学的影响非常之大,如王弼对《系辞》"大衍之数"的解释,王弼《老子指略》对《老子》的解释。韩康伯《周易系辞注》"大衍之数五十,其用四十有九"条中说:"王弼曰:演天地之数所赖者五十也,其用四十有九,则其一不用也。不用而用以之通,非数而数之以成,斯易之大极也。四十有九,数之极也,夫无不可以无明,必因于有,故常于有物之极,而必明其所由之宗也。""宗"者,体也。这里王弼实际上用"体"与"用"之关系说明"形上"与"形下"之关系,而使中国的本体论更具有其特色。[63]《老子指略》中说:"夫物之所以生,功之所以成,必生乎无形,由乎无名。无形无名者,万物之宗也。"用"无"和"有"以说"体"和"用"之关系,以明"形上"与"形下"之关系,而对《老子》作一"以无为本"之本体论解释。

在《系辞》中还有一段对《易经》的非常重要的话："易有太极，是生两仪，两仪生四象，四象生八卦，……""易"包含着一个生成系统。这个生成系统是说《易经》表现着宇宙的生生化化。宇宙是从混沌未分之"太极"（大一）发生出来的，而后有"阴"（－－）、"阳"（－），再由阴阳两种性质分化出太阴（⚏）、太阳（⚌）；少阴（⚎）、少阳（⚍）等四象，四象分化而为八卦（☰、☷、☳、☴、☵、☲、☶、☱），这八种符号代表着万物不同的性质，据《说卦》说，这八种性质是："乾，健也；坤，顺也；震，动也；巽，入也；坎，陷也；离，丽也；艮，止也；兑，说也。"这八种性质又可以用天、地、雷、风、水、火、山、泽的特征来表示。由八卦又可以组成六十四卦，但并非说至六十四卦这宇宙生化系统就完结了，实际上仍可展开，所以六十四卦最后两卦为"既济"和"未济"，这就是说事物（不是指任何一种具体事物，但又可以是任何一种事物）发展到最后必然有一个终结，但此一终结又是另一新的开始，故《说卦》中说："物不可穷也，故受之以未济终焉。"天下万物就是这样生化出来的。"易"这个系统是表现着宇宙的生化系统，是一个开放性的系统。《系辞》中还说："天地缊，万物化醇，男女构精，万物化生。"《序卦》中说："有天地，然后有万物；有万物，然后有男女；有男女，然后有夫妇；有夫妇，然后有父子；有父子，然后有君臣；有君臣，然后有上下；有上下，然后礼仪有所错。"这种把《易经》解释成为包含着宇宙的生化系统的理论，我们可以说是《系辞》对《易经》的宇宙生成论的解释。这里有一个问题需要作些分疏，照我看"太极生两仪……"仅是个符号系统，而"天地缊，化生万物……"和"有天地，然后有万物"就不是符号了，而是一个实际的宇宙生化过程，是作为实例来说明宇宙生化过程的。因此我们可以说，《系辞》所建立的是一种宇宙生化符号系统。这里我们又可以提出另一个中国哲学研究的新课题，这就是宇宙生成符号系统的问题。汉朝《易经》的象数之学中就包含宇宙生成的符号问题，而像"河图""洛书"等都应属于这一类。后来又有道教中的符箓派以及宋朝邵雍的"先天图"、周敦颐的"太极图"（据传周敦颐的"太极图"脱胎于道士陈抟的"无极图"，此说尚有疑问，待考）。关于这一问题需另文讨论，非本文所应详论之范围。但是，我认为区分宇宙生成的符号系统与宇宙实际生成过程的描述是非常重要的。宇宙实际生成过程的描述往往是依据生活经验而提出的具体形态的事物（如天地、男女等等）发展过程，而宇宙生成的符号系统虽也可能是依据生活经验，但其所表述的宇宙生成过程并不是具体形态的事物，而是象征性的符号，这种符号或者有名称，但它并不限定于表示某种事物及其性质。因此，这种宇宙生成的符号系统就像代数学一样，它可以代入任何具体形态的事物及其性质。两仪（和）可以代表天地，也可以代表男女，也可代表刚健和柔顺，等等。所以我认为，仅仅把《系辞》这一对《易经》的解释系统看成某种宇宙实际生成过程的描述是不甚恰当的，而应了解为可以作为宇宙实际生成系统的模式，是一种宇宙代数学，我把这一系统称之为《系辞》对《易经》解释的宇宙生成论。像《系辞》这类以符号形式表现的宇宙生成论，并非仅此一家，而《老子》的"道生一，一生二，二生三，三生万物，万物负阴而抱阳，冲气以为和"，是一种宇宙生成的符号系统，也是一种宇宙代数学，其中的数字可以代以任何具体事物。"一"可以代表"元气"，也可以代表"虚霩"（《淮南子·天文训》谓"道始于虚霩"，虚霩者尚未有时空分化之状态）。"二"可以代表"阴阳"，也可以代表"宇宙"（《天文训》谓"虚霩生宇宙"，即由未有时空分化之状态发展成有时空之状态）。"三"并不一定就指"天、地、人"，它可以解释为有了相对应性质的两事物就可以产生第三种事物，而任何具体事物都是由两种相对应性质的事物产生的，它的产生是由两种相对应事物交荡作用而生的合物。[64] 然而汉朝的宇宙生成论与《系辞》所建构的宇宙生成论不同，大都是对宇宙实际生成过程的描述，此是后话，当另文讨论。[65]

我们说《系辞》对《易经》的解释包括两个系统，即本体论系统和宇宙生成论系统，那是不是说《系辞》对《易经》的解释包含着矛盾？我想，不是的。也许这两个系统恰恰是互补的，并形成中国哲学的两大系。宇宙本身，我们可把它作为一个平面开放系统来考察，宇宙从其广度来看说可以说是无穷的，郭象《庄子·庚桑楚》注："宇者，有四方上下，而四方上下未有穷处。"同时我们又可以把它作为垂直延伸系统来考察，宇宙就其纵向说可以说是无极的，故郭象说："宙者，有古今之长，而古今之长无极。"既然宇宙可以从两个方面来考察，那么"圣人"的哲学也就可以从两个方面来建构其解释宇宙的体系，所以"易与天地准"。"易道"是个开放性的宇宙整体性结构模式，因此"易道"

是不可分割的，是"大全"，宇宙的事物曾经存在的、现在仍然存在的或者将来可能存在的都可以在"易"这个系统中找到——相当的根据。但"易道"又不是死寂的，而是一"生生不息"系统，故它必须显示为"阴"和"阳"（注意：但"阴"和"阳"缊而生变化，"阴阳不测之谓神"）相互作用的两个符号（不是凝固的什么东西），这两个互相作用的符号代表着两种性质不同的势力。而这代表两种不同性质的符号是包含在"易道"之中的，"易道"是阴阳变化之根本，所以说"一阴一阳之谓道"。杨士勋《春秋谷梁传疏》中引用了一段王弼对"一阴一阳之谓道"的解释，文中说："《易·系辞》云：一阴一阳之谓道。王弼云：一阴一阳者，或谓之阴，或谓之阳，不可定名也。夫为阴则不能为阳，为柔则不能为刚。唯不阴不阳，然后为阴阳之宗；不柔不刚，然后为刚柔之主。故无方无体，非阴非阳，始得谓之道，始得谓之神。"阴和阳代表着两种不同的性质，此一方不能代表彼一方，只有"道"它既不是阴又不是阳，但它是阴阳变化之宗主（本体），故曰"神无方，易无体也"。就这点看，《系辞》把《易经》解释为一平面的开放体系和立体的延伸体系的哲学，无疑是有相当深度的哲学智慧的。再说一下，《系辞》对《易经》的整体性哲学解释和《左传》对《春秋》的叙述事件性解释是两种很不相同的解释方式。

李零教授说："汉代的古书传授有经、传、记、说、章句、解故之分。大体上讲，它们的区分主要是，'经'是原始文本，'传'是原始文本的载体和对原始文本的解说（类似后世所说的'旧注'）。'经'多附'传'而行，'传'多依'经'

而解，……'记'（也叫'传记'）是学案性质的参考资料，'说'则可能是对'经传'的申说（可能类似于'疏'），它们是对'传'的补充（这些多偏重于义理）。'章句'是对既定文本，……所含各篇的解析，……'解故'（也叫作'故'），则关乎词句的解释。"李零教授说清了"经"与诠释"经"的"传""记""说""解""注""笺""疏"等等之间的关系。[66] 今天，我们要读懂"五经"，是不能不借助历代儒学大家的注疏的。同时，在我国对经典的诠释中常需具备"训诂学""文字学""音韵学""考据学""版本学""目录学"等等的知识，也就是说具备这些方面的知识才能真正把握中国诠释经典的意义。

1998年，我曾提出"能否创建中国解释学"的问题，其后写了四篇文章讨论此问题。[67] 在中国，自先秦以来有着很长的诠释经典的历史，并且形成了种种不同的注释经典的方法与理论。而各朝各代诠释经典的理论与方法往往也有所不同。例如在汉朝有用所谓"章句"的方法注释经典，分章析句，一章一句甚至一个字一个字地详细解释。据《汉书·儒林传》说，当时儒家的经师对"五经"的注解，"一经之说，至百余万言。"儒师秦延君释"尧典"二字，十余万言；释"曰若稽古"四字，三万言。当时还有以"纬"（纬书）证"经"的方法，苏舆《释名疏证补》谓："纬之为书，比傅于经，辗转牵合，以成其谊，今所传《易纬》《诗纬》诸书，可得其大概，故云反复围绕以成经。"此种牵强附会地解释经典的方法又与"章句"的方法不同。至魏晋，有"玄学"出，其注释经典的方法为之一变，玄学家多排除汉朝繁琐甚至荒诞的注释方法，或采取"得意忘言"，或采取"辨名析理"等简明带有思辨性的注释方法。王弼据《庄子·外物》以释《周易·系辞》"言不尽意，书不尽言"，作《周易略例·明象章》，提出"得意忘言"的玄学方法，而开一代新风。[68] 此是一典型解释儒经的新方法。郭象继之而有"寄言出意"之说，其《庄子·逍遥游》第一条注说：

> 鹏鲲之实，吾所未详也。夫庄子之大意，在乎逍遥游放，无为而自得，故极小大之致，以明性分之适。达观之士，宜要其会归，而遗其所寄，不足事事曲与生说，自不害其弘旨，皆可略之耳。

这种"寄言出意"的注释方法自与汉人注释方法大不相同。《大慧普觉禅师语录》卷二十二中说："曾见郭象注庄子，识者云：却是庄子注郭象。"如果说汉人注经大体上是"我注六经"，那么王弼、郭象则是"六经注我"了。

郭象注《庄子》还用了"辨名析理"的方法，这种方法和先秦"名家"颇有关系，盖魏晋时期"名家"思想对玄学产生有所影响。郭象《庄子·天下注》的最后一条谓：

> 昔吾未览《庄子》，尝闻论者争夫尺棰连环之意，而皆云庄生之言，遂以庄生为辩者之流。案此篇较评诸子，至于此章，则曰：其道舛驳，其言不中，乃知道听途说之伤实也。吾意亦谓，无经国体致，真所谓无用之谈也。然膏梁（梁）之子，均之戏豫，或倦于典言，而能辨名析理，以宣

其气，以系其思，流于后世，使性不邪淫，不犹贤于博弈者乎！故存而不论，以贻好事也。

这里郭象把"辨名析理"作为一种解释方法提出来，自有其特殊意义，但"辨名析理"几乎是所有魏晋玄学家都采用的方法，所以有时也称魏晋玄学为"名理之学"。如王弼说："夫不能辨名，则不可言理；不能定名，则不可以论实也。"嵇康《琴赋》谓："非夫至精者，不能与之析理也。"就这点看，魏晋玄学家在注释经典上已有方法论上的自觉。至宋，有陆九渊提出"六经注我，我注六经"的问题，[69]实在魏晋时已开此问题之先河，不过当时并未把它作为一问题提出。至清，因考据之学盛，有杭世骏论诗而对"诠释"有一说："诠释之学，较古昔作者为尤难，语必溯源，一也；事必数典，二也；学必贯三才而穷七略，三也。"[70]意思是说，诠释这门学问，就今人对诗文的诠释说比古昔作者更加困难，原因是首先应了解其原意，其次要知道所涉及的典故；再次是必学贯天、地、人三学而对"七略"知识有所了解。杭世骏所言之"诠释"虽非今日所说之西方"诠释学"（Hermeneutics）之"诠释"，但也可看到自先秦两汉以来，我国学者在各学科中均意识到对著作之文本是需要通过解释来理解的。因此，对中国儒学的研究，必须注意历代对"经书"的注释，以使人们了解在我国的历史传统确有对"经典"诠释颇为丰富的理论与方法的资源。通过《中国儒学史》的撰写，对儒家经典的诠释历史加以梳理，总结出若干有意义的理论与方法，也许对创建"中国诠释学"大有益处。[71]

四、儒学与外来文化的传入

罗素说："不同文明的接触，以往常常成为人类进步里程碑。"[72]在两千多年的儒学发展史中，我们可以清楚地看到，"儒学"的每一次发展除其自身内在自觉地更新外，都是在与我国国内存在的各学派交流中得到发展的，汉儒吸收了道家、法家、阴阳家的学说而有"两汉经学"；魏晋南北朝时期，诸多玄学家均有注儒家经典者，而"以儒道为一"。[73]儒学在我国历史上与我国原有各学派之间的相互影响无疑是在研究儒学史时应予注意的。这方面已有论述较多，兹不详述。也许更应关注的是外来文化传入对儒学发生重大影响的问题。

在儒学发展史上，可以说有两次重大的外来文化传入对我国儒学产生过重大影响，第一次是自公元1世纪以下，印度佛教文化的传入，它成为宋明理学（道学）产生的重要原因之一。如果不算唐朝传入的景教和在元朝曾发生过一定影响的也里可温教，因为这两次外来文化的传入都因种种原因而中断了。第二次文化外来是西方文化大规模地进入中国。自16世纪末，特别是自19世纪中叶西方文化全方位的传入，大大地影响和改变了儒学在中国社会生活中的地位。那么，我们需要问，今天应该如何看儒学与西学的关系？我想，这也许涉及文化发展中"源"与"流"的关系问题。

我们知道，任何历史悠久且仍然有着生命力的民族文化必有其发生发展的源头，也就是说有其发源地，它可被称为该民族文化之"源"。例如今日欧洲文化可以说主要是源自古希腊，印度文化的发源地在南亚的恒河流域。中华文化源远流长，有五千年的历史，它的源头在东亚的黄河、长江流域。在这些有长久历史的民族文化发展过程中总是在不断吸收着其他地区民族文化以滋养其自身，而被吸收的种种文化对吸收方说则是"流"。一个有长久历史仍然有着生命力的文化就像一条不断流着的大江大河，它必有一个源头，它在流动之中往往会有一些江河汇入，这些汇入主干流的江河常被称为"支流"，甚至某些支流在一定情况下其流量比来自源头的流量要大，但"源"仍然是"源"，"流"仍然是"流"。因此，我们在讨论一种文化的发展时必须注意处理好文化的"源"与"流"的关系。

（一）儒学与印度佛教的传入

儒学自孔子起就自觉地继承着源自中华大地的夏、商、周三代的文化，在长达两千多年的历史中曾是中华文化的主体，因而也可以说它的学说是来自中华大地文化的源头。印度佛教文化在 1 世纪传入中国之后曾对中国社会的宗教、哲学、文学、艺术、建筑、医学等等诸多方面有着重大影响，这一事实是中外学界所公认的。但是，上述的所有学科在历史上仍然体现着中华文化内在的精神面貌。因此，中国固有文化仍然是"源"，而印度佛教文化只是"流"。佛教传入中国的历史很长，在魏晋时有着广泛的影响，然就其与"魏晋玄学"的关系说，并非因佛教的传入而有"玄学"，而恰恰相反，是因有"玄学"而佛教才得以在我国比较顺利地流行。印度佛教对魏晋南北朝时期中国的思想文化起着重大作用，但它只是一个"助因"，并不能改变中国思想文化的根本性质和发展方向。"玄学是从中国固有学术自然的演进,从过去思想中随时演进的'新义',渐成系统,玄学的产生与印度佛教没有必然关系。易而言之,佛教非玄学生长之正因。反之,佛教倒是先受玄学的洗礼,这种外来思想才能为我国所接受。所以从一个方面讲,魏晋时代的佛学也可以说是玄学。但佛学对玄学为推波助澜的助因是不可抹杀的。"[74]例如在中国有影响的佛教学说僧肇和道生所讨论的许多问题仍是中国原本在"玄学"中所讨论的问题,如僧肇四论:动静、有无、知与无知、圣人人格等问题都是自王弼、郭象以来玄学讨论的主题,可以说《肇论》是接着"玄学"讲的。而道生之顿悟,"实是中印学术两者调和之论,一扫当时学界两大传统冲突之说,而开伊川谓'学'乃以至圣人学说之先河"。[75]到隋时,据《隋书·经籍志》记载:当时"民间佛经,多于六经数十百倍",但也未能改变儒学在社会上的正统地位。因而至隋唐,在我国出现了若干受我国固有的儒、道学术文化影响的佛教宗派,其中在我国最有影响的天台、华严、禅宗实是中国化的佛教宗派。另虽有玄奘大师提倡的唯识宗,流行三十余年后则渐衰。天台、华严、禅宗所讨论的重要问题是心性问题。心性问题本来是中国儒家思想所讨论的问题(近期出土文献对此问题讨论甚多)。天台有所谓"心生万法";[76]华严宗有融"佛性"于"真心";禅宗则更认为"佛性"即人之"本心"(本性)。由于佛教的中国化,使得中国化的佛教宗派,特别是禅宗大大改变了印度佛教的原貌;佛教在中国从"出世"走向世俗化,认为在日常生活中就可以成佛,因而原来被佛教排斥的儒家"忠君""孝父母"[77]和道家的"顺自然"[78]等等思想也可以被容纳在禅宗里面。在世界历史上，文化也曾发生过异地发展之问题，印度佛教文化在中国的发展就是一例。公元八九世纪佛教在印度已大衰落，然而在中国却大发展，而有天台、华严、禅宗等。中国佛教这些宗派直接影响着朝鲜半岛、日本等地。因此，我们可以说中国文化曾受惠于印度佛教，而印度佛教又在中国得到发扬光大。

至宋，理学兴起，一方面批评佛教，另一方面又吸收佛教。本来中国儒学是入世的"治国平天下"之道，而非如佛教的"出世"寻求"西方极乐世界"，两者很不相同，但理学不仅吸收了华严宗"理事无碍""事事无碍"的思想，而有"人人一太极，物物一太极"和"理一分殊"等思想，有助于程颐、朱熹传承先秦孔孟的"心性"学说，而建立了以"理"为本的形而上学。[79]陆九渊、王阳明则更多地吸收禅宗的"明心见性"等思想，传承先秦儒家"尽心、知性、知天"的思想，而有"吾心便是宇宙"和"心外无物"等思想，建立了以"心"为体的形而上学。[80]程朱的"性即理"和陆王的"心即理"虽理路不同，但都是要为"治国平天下"的理想找一形而上学的根据；这样就使宋明理学较之先秦儒学有了更加完善的理论体系。这一发展正是由于理学吸收、消化和融合了隋唐以来中国化的佛教宗派而形成的。但是，从根本上说，理学仍然是先秦以来儒家"心性"学说的发展，佛教只是助因。从这里我们也可以看出文化的"源"和"流"的关系。

（二）儒学与"西学"的传入

在 19 世纪末，由于西方列强的入侵，大大有利于西方文化（"西学"）在中国的传播。因此，引起了"中西古今之争"，此"中西古今之争"一直延续至今。所谓"中西古今之争"无非是说中国文化面临着三个相互联系的问题：如何对待西方文化；如何看待我国本民族的固有文化；在现时代如何创建我国自身的新文化。一个多世纪以来，西方学术思想像潮水一般地涌入我国，最早有影响的西方学说是严复翻译的《天演论》，因而进化论思想影响着中国几代人。其后，继之而有叔本华哲学、尼采哲学、康德哲学、古希腊哲学、无政府主义、马克思主义，英国经验主义、欧洲大陆理性主义、19 世纪德国哲学、实用主义、实在论，分析哲学、现象学、存在主义、结构主义，解构主义、解构性后现代主义以至建构性后现代主义等等，先后进入我国。中国学界面对如此众多的学术派别（西学），我们如何接受，如何选择，无疑是个大难题。

我们是不是可以根据百多年来的历史，对"西学"输入中国作一些分析？照我看，从中国社会发展的情况看也许可以把"西学"对中国学术思想的影响分成：中国社会迫切需要的思想、有利于促进中国哲学更新和发展的思想，以及和中国哲学较相近，能对中国社会发生巨大影响的思想等几类。当然也还有其他西方学术派别影响着我国学术界，此处就不一一详谈了。

第一，中国社会迫切需要的思想：自鸦片战争以来，中国社会迫切需要的是如何改变我国落后、挨打的局面。为了自强图存，再守着过时的思想文化传统，提倡什么"奉天承运""三纲六纪""中学为体，西学为用"已经不行了，中国社会必须"进化"，于是西方的"进化论"思想自严复的《天演论》译出之后无疑成为影响中国社会的主要思潮。其时，中华民国的缔造者孙中山即是"进化论"的信徒。至于我国学术文化界，无论是激进派的，如陈独秀、鲁迅、郭沫若等等，自由主义派的，如张东荪、胡适、丁文江等等都接受了"进化论"思想，甚至保守派的，如梁漱溟、杜亚泉等也不反对"进化"。[81] 其后，尼采的"重新估价一切"的思想深深地影响中国学术界，这正适合中国社会急遽变化之需要。中国必须改变，因而需要对过去的一切进行重新评估。1904 年，王国维介绍尼采时，指出尼采学说的目的是要"破坏旧文化而创造新文化"，为"弛其负担"而"图一切价值之颠覆"，并"肆其叛逆而不惮"，盛赞尼采的"强烈之意志而辅以极伟大之知力"。其后，鲁迅、陈独秀、沈雁冰（茅盾）、郭沫若等等无不要求以"强固的意志"去对旧传统"进行战斗"。特别是蔡元培在一次演讲中说："迫至尼采（原注：德国之大文学家），复发明强存弱亡之理，……弱者恐不能保存亦积极进行，以与强者相抵抗，如此世界始能日趋进化。"而傅斯年在《新潮》杂志上号召："我们须提着灯笼沿街找超人，拿着棍子沿街打魔鬼"，赞扬尼采是一个"极端破坏偶像家"。所以尼采思想在五四运动前后都有过重大影响。[82] 其他如无政府主义思想也曾发生过一定影响，盖因其反对"专制政权"甚激烈。

第二，有利于中国哲学得到更新和发展的思想：宋明理学在中国统治了近千年，这一学说日愈僵化，逐渐成为束缚人们思想的教条。因此，有了现代新儒学的出现。人们一向以自熊十力开创，而经牟宗三等发展，至今而有第三代如杜维明、刘述先等为现代新儒学的代表。但是，实际上在中国另外还有一些企图吸收"西学"来发展儒学的学派，例如以冯友兰为代表的"新理学"派和以贺麟为代表的"新心学"派。

熊十力的"新唯识论"体系虽颇有创见，但相对地说还是比较传统地继承着儒家哲学，不过我们已可以看出，他对"西学"确颇有认识，如他说："西学以现象为变异，本体为真实，其失与佛法等。"同时熊先生也看到中国哲学在"认识论"有不重"思辨"之缺点，故"中国诚宜融摄西洋而自广"，使两者结合而成"思修交尽之学"。[83] 可见，熊十力已注意到必须吸收西方哲学之长而为中国哲学开拓新的方面。其后，牟宗三则多吸收与融合康德哲学；而杜、刘等则以开放的心态面对西方哲学，而维护儒学传统则未变。

冯友兰的"新理学"之所以新，正是在把柏拉图的"共相"与"殊相"和"新实在论"（如"潜在"的观念）引入中国哲学。他把世界分成"真际"（或称之为"理"，或称之为"太极"）和"实际"，实际的事物依照所以然之理而成为其事物。冯先生之创建"新理学"，其意图主要是使中国哲学中的"形上学"更加凸显，以说明宋明理学可发展为与西方哲学媲美的形上学。[84]

贺麟的"新心学"的思想也许可以说包含在《儒家思想的新开展》一文中。他认为：（1）必须以西洋的哲学发挥儒家理学（此"理学"指"性理之学"）。由于中国哲学特别重视的在于道德精神的建构，而并非一种注重学说知识体系建构的哲学，如能会合融贯、吸收借鉴西洋哲学，不仅可作道德可能的理论基础，且可奠定科学可能的理论基础。（2）必须吸收基督教的精华以充实儒家的礼教。（3）必须领略西洋艺术而使新诗教、新乐教、新艺术与新儒学一起复兴。[85] 为什么贺麟要从这三个方面来讨论"儒家思想的新开展"？我认为，正是因为西方哲学一向重视对"真""善""美"问题的讨论，而贺麟正是希望在吸收西方文化的基础上发展"新儒学"。因此，他在《中国哲学与西洋哲学》中说："今后中国哲学的新发展，有赖于对西洋哲学的吸收与融会，同时中国哲学家也有复兴中国文化、发扬中国哲学，以贡献于全世界人类的责任。"[86]

汤用彤先生为什么在写完《汉魏两晋南北朝佛教史》之后，就开始研究"魏晋玄学"，主要是要梳理中国哲学自汉至魏晋南北朝之变化。他认为，中国哲学就思想上说自有其自身发展内在逻辑，印度佛教的传入虽对"玄学"的发展有推进作用，但它只是"助因"，而非正因。[87] 这也就是文化发展的"源"与"流"的问题吧！但这一研究的结果，却说明中国哲学自有其"本体之学"，而其"本体论"或与西方哲学不同，[88] 其"道""无""理""太极"等虽为"超越性"的，但它不离万事万物，而内在于万事万物，故"体用如一"，[89] 而其人生境界又是"即世间而出世间"的。

从以上几例可以看出，20世纪中叶中国哲学的研究者们特别注意自身哲学研究所未展开的方面，如认识论、形上学（本体论）、宗教精神、纯艺术精神，从而努力吸收西方哲学"以自广"。

第三，和中国哲学较相近而对中国社会发生较大影响的思想：

中国哲学的创造者，无论儒、道还是先秦其他诸子，都是有社会关怀的"士",这一传统十分久远,我们从《尚书·说命》中"非知之艰,行之惟艰"就可以看到儒家的精神是入世的,要"明明德"于天下。要"明明德"于天下,就不仅是个理念问题,必须实践,必须身体力行,必须见之于事功。所以孔子说:"吾岂匏瓜也哉?焉能系而不食?"所以儒家哲学是一种"治国平天下"的实践的哲学。[90]马克思《关于费尔巴哈的提纲》中说:"哲学家们只是用不同的方式解释世界,问题在于改变世界。""全部社会生活在本质上是实践的。"[91]因此,他们在"实践"问题上可有相同之处。马克思主义自20世纪以来一直影响着中国社会,除了中国社会确实需要一巨大的变革外,我认为这和儒家思想重视"实践"(道德修养的实践,社会政治生活的实践)有着密切的关系。毛泽东的《实践论》就是证明,这是大家都了解的。同时,儒学与马克思主义又都是带有理想主义的学派。儒学有其"大同"社会的理想;马克思主义有其共产主义的理想。[92]他们的理想主义或许带有某种"空想"成分,但无疑都有对人类社会发展前景的乐观主义的期盼,我们必须珍视。

中国学术界无疑都十分关心马克思主义中国化的问题,从哲学这个层面讲,我认为做得比较成功的应该是冯契同志。已故的冯契同志是一位有创造性的马克思主义者,他力图在充分吸收和融合中国传统哲学和西方分析哲学的基础上使马克思主义哲学成为中国化的马克思主义哲学。他的《智慧说三篇》可以说是把马克思主义的实践唯物辩证法、西方的分析哲学和中国传统哲学较好结合起来的尝试。[93]冯契同志在他的《智慧说三篇·导论》中一开头就说:"本篇主旨在讲基于实践的认识过程的辩证法,特别是如何通过'转识成智'的飞跃，获得性与天道的认识。"冯契同志不是要用实践的唯物主义辩证法去解决西方哲学的基本问题，而是要用实践的唯物主义辩证法解决中国哲学的"性与天道"的问题；而如何获得"性与天道"的认识，又借用了佛教哲学中的"转识成智"，以此来打通"天"与"人"的关系问题。他说："通过实践基础上的认识世界与认识自己的交互作用，人与自然、性与天道在理论与实践的辩证统一中互相促进，经过凝道而成德、显性以宏道，终于达到转识成智，造成自由的德性，体验到相对中的绝对、有限中的无限。"接着冯契同志用分析哲学的方法，对"经验""主体""知识""智慧""道德"等等层层分析，得出如何在"认识世界和认识自己的过程中转识成智"。首先，冯契同志把金岳霖先生的"以经验之所得还治经验"，扩充为"得之以现实之道还治现实"，而这个"得之以现实之道还治现实"必须有一个主体，这个"主体"即"我"。我认为这点很重要，因为没有离开"主体"的"现实"（"现实"已不是自在的，而是"为我之物"了），必须有一个主体，才可以在"认识世界和认识自己的过程中转识成智"。而"我"这个主体在现实生活中，必定是一"知识"的主体，又是一"道德"的主体。我想这里可能产生两个必须回答的问题：

第一个问题是："转识成智"，即是由"知识"领域进入"智慧"领域（境界），也就是说要由"以物观之"进入到"以道观之"。由此就要超越这个作为主体的"我"，这样，作为主体的"我"必须达到"与道同体"（王弼语）的境地，才是"以道观之"。

第二个问题是：作为知识的主体（认识世界的主体）和自由

道德人格的主体（认识自己的主体）在"转识成智"的过程中是同一的还是不同一的？如果是不同一的，"转识成智"将不可能，因为这样就不可能在"自证中体认道（天道、人道、认识过程之道）"。我认为，冯契同志正是运用实践唯物主义辩证法解决这两个问题的，也就是说用实践唯物主义辩证法来解决"性与天道"这一古老又常新的哲学问题。

冯契同志有一非常重要的命题："化理论为方法，化理论为德性。"他对这个命题解释说："哲学理论一方面要化为思想方法，贯彻于自己的活动，自己的研究领域；另一方面又要通过自己的身体力行，化为自己的德性，具体化为有血有肉的人格。"而无论"化理论为方法"，还是"化理论为德性"，都离不开实践。照我的理解，"化理论为方法"不仅是取得"知识"的方法，而且也是达到"智慧"的方法。冯契同志说："知识和智慧、名言之域和超名言之域的关系到底如何，便成为我一直关怀、经常思索的问题。""知识"的取得无疑离不开实践，而"智慧"是否也只能靠实践才能体证呢？冯契同志说："在实践的基础上认识世界和认识自己的交互作用中如何转识成智，获得关于性与天道的认识？这样一种具体的认识是把握相对中的绝对，有限中的无限，有条件的东西中的无条件的东西。这里超名言之域，要通过转识成智，凭理性的直觉才能把握的。"这里可以注意的是：认识世界和认识自己都必须在实践的基础上实现。世界和自我都是一个实在的发展过程，人生活在这个过程之中离不开实践的活动，没有实践就没有人的"世界"和人的"自我"，当然也就没有"性与天道"的问题；只有在实践中人才可以把"世界"和

"自我"内化，而有"性与天道"的问题。对"性与天道"的证悟，是把握相对中的绝对、有限中的无限。当然，我们说"转识成智"这种具体的认识是把握"相对中的绝对、有限中的无限"也是具有相对性的。对于一个哲学家来说，他可以完成"转识成智"，但是对于人类来说，由于只要有人类存在，人们的实践活动总是要继续下去的，而且要不断地使人们的认识在实践的基础上，由具体到抽象，再由抽象上升到具体。因此，实践的唯物主义辩证法作为一种方法，它不仅是取得"知识"的方法，而且也是体证"智慧"的方法。但是，正如冯契同志所说，"知识"和"智慧"不同，"知识"所及为可名言之域，而"智慧"所达为超名言之域，这就要"转识成智"。照冯契同志看，"转识成智"要"凭理性的直觉才能把握"。对这一点冯契同志也有一个解释："哲学的理性的直觉的根本特点，就在于具体生动地领悟到无限的、绝对的东西，这样的领悟是理性思维和德性培养的飞跃。"（按：这有点像熊十力先生所提出希望建立"思修交尽"的"量论"那样）"理性的直觉"这一观念很重要，照我看，它是在逻辑分析基础上的"思辨的综合"而形成的一种飞跃。如果没有逻辑分析，就没有理论的说服力；不在逻辑分析基础上作"思辨的综合"，就不可能形成新的哲学体系。因而，"理性的直觉"不是混沌状态的"悟道"，而是清楚明白的自觉"得道"。我们从冯契同志许多论文中，特别是《导论》中，可以体会他运用逻辑分析和思辨综合的深厚功力，正由于此，实践唯物主义辩证法才更具有理论的力量，这也说明他研究的目的归根结底是为了用实践唯物辩证法来解决"性与天道"这一古老又常新的中国哲学问题，以贡献于世界。

前面我们已经讲到，冯契同志的"智慧"学说就是要解决"性与天道"问题的学说，他说："关于道的真理性认识和人的自由发展内在地联系着，这就是智慧。"这里冯契同志非常注重"道的真理性的认识"和"人的自由发展"的内在联系。从这一点看，冯契同志的"智慧"学说也是颇具有中国哲学的特色的。"涵养须用敬，进学在致知"。前者是属于道德修养的问题，后者是属于知识学问的问题。在中国哲学史中，特别是在儒家哲学中，"道德"和"学问"是统一的，学以进德。朱熹说："为学，须思所以超凡入圣。"[94]冯契同志认为，"转识成智"是在实践基础上认识世界和认识自己交互作用所达到的飞跃。我认为这里有两点很重要：第一是认识世界和认识自己都必须在实践的基础上才有可能实现；第二是认识世界与认识自我是一个统一的过程。只有在它们的交互作用中才能实现"转识成智"。对此，冯契同志把"德性之知"引入他的哲学体系。他特别申明："我不赞成过去哲学家讲德性之智时所具有的先验论倾向，不过，克服了其先验论倾向，这个词还是可以用的。"在中国哲学史中，张载首先提出"德性之知"，他说："见闻之知，乃物交而知，非德性所知；德性所知，不萌于见闻。"[95]张载把"见闻之知"与"德性之知"割裂开来，因此确有先验论倾向。为什么在张载的哲学里会发生这样的问题呢？我认为，他没有认识到在实践的基础上"见闻之知"和"德性之知"可以统一起来。而冯契同志解决了这个问题，他说："主体的德性自在而自为，是离不开化自在之物为我之物的客观实践活动过程的。"我认为冯契同志的这个看法是接着中国哲学的问题讲的，对中国哲学中关于"知识学问"与"德性修养"的关系给了更为合理的解决。

从中国哲学的传统看，"做学问"与"做人"应是统一的，一个人学问的高下往往是和他境界的高低相联系的。冯契同志认为，"做学问"首先要"真诚"。《中庸》说："唯天下至诚，为能尽其性。能尽其性，则能尽人之性；能尽人之性，则能尽物之性；能尽物之性，则可以赞天地之化育；可以赞天地之化育，则可以与天地参矣。"学问要做到"转识成智"，要达到"参天地，赞化育"的境界，必须有一至诚的心。"做学问"要"真诚"，"做人"同样要"真诚"，真诚的人才可以做到"化理论为方法，化理论为德性"。这无疑是儒家理想的生活态度，也是马克思主义者理想的生活态度。冯契同志在这两方面都为我们作出了榜样，而且他的"智慧学说"之所以有其理论的力量也正在于此。

近半个世纪以来，要想做一个真正有创造性的哲学家是很难的，这点我们大家都有体会，正因为如此，《智慧说三篇》就更有其特殊的价值。我之所以用比较长的篇幅来讨论冯契同志的《智慧说三篇》，是因马克思主义中国化对当前中国哲学的发展是个最重大的问题。司马迁作《史记》对自己有个要求，这就是要求他的书能"究天人之际，通古今之变，成一家之言"，冯契同志的《智慧说三篇》不正也是一部努力追求"究天人之际，通古今之变，成一家之言"的智慧书吗？有真诚之心做学问的学者们多么希望有更为宽松的学术环境，使他们能充分发挥自己的才智，创作更多更好地体现我们这个时代的哲学著作来。

从印度佛教文化（哲学）的传入到西方文化（哲学）的传入

毕竟有一个"源"与"流"的关系。我认为，从文化（哲学）发展的"源"与"流"的关系看，中国文化（哲学）的前景可以有两个不同的提法：一个是新的中国文化（哲学）将沿着中国化的马克思主义发展；另一是新的中国文化将会是吸收马克思主义和其他各民族的优秀文化（哲学）的中国自身的文化（中国哲学）。说法或有差异，前者的重点是在马克思主义吸收了中国特有文化而成为新的中国文化；后者是说中国自身文化传统吸收了马克思主义而成为新的中国文化。我认为，这两个发展方向也许并不对立，或可互补？但是，中国文化毕竟应是中国自身的文化，这样才有"根"，才是由其源头发展下来的中国文化。无论如何，建设新的中国哲学、新的儒家哲学是需要我们长期、深入不断研究的。

《中国儒学史》是由多位学者合力撰写的，在学术思想上不可能完全一致，甚至可能是很不一致，如何办？我认为，或许不一致并不是坏事，而是好事，因为这样可以留下继续讨论、更加深入研究的余地。我们只要求史料有根有据，论说"持之有故，言之成理"，表达清楚明白，并有自己的创新见解，这样就可以了。也就是说，《中国儒学史》虽是一部书，但仍应可体现"百家争鸣"的精神。当然，在写作的"体例"上，我们希望能尽可能一致。

这篇"总序"并不代表参与《中国儒学史》编撰的众多学者的看法，也没有经过大家讨论，因此它只是我个人的一些看法，所以不能算是一篇真正的"总序"。欢迎大家批评指正。

汤一介

2010 年 4 月 3 日完成

1　［德］卡尔·雅斯贝斯：《历史的起源与目标》，魏楚雄、俞新天译，华夏出版社，1989年，第14页。

2　《为了共同福祉——约翰·科布访谈》（王晓华访问记），上海：《社会科学报》，2002年6月13日。

3　参见［美］杰里米·里夫金：《欧洲梦》序言，杨治宜译，重庆出版社，2006年，第8页。

4　参见丁浩：《浅析印度国大党的教派主义倾向及其影响》，见于《重庆科技学院学报（社会科学版）》，2007年第1期。

5　参见汝信总主编：《世界文明大系·印度文明卷》，中国社会科学出版社，2004年，第554页。

6　参见曹小冰：《印度特色的政党和政党政治》，当代中国出版社，2005年，第237页。

7　参见汝信总主编：《世界文明大系·印度文明卷》，第555—558页。

8　［英］罗素：《中西文明的对比》，刊于《中国问题》，学林出版社，1996年，第146页。

9　参见《论雅斯贝斯的世界哲学及世界哲学史的观念——代"译序"》，载［德］雅斯贝斯：《大哲学家》，李雪涛等译，社会科学文献出版社，2005年，第12页。

10　［德］恩格斯：《世界是有联系的整体·对世界的认识》，载《恩格斯著〈反杜林论〉参考资料》附录，北京大学哲学系编，1962年，第137页。

11　［英］罗素：《西方哲学史》下册，马元德译，商务印书馆，1963年，第143页。

12　《周易·系辞下》中还说："君子安而不忘危，存而不忘亡，治而不忘乱，是以身安而国家可保也。"司马迁《报任安君书》中说："盖西伯拘而演《周易》，……大氐圣贤发愤之所为作也。"周文王演《周易》正是基于其"忧患意识"。

13　事见《左传》隐公四年。

14　事见《史记·管蔡世家》。

15　见《论语·宪问》，又见《左传》庄公八年和九年。

16　见《孟子·梁惠王下》。

17　参见拙作《五四运动的反传统与学术自由》，台湾联经出版事业公司，1989年。该文中有如下两段："中国知识分子大都对社会有着强烈的社会责任感和历史使命感；'天下兴亡，匹夫有责'，他们为了尽社会责任和完成历史使命可以'杀身成仁''舍生取义'。中国知识分子这种对国家和民族命运的关怀，无疑是十分可贵的。但是也正因为这种过分强烈的社会责任感和历史使命感，而使他们陷于'急功近利'，而要直接参与政治，去从政做官了。我不知道这对中国社会是'幸'还是'不幸'，不过我私以为'不幸'的成分为多。照我看，知识分子应该是以创造知识和传播知识为谋生手段。他们对政治的意义在于批判、议论，他们应有不与非真理和半真理妥协的良心。""中国知识分子由于超强的社会责任感和历史使命感往往由'不治而议'走向'治而不议'，把'做官'看成他们最重要的使命，从而失去他们对社会政治的批判功能，并且很可能成为政治权力的附庸。"

18　《周易·乾卦·彖辞》："乾道变化，各正性命，保合太和，乃利贞。"

19　［英］罗素：《西方哲学史》下册，马元德译，商务印书馆，1988年，第91页。

20　《怀特海的〈过程哲学〉》（刊于2002年8月15日上海《社会科学报》）中说："（怀特海）的过程哲学（process philosophy）把环境、资源、人类视为自然中构成密切相连的生命共同体，认为应该把环境理解为不以人为中心的生命共同体。这种新型生态伦理，对于解决当前的生态危机具有重要的现实意义。过程哲学是生态女性主义的思想之根，因为生态女性主义的哲学基础是彻底的非二元论，是对现代二元思维方式的批判，而怀特海有机整体观念，正好为它提供了进行这种批判的理论根据。"可见，现代一些西方哲学家已经对"天人二分"的二元对立的思维模式作出反思，并且提出了"自然"与"人"构成"密切相连的生命共同体"。

21 《朱子语类》，中华书局，1986 年，第 387 页。

22 康德的墓志铭上写着："有两样东西，我们愈经常愈持久地加以思索，它们愈使心灵充满不断增长的景仰和敬畏：在我们之上的星空和我心中的道德法则。"是不是说，康德也认为应对"天"有所敬畏呢？这和孔子的"畏天命"是不是有相通之处呢？

23 见《孟子·尽心上》。《中庸》中说："唯天下至诚，为能尽其性；能尽其性，则能尽人之性；能尽人之性，则能尽物之性；能尽物之性，则可以赞天地之化育；可以赞天地之化育，则可以与天地参矣。"此可以为孟子"亲亲而仁民，仁民而爱物"之开展。因此，孔孟之"仁爱"学说，不仅可以为解决"人与人"之间关系，也可以为解决"人与自然"之间关系，提供有意义的思想资源。

24 朱熹《四书或问》说："但能致中和于一身，则天下虽乱，而吾身之天地万物不害为安泰；其不能者，天下虽治，而吾身之天地万物不害为乖错。其间一家一国，莫不皆然，此又不可不知耳。"盖人生在世，必有一"安身立命"之原则和境界。黄珅校点，上海古籍出版社、安徽教育出版社，2001 年，第 56 页。

25 冯平在《现代西方价值哲学经典》（北京师范大学出版社，2009 年）的"序言"中说："现代西方价值哲学是一场哲学运动，这场运动发轫于 19 世纪 40 年代，起始于新康德主义。"最早将现代西方价值哲学介绍到中国来的是张东荪先生。张东荪先生在 1934 年出版了以他在燕京大学的讲义为基础的《价值哲学》一书。

26 在孔汉思和库舍尔编、何光沪译的《全球伦理——世界宗教议会宣言》中《全球伦理普世宣言的原则》罗列了许多与孔子"己所不欲，勿施于人"相同或相近的话，如《圣经·利未记》："要爱自己的人，像爱自己一样。"犹太教的主要创立者希勒尔说："你不愿施诸自己的，就不要施诸别人。"《摩诃婆多》："毗耶婆说：你自己不想经受的事，不要对别人做。"第 149、150 页。

27 郭店楚简中的《性自命出》说："道始于情。"人与人之间的关系开始是建立在"情感"的基础上。

28 《中庸》："唯天下至诚，为能尽其性。能尽其性，则能尽人之性。能尽人之性，则能尽物之性。能尽物之性，则可以赞天地之化育。可以赞天地之化育，则可以与天地参矣。"

29 《孝经·三才章》："'君王'则天之明，因地之利，……是故先之以博爱，而民莫遗其亲。"如果能使"博爱"（即如天地一样及人、及物）成为社会伦理准则，那么就不会发生违背家庭伦理的事。

30 《圣经·加拉太书》："你们因信基督耶稣都是神的儿子。你们受洗归入基督的，都是披戴基督了。并不分犹太人和希腊人，自由人和奴隶，男人和女人，因为你们在基督里都成为一了。"《圣经·马太福音》记有耶稣的《登山教训》中说："使人和睦的人有福了，因为他们必称为上帝的儿子。"

31 丁福保编：《佛教大辞典》，文物出版社，1984 年，第 1046 页。

32 在佛教的"十二因缘"中有"爱"，但"十二因缘"中的"爱"是指"欲望"的意思，有"占有"义，而"慈悲"是一种无"占有欲"、无功利目的的"爱"，是"普度众生"的"博爱"。这里可能有翻译问题。

33 费孝通：《文化论中人与自然关系的再认识》，见北京大学中国社会与发展中心、北京大学社会学系、北京大学社会学人类学研究所《ISA 工作论文》，2002 年。

34 见于郭店楚简中的《语丛》和《性自命出》。

35 严复在《与〈外交报〉主人书》中说："善夫金匮裘可桴孝廉之言曰：体用者，即一物而言之也。有牛之体，则有负重之用；有马之体，则有致远之用。未闻以牛为体，以马为用者也。……故中学有中学之体用，西学有西学之体用，分之则并立，合之则两亡。"见《严复集》第三册，中华书局，1986 年，第 558—559 页。

36 语见严复《原强》,《严复集》第一册,中华书局,1986年,第11页。

37 《白虎通义·三纲六纪篇》说:"《含嘉文》曰:君为臣纲,父为子纲,夫为妻纲。又曰:敬诸父兄,六纪道行,诸舅有义,族人有序,昆弟有亲,师长有尊,朋友有旧。……所以疆理上下,整齐人道也。……是以纲纪为化,若罗网之有纪纲,而万目张也。"

38 恩格斯在《费尔巴哈与德国古典哲学的终结》中说:"在中世纪,随着封建制度的发展,基督教形成为与封建制度相适应的宗教,……中世纪把哲学、政治、法律等思想体系的一切囊括在神学之内,变成神学的分科。"张仲实译,人民出版社,1949年,第46页。

39 罗素在《西方哲学史》中说:"不能自圆其说的哲学决不会完全正确,但是自圆其说的哲学满可以全盘错误,最富有结果的各派哲学向来包含着显眼的自相矛盾,但正因为了这个缘故才部分正确。"见《西方哲学学》下册,第143页。罗素这段话应说对任何哲学都有意义。

40 《北京晚报》2007年3月16日刊温家宝同志答法国《世界报》记者问说:"民主、法制、自由、人权、平等、博爱,这不是资本主义所特有的,这是整个世界在漫长的历史过程中共同形成的文明成果,也是人类共同的追求的价值观。"

41 "自由主义既使人免于市场经济之前时代的束缚,也使人们承受着金融和社会灾难的危机。"见耶鲁大学教授保罗·肯尼迪:《资本主义形式会有所改变》,《参考消息》,2009年3月16日。

42 《为了共同的福祉——约翰·科布访谈》(王晓华访问记),上海《社会科学报》,2002年6月13日。

43 参见杰里米·里夫金:《欧洲梦》,第326页。

44 在中国传统文化的儒家思想中,特别是先秦儒家思想认为,人与人之间有着一种相互对应的关系,如"君仁臣忠""父慈子孝""兄友弟恭"等等。《礼记·礼运》:"何谓人义?父慈子孝,兄良弟弟,夫义妇听，长惠幼顺，君义臣忠，十者谓之人义。"《左传·昭公二十六年》："君令臣共，父慈子孝，兄爱弟敬，夫和妻柔，姑慈妇听，礼也。"

45　关于"和谐"观念在中国典籍中论述颇多，如《周易·乾卦·象辞》："乾道变化，各正性命，保合太和，乃利贞。"(《张子正蒙注》："太和，和之至。")《论语》中有"礼之用，和为贵"；"和而不同"。《国语·郑语》："夫和实生物，同则不继。"在西方，莱布尼兹哲学被称为是一种"和谐的体系"（system of Harmony），他的思想建立在所谓普遍的和谐（universal Harmony）之上，他的"单子论"是视宇宙整体为和谐系统的一种学说，而在分殊性中看出统一性来。关于"中庸"的观念，如《书经·大禹谟》："允执厥中。"《论语》："子曰：中庸之为德也，其至矣乎，民鲜久矣。"（朱熹《四书集注·论语集注》："中者，不偏不倚无过不及之名，庸，平常也。"）《中庸》中的"中和"（"中也者，天下之大本也；和也者，天下之达道也。"），郑玄《礼记·中庸》题解："名曰中庸者，以其记中和之用也。庸，用也。""执其两端，用其中于民。"西方哲学中有"mean"一词，我们把它译成"中庸"。亚里士多德把"中庸"和节制相联系，并提出一套系统的理论。他认为，万物皆有其中庸之道，如"10"这个数"5"居其中；人的心理状态、情感中，欲望过度是荒淫，不及则是禁欲，节制是适度。中庸有两种，自然界的中庸是绝对的，人事的中庸则是相对的。在伦理学上，人的一切行为都有过度、不及和适度三种状态，过度和不及都是恶行的特征，只有中庸才是美德的特征和道德的标准。美德是一种适中，是以居间者为目的。他还把这种中庸原则运用于政治国家学说。他认为，由中等阶级治理的国家最好，因为拥有适度的财产是最好的，最容易遵循合理的原则，最不会逃避治国的工作或拥有过分的野心，是国家中最安稳的公民阶级；由中等阶级的公民组成的城邦，是结构最好的和组织最好的，因此有希望把国家治理得很好。

46　《为了共同的福祉——约翰·科布访谈》（王晓华访问记），上海《社会科学报》，2002 年 6 月 13 日。

47　参见《建设一个协力、尽责、多元的世界》，《跨文化对话》第九集，上海文化出版社，2002 年。

48　该文见于《光明日报》，2009 年 8 月 31 日。

49　[美] 郝大维、安乐哲：《通过孔子而思》中译本序，何金俐译，北京大学出版社，2005 年，第 5 页。

50　《中法学者沪上共论孔子思想》，上海《文汇报》，2009 年 4 月 18 日。

51　马一浮：《马一浮集》第一册，浙江古籍出版社、浙江教育出版社，1996 年，第 10 页。

52　见于饶宗颐先生近日所写的《〈儒学〉与新经学及文艺复兴》一文，《光明日报》，2009 年 8 月 31 日。

53　"六艺"之名始见《史记》中《伯夷传》《李斯传》等，后刘歆编纂《七略》，其一为《六艺略》。马一浮先生把"国学"定为"六艺之学"甚有道理。参见拙作《论马一浮的历史地位与思想价值》，见《儒学天地》，2009 年 1 期。

54　《庄子·天下》："《诗》以道志，《书》以道事，《礼》以道行，《乐》以道和，《易》以道阴阳，《春秋》以道名分。"《荀子·儒效》："圣人也者，道之管也。天下之道管是矣，百王之道一是矣，故《诗》《书》《礼》《乐》之道归是矣。《诗》言是，其志也；《书》言是，其事也；《礼》言是，其行也；《乐》言是，其和也，《春秋》言是，其微也。"

55　《史记·孔子世家》："孔子五十而学《易》，韦编三绝。"

56　《礼记·经解》："孔子曰：入其国，其教可知也。其为人也，温柔敦厚，《诗》教也；疏通知远，《书》教也；广博易良，《乐》教也；絜静精微，《易》教也；恭俭庄敬，《礼》教也；属辞比事，《春秋》教也。"

57　参见《中国儒学大观》，北京大学出版社，2001 年，第 24 页。

58 杨伯峻：《春秋左传注》，中华书局，1981 年，第 1 册，第 10—14 页。

59 《易传》中除《系辞》，还包含其他部分，都可作专门讨论，但限于
    篇幅，本文只讨论《系辞》对《易经》的解释问题。

60 王弼大概还有专门对《系辞》作的玄学本体论解释，这不仅见于韩
    康伯《周易系辞注》中所引用的王弼对"大衍之义"的解释，还见
    于杨士勋《春秋穀梁传疏》中引用王弼的话。

61 《世说新语·文学篇》"裴成公作《崇有论》"条，注引"晋诸公赞
    曰：自魏太常夏侯玄、步兵校尉阮籍等皆著《道德论》云云。

62 冯友兰先生所用"真际"一概念，在佛教中已普遍使用，如《仁王
    经》上说："以诸法性即真际故，无来无去，无生无灭，同真际等
    法性。"《维摩经》说："非有相非无相，同真际等法性。"丁福保
    《佛学大辞典》谓"真际"即至极之义。"道"虽不是实际存在的
    事物，但它并不是"虚无"，而是"不存在而有"（nonexistence but
    being），这是借用金岳霖先生的意思。（参见冯友兰：《中国现代哲
    学史》，第 217 页，广东人民出版社，1999 年）陆机《文赋》："课
    虚无以责有，叩寂寞而求音。"正是"不存在而有"的最佳表述。

63 《周易王韩注》第三十八章："万物虽贵，以无为用，不能舍无以为
    体也。"

64 关于"三"的问题，庞朴同志提出"一分为三"以区别于"一分为
    二"，这点很有意义。如果从哲学本体论方面来考虑，"一分为三"
    的解释或可解释为在相对应的"二"之上或之中的那个"三"可以
    是"本体"，如"太极生两仪"，合而为"三"，"太极"是"本体"，
    而"两仪"是"本体"之体现。我在一篇文章中讨论过，儒家与道
    家在思想方法上有所不同，儒家往往是于两极中求"中极"，如说
    "过犹不及""叩其两端""允执其中"，而道家则是于"一极"求
    其对应的"一极"，如"天下皆知美之为美，斯恶已"。（参见《论
    〈道德经〉建立哲学体系的方法》，《哲学研究》，1986 年第一期）
    儒家于"两极"中求"中极"，这"中极"并不是和"两极"平列

的，而是高于"两极"之上的。就本体意义上说，这"中极"就是"中庸"，就是"太极"。因此，就哲学上说，"一分为三"与"一分为二"都是同样有意义的哲学命题。就哲学意义上说"一分为三"实是以"一分为二"为基础。

65 例如《淮南子·天文训》中说："道始于虚霩，虚霩生宇宙，宇宙生元气，元气有涯垠，清阳者薄靡而为天，重浊者凝滞而为地。"《孝经纬·钩命诀》："天地未分之前，有太易、有太初、有太始、有太素、有太极，是为五运。形象未分，谓之太易。元气始萌，谓之太初。气形之端，谓之太始。形变有质，谓之太素。质形已具，谓之太极。五气渐变，谓之五运。"可见，汉朝的宇宙生成论大体上都是"元气论"。

66 李零：《郭店楚简校读记》，北京大学出版社，2002年，第72页。

67 此五篇论文均收入拙著《和而不同》一书中，辽宁人民出版社，2001年。

68 王弼《周易略例·明象》："夫象者，出意者也；言者，明象者也。尽意莫若象，尽象莫若言。言生于象，故可寻言以观象；象生于意，故可寻象以观意。意以象尽，象以言著。故言者所以明象，得象而忘言；象者所以存意，得意而忘象。"参见汤用彤先生《魏晋玄学论稿》中之《言意之辩》，《汤用彤全集》第四卷，河北人民出版社，2000年，第22页。

69 陆九渊著，钟哲点校：《陆九渊集》，中华书局，1980年，第522页。《陆氏年谱》记载有杨简曾闻："或谓陆先生云：'胡不注六经？'先生云：'六经当注我，我何注六经。'"

70 杭世骏：《李义山诗注序》，《道古堂全集·文集》卷八。

71 参见拙作《论创建中国解释学问题》，《中国哲学》第二十五辑，辽宁教育出版社，2004年。

72 ［英］罗素《中西文明的对比》，刊于《中国问题》，第146页。

73 "向子期（秀）以儒道为一。"（谢灵运《辨宗论》)，汤用彤《王弼之〈周易〉、〈论语〉新义》说："陈寿《魏志》无王弼传，仅于《钟会传》尾附叙数语，实太简陋。然其称弼'好论儒道'，'注《易》及《老子》'，孔老并列，未言偏重，……盖世人多以玄学为老、庄之附庸，而忘其亦系儒学之蜕变。"汤著《向郭义之庄周与孔子》中说："郭序曰，《庄子》之书'明内圣外王之道'。向、郭之所以尊孔抑庄者，盖由此也。"其时有王（弼）韩（康伯）《周易注》、何晏《论语集解》、王弼《论语释疑》、向秀《周易注》、郭象《论语体略》《论语隐》、皇侃《论语义疏》等等。

74 参见汤用彤《魏晋玄学的发展》，《汤用彤全集》第四卷，河北人民出版社，2000 年，第 112 页。

75 参见汤用彤《谢灵运〈辨宗论〉书后》，《汤用彤全集》第四卷，第 96—102 页。

76 智顗《修习止观坐禅法要》："一切诸法，皆由心生。"

77 契嵩本《坛经·无相颂》："恩则孝养父母，义则上下相怜。"宋宗杲大慧禅师说："予虽学佛者，然爱君忧国之心，与忠义士大夫等。""学不至，不是学；学至而不用，不是学；学不能化物不是学。学到彻头处，文亦在其中，武亦在其中，事亦在其中，理亦在其中，忠义孝道乃至治身治人安国安邦之术无不在其中。"

78 无门和尚《颂》："春有百花秋有月，夏有凉风冬有雪，若无闲事挂心头，便是人间好时节。"

79 《朱子语类》卷一中，朱子曰："太极只是天地万物之理。在天地言，则天地中有太极，在万物言，则万物中各有太极。未有天地之先，毕竟是先有此理。""伊川说得好，曰'理一分殊'。合天地万物而言，只是一个理，及在人，则又各有一个理。"

80 《陆九渊集》中《与曾宅之》写到："盖心，一心也；理，一理也；至当归一，精义无二，此心此理，实不容二。"王阳明《传习录上》中说："心即理也，天下又有心外之事，心外之理乎？……心即理也，此心无私欲之蔽，即是天理，不须外面添一分。"

81 杜亚泉《接续主义》中说："国家之接续主义，一方面含有开进之意味，一方面又含有保守之意味。盖接续云者：以旧业与新业相接续之谓。有保守而无开进，则拘墟旧业，复何用其接续乎！"

82 参见乐黛云：《尼采与中国现代文学》，收入《比较文学与中国现代文学》，北京大学出版社，1987年。

83 参见《熊十力全集》第五卷，第57、58、63页，第四卷，第105、111页，湖北教育出版社，2001年。

84 可参见冯友兰：《三松堂全集》第四卷《新理学》，河南人民出版社，1986年。

85 贺麟：《儒家思想的新开展》，见《文化与人生》，商务印书馆，1988年，第8、9页。

86 见贺麟《哲学与哲学史》，商务印书馆，1990年，第127页。

87 参见《魏晋思想的发展》，《汤用彤全集》第四卷，第112页。

88 汤用彤：《魏晋玄学流派略论》中指出，魏晋玄学与东汉有根本之不同，他说："魏晋玄学已不复拘于宇宙运行之外用，进而论天地万物之本体。汉代寓天道于物理，魏晋黜天道而究本体，以寡御众，而归于玄极（王弼《周易略例·明象》）；忘象得意，而游于物外（《周易略例·明象》）。于是脱离汉代宇宙论（Cosmology or Cosmogony）而流连于存存本之真（Ontology or Theory of Being）。"按：张东荪否认中国有"本体论"（参见张耀南《张东荪知识论研究》，台湾洪叶文化事业有限公司，1995年）。又，俞宣孟教授也反对中国有本体论（参见上海《社会科学报》，2004年9月9日）。这是由于他们企图用西方本体论学说规范中国哲学之故。

89 《周易注》引王弼曰："演天地之数，所赖者五十也。其用四十有九，则其一不用也。不用而用之以通，非数而数之以成，斯易之太极也。四十有九，数之极也。夫无不可以无明，必因于有，故于有物之极，而必明其所由之宗也。"郭象《庄子注》："夫圣人虽身在庙堂之上，然其心无异于山林之中，世岂识之哉！"

90　参见拙作《论知行合一》，收入《反本开新——汤一介自选集》中，首都师范大学出版社，2008 年。

91　《马克思恩格斯全集》第三卷，人民出版社，1960 年，第 8 页。

92　《礼记·礼运》："孔子曰：'大道之行也，与三代之英，丘未之逮也，而有志焉。大道之行也，天下为公。选贤与能，讲信修睦，故人不独亲其亲，不独子其子，使老有所终，壮有所用，幼有所长，矜寡孤独废疾者皆有所养。男有分，女有归。货恶其弃于地也，不必藏于己；力恶其不出于身也，不必为己。是故谋闭而不兴，盗窃乱贼而不作，故外户而不闭。是谓大同。'"《马克思、恩格斯、列宁、斯大林论共产主义社会》："在共产主义社会高级阶段，迫使人们奴隶般的服从社会分工的现象已经消失，脑力劳动和体力劳动的对立也随之消失，劳动已不仅仅是谋生的手段，而且成了生活的第一需要，生产力已随着每个人的全面发展而增长，一切社会财富的资源都会充分地涌现出来，……只有在那时候，才能彻底打破资产阶级法权的狭隘观点，社会才能把'各尽其能、各取所需'写在自己的旗帜上。"（人民出版社，1958 年，第 11 页）

93　参见拙作《读冯契同志〈智慧说三篇〉导论》，上海《学术月刊》1998 年增刊。

94　《朱子语类》，第 135 页。

95　《正蒙·大心篇》，《张载集》，中华书局，1978 年，第 24 页。

附录二
读汤一介先生
《〈中国儒学史〉总序》的几点体会

年钟鉴

　　汤一介先生晚年衰病交困，仍然孜孜不倦地推动《儒藏》、北大儒学院、中国文化书院、什刹海书院等多项重要文化事业，取得显著成果，产生了广泛的社会影响。他又主持编写并出版了多卷本的《中国儒学史》，完成一项重大学术工程。汤先生念念不忘我这个老学生，邀我参加相关活动，把整套《中国儒学史》寄送给我，使我在思考和探讨儒道佛三教关系史的过程中不断从中吸取营养，对于这种润物细无声的师恩，我终生难忘。

　　由汤一介、李中华主编，由一批著名学者分撰的《中国儒学史》共九卷（先秦卷，王博著；两汉卷，许抗生、聂保平、聂清著；魏晋南北朝卷，李中华著；隋唐卷，陈启智著；宋元卷，陈来、杨立华、杨柱才、方旭东著；明代卷，张学智著；清代卷，汪学群著；近代卷，张耀南著；现代卷，胡军著），计450万字，从先秦写到现代，时间跨度2500年，详述了儒学产生、发展、演变的全过程，包括儒学在不同时期主要代表人物、思想、学派、社会影响，又阐释了儒学与经学、儒道互补、儒道佛三教合流、儒学与诸子、儒学与西学的动态关系。我没有通读全书，但认真阅读了其中几卷，又翻阅其他数卷某些章节，可以说它是迄今内涵最为丰富、资料最为详备、脉络最为系统、思想最为新颖的一部中国儒学通史，是资料与观点并重、功底扎实、可以传世的作品，值得研究中国思想史的学者多花一些时间阅读，我们应当向作者们表示崇高的敬意。当然，各卷作者不同，在写作体例统一的同时，学术观点有一致也有差异，如汤先生在总序中所指出的，这样"可体现'百家争鸣'的精神"。

汤先生为该书所写总序，洋洋五万余言，一方面它是对《中国儒学史》写作指导思想、写作视野、编写方式、全书特色的宏观论述，因此是一篇高水平的切合全书内容的总序；另一方面它又是改革开放以来汤先生对儒学研究一系列哲学思考的一次总汇和结晶，它超出了一般书序，是可以独立成书的，它展示汤先生老年时期自由的思想、独立的见解、创新的观念，体现他走在时代的前列，引领学术潮流的风采。总序是一篇下了大功夫的厚重之作，是汤先生晚年最具系统性、学术性、理论性的作品，可以称为"汤一介晚年定论"。

总序的学术价值我体会有以下几点。

一、总序深刻阐明了现代儒学新发展的伟大意义

汤先生满怀信心地指出："我估计在 21 世纪儒学作为一种精神文化在中国甚至在世界（特别是在东亚地区）将会有新的发

展"。对中国而言，儒学"曾居主流地位"，"曾是中华民族发育成长的根"，承担着"存亡继绝"的复兴中国文化的使命，而中华民族正处在伟大复兴进程之中，它必然要求和推动民族文化的复兴。汤先生强调说，新的现代儒学必须经过自我反省，能够为民族复兴和世界的和平与发展提供有意义的精神力量，能够促进民族团结、友好、互信、互助、和睦相处，能够返本开新，深刻了悟源头，做出合乎时代的新解释，"重新燃起火焰"。对于世界而言，人类正面临着大变动和全球化的时代，矛盾错综复杂，有识之士发出对新轴心时代的呼唤，在欧洲出现建构性后现代主义对于现代二元论的科学主义和工具理性的批判，认为第一次启蒙运动的口号是解放自我，那么新世纪第二次启蒙运动的口号则是尊重他者，尊重差别。作为轴心时代的重要思想代表的孔子儒学，因其和谐智慧而得到世界各国越来越大的关注，能够同其他文明一起，为建设安定和谐的人类命运共同体作出贡献。汤先生站在全球的高度和时代的前沿审视儒学创新的国内外意义，起了引领学术潮流的作用。历史必将证明，新儒学将与民族复兴互动，将与世界和平同行。

二、总序切实论述了现代儒学创新的途径和着力点

汤先生用当代的分析眼光重新审视历史上的儒学，认为政统的儒学如"三纲六纪"已经基本过时，可继承者不多；道统的儒学有传承性和包容性，也有学派的排他性；学统的儒学，包括其世界观、思维方法和对真善美的追求等，资源丰厚，要特别加

以重视。对于学统儒学的继承，一要有文化上的主体意识，二要关注它对其他文化的吸收，三要考察它的更新与发展，四要不断反思它的内在矛盾，不断发掘儒学的真精神并加以新的诠释。据我所知，牟宗三在《道德的理想主义》一文中提出儒学"三统并建"之说，肯定道统（人生宇宙价值本源），开出学统（学术独立），发展政统（民主政治）。我在纪念他的文章中说："若仅从政统上讲，容易将之（儒学）归结为封建主义意识形态，从而予以否定。假如我们能从道统上看儒家在铸造民族之魂中的作用和从学统上看儒学对中国学术文化的贡献，那就会全面评价儒学。即使从政统上说，政治儒学也有精华之处，例如讲'民为邦本''为政以德''导之以德、齐之以礼'等"。（参见牟钟鉴：《记忆中的牟宗三先生》，《涵泳儒学》，北京：中央民族大学出版社，2011年，第605页。）后来我更明确地提出"'三纲'不能留，'五常'不能丢，'八德'都要有"，并将儒学定位为"社会德教"，它的价值在于为社会政治、经济、文化、外交、军事、人生各领域提供基本的道德文明规范，而不在具体设计运行模式，也不热衷建立严格的团体。今后创新的儒学也应如此，所以不赞成儒学政治化、宗教化、商业化。（参见牟钟鉴：《社会德教——儒学的过去与未来》，《孔子研究》2014年第1期。）我的观点与汤先生有同有异，在此提出来求教于学界朋友。

总序认为创新儒学要关注它的入世精神、忧患意识。中国儒者具有强烈的社会责任感和历史使命感，因而有对现实弊端的批判精神和居安思危的情怀，现代中国知识分子要加以发扬和提升，使我们民族能够不断反省，努力进取。我认为这一点很重要，中华民族必须保持高度的自我反省能力，不断总结历史经验教训，例如对于"文化大革命"造成的"十年浩劫"，要深刻反思，认真总结，中国的政治改革才能不断开出崭新的局面，任务还是相当艰巨的。中国正在迅速和平崛起，中国人在和平环境中生活成为常态习惯。但是国际上霸权主义在虎视眈眈觊觎着中国，世界很不太平；国内改革进入深水区，矛盾空前增多。在这样情势下，我们决不能掉以轻心，而要居安思危，保持清醒头脑，增强忧患意识，善于省察，集思广益，把各项事业做好，使社会长期稳定发展；同时依靠强大的国防，有定力有智慧，勇敢应对来自外部的挑衅和侵犯。知识分子要有独立意识，有理性批判能力，不断向社会提出建设性的智见。汤先生对国人对知识分子的提醒是必要和及时的。

总序强调了儒学和谐思想的重要意义。汤先生把儒家和谐论归纳为三大观念：一是"天人合一"，打破西方"天人二分"的定式，建立人与自然的和谐关系；二是"人我合一"，建设和谐社会、和谐世界；三是"身心合一"，建立肉体生命与精神生命之间的和谐关系。汤先生的三大"合一"论正适用于今日人类社会人生面临的挑战和困惑。在西方文化二元对立思维长期作用下，社会达尔文主义的斗争哲学大行其道，遂造成两次世界大战之惨祸和延续至今日的局部战乱、冲突、对抗。人类已经在客观上是相互依赖的命运共同体了，而在主导国际政治的国家集团思想上还停留在冷战思维的水平上，甚至有向热战滑行的趋势，如不改变观念，人类未来命运包括战争挑动者的命运都将一起落得悲惨结局。儒家和谐论体现了文明精神，它是遏制野蛮的智慧。

它并非不讲人类的矛盾和差异，但它要使这些矛盾和差异得到有效的协调，从而获得"兼相爱则交相利"的善果，避免"兼相恶则交相损"的恶果。今后数十年中人类面临着是要贵斗哲学还是要贵和哲学的选择，它将决定人类走向光明还是陷于黑暗。这决不是危言耸听，而是严酷的现实处境。

三、总序鲜明揭示了儒学的当代普遍价值

在当今理论界一直有普遍价值之争，有人为了说明西方价值并不适用中国而否定普遍价值的存在，这种否定其实反过来也否定了中国价值中包含的普遍性。从哲学上讲这是"一般与个别"的辩证关系问题，是共相与殊相的关系问题。正确的答案应是：个别不等于一般，而一般寓于个别之中，共相寓于殊相之中。汤先生指出："有些学者或政治家对文化（哲学）中存有普遍价值持否定的态度。我认为这是大成问题的。"他提醒人们，"不承认在各个不同民族的文化中都具有普遍价值意义的因素，那么很可能走上文化的相对主义"，如此一来，不同文化之间就无法对话沟通，不利于世界的全球化，同时也把我们讲普遍价值的权利给了西方，增强了其话语霸权，这是很愚蠢的。

汤先生进而指出，我们一定要划清普遍价值与普遍主义的界限，肯定普遍价值，否定普遍主义，因为后者是西方文化霸权的体现。我们既要反对欧洲中心论，也要防止中国文化中心论，这都是普遍主义所造成的。因此，在中华民族文化复兴的过程中，我们既要强调民族文化的主体性与特殊价值，也要善于吸收世界

各种不同文化中具有普遍价值的内涵，推动文明对话，达成必要的共识。汤先生提出寻求人类普遍价值的途径：其一，在各民族文化中找到有益于人类生存发展的共同理念，如"己所不欲，勿施于人"，"不盗、不邪淫、不妄语"，等；其二，在各民族不同文化的理路中寻求普遍价值，如儒家的仁，基督教的博爱，佛教的慈悲，其共同点是爱人；其三，在各民族不同文化的特有理念中寻求普遍价值，如儒家讲"天人合一"，而西方怀特海过程哲学也有"人和自然是一生命共同体"的命题。

汤先生还探讨了在东西方都颇具争议的"现代性"问题，试图揭示它的核心价值。现代化和现代性都源于西方，一方面它大大促进了人类社会的发展，创造了巨大的财富；另一方面也带来一系列的危机包括生态危机、社会危机、道德危机，因此有后现代主义出来解构现代性，又有建构性后现代主义出来召唤第二次启蒙。我们应从儒家传统中总结出责任伦理来对治现代化中科学主义、工具理性的滥泛。于是汤先生以世界大历史的眼光，勇敢提出人类社会发展阶段的三种类型论：前现代社会、现代社会、后现代社会。他概括三者各自的特征是：前现代社会是以"专制为体，教化为用"类型的社会，现代社会是以"自由为体，民主为用"类型的社会，后现代社会是以"和谐为体，中庸为用"类型的社会。他表示，编写《中国儒学史》的目的之一，是揭示中国儒学特殊价值中的普遍价值，以贡献于世界。据我有限的见闻，学界出现"三类型社会"说尚属首次，虽然迄今未看到正式的回应，但值得学者以此展开研讨，对人类社会文明发展规律作出比以往更有深度的说明。这是一个太大的课题，它需要学者有历史的总结，有现实的考量，有未来的预测，不容易取得共识。例如：前现代社会的类型特征是否"专制为体，教化为用"所能概括的？现代社会的核心价值是"自由为体，民主为用"吗？而"和谐"与"中庸"之间是体用关系吗？这些问题我都没有想明白，学力不逮之故也。我佩服汤先生的理论胆识和人文关切，愿意在汤先生启迪下不断思考这个问题，做出使自己满意的回答。

四、总序积极倡导依据儒家经学建立中国诠释学

《中国儒学史》是教育部重大课题《儒藏》编纂与研究"中的子项目，它在书写儒学思想的时候，十分关注历代经学的注释与演变，对于"五经"（或"六艺"）之学的历史有认真的考察。汤先生指出："我国历代儒家学者都十分重视对"五经"的诠释，因而可以说，我们有着十分雄厚的诠释经典的资源。"他重点考察了《易传·系辞》对《易经》的解释，认为"《系辞》对《易经》的解释包括两个系统，即本体论系统和宇宙生成论系统"，两大系统互补"形成中国哲学的两大系。"在诠释方法上，经学史中有汉学的"我注六经"和魏晋玄学至宋学的"六经注我"的不同。汤先生的愿望是："通过《中国儒学史》的撰写，对儒家经典的诠释历史加以梳理，总结出若干有意义的理论与方法，也许对创建中国诠释学大有益处。"建立中国诠释学一直是汤先生的理论创新愿景，多次加以说明。而编写《中国儒学史》就是为创建中国诠释学提供儒家经学的经验。儒家经学

的发展，从汉代治理五经起手，不断出现各种注释，其体裁有
"传""注""疏""笺""义疏""集解"等，像滚雪球般越滚越
大，延展两千余年，著作汗牛充栋，《四库全书总目》著录的经
部书籍已达 1 772 部，20 427 卷，成为卷帙浩瀚的经学大系，它
也是中国儒典诠释史，只是它尚未形成具有现代理论形态的诠释
学体系，有待我们努力。西方诠释学是在诠释基督教《圣经》基
础上发展起来的。古典诠释学强调对文本的回归；当代伽达默尔
的哲学诠释学则强调解释的主体性，文本与诠释者之间的沟通，
这有点像中国训诂派与义理派之间的差别。中国学者要以儒家经
学、道家经学（如《老子》诠注、《庄子》诠注）再加上佛家经
学（诸多佛经传注）为依托，适当借鉴西方诠释学的理论与方法
（如创造性的诠释），创建具有当代高度的中国特色诠释学，目的
是为人们在学习中、西、马经典时有一种方法论的自觉。二十世
纪八九十年代，中国孔子基金会第一任会长匡亚明组织学者编写
《中国古代思想家评传》，并亲自撰写了《孔子评传》，创造性运
用唯物史观，客观评价孔子的思想与历史地位。他在研究方法上
提出"三义"说，认为研究古代思想家及其作品，一要尽可能准
确把握"本义"，即文本的当初含义；二要了解"他义"，即文本
之后至今历代学者的相关研究成果，加以综合、鉴别、优选；三
要推出"我义"，就是提出自己独到的创新性见解，以适应新的
时代。（匡亚明：《中国古代思想家评传丛书》序，《孔子评传》，
南京：南京大学出版社，1990 年，第 6 页。）匡老的"三义"说
可视为当代中国诠释学的一种探讨，其价值在于兼顾了文本解释
的客观性、动态性和创造性。

五、总序大力阐扬儒学与外来文化良性互动的好传统

汤先生回顾了历史上印度佛教的进入与儒学的互动，一方面促成了新儒家宋明理学（道学）的产生，另一方面也推动了佛教的中国化，出现天台、华严、禅宗等宗派。中国佛教重视心性问题，从出世走向世间，强调忠、孝道德，使佛教在中国得到发扬光大。程朱理学吸收华严"理事无碍""事事无碍"等思想而提出"理一分殊"之论，陆王心学吸收禅宗"明心见性"等思想，而提出"吾心便是宇宙""心外无物"之论。汤先生接着分析了近代西学大举进入对中国的影响：一是输入中国社会迫切需要的进化论等思想，推动了社会的变革；二是输入若干西方哲学学说，如柏拉图、康德哲学和基督教思想，催生了冯友兰新理学、牟宗三道德形上学、贺麟新心学等当代新儒家学派，促进了中国哲学的更新和发展；三是输入与中国哲学相近、能对中国社会发生巨大影响的思想，主要是马克思主义，从而使中国社会发生巨大变化。马克思主义与儒学都重视实践，其共产主义理想与儒学大同理想较为接近。汤先生在总序最后一部分，用较长文字论述了马克思主义中国化的问题，特别表彰了冯契先生，认为他是在融合中国传统哲学和西方分析哲学基础上把马克思主义哲学中国化的成功典范。汤先生推扬冯契的《智慧三说》，其书运用实践的唯物主义辩证法来解决中国哲学的"性与天道"的问题，又借用佛学"转识成智"打通天与人的关系，赞赏冯先生的"化理论为方法，化理论为德性"的命题，并引用冯先生对"转识成智"的解释："哲学的理性的直觉的根本特点，就在于具体生动地领悟到无限的、

绝对的东西，这样的领悟是理性思维和德性培养的飞跃"。汤先生
认为冯先生把张载分别的"见闻之知"和"德性之知"统一起来，
也就是把中国哲学看重的做学问和做人统一起来，其动力在于他
能以至诚之心做学问，这既是儒家理想的生活态度，也是马克思
主义者理想的生活态度。因此要以中国哲学为源为根，把它与马
克思主义结合起来，这依赖于学者创造性的劳动，既需要智慧，
也需要勇气。我看了汤先生对冯契《智慧三说》的推介，有感慨
更有感谢。冯契先生大名早已闻知，但从未谋面，我对他的理论
著作相当陌生，既然如此重要，我要认真拜读。近些年学界在讨
论马、中、西如何会通，虽有进展，尚乏深度，哲学领域尤其缺
少成功的经验。我们可以以冯契先生《智慧三说》为榜样，在探
讨会通的态度与方法的同时，致力于学术实践，做出一些创新性
成果，把这一重大的理论工程扎扎实实向前推进。

结论

总序给人的启迪是多方面的，浓缩着汤先生多年的哲学智
见，虽然在很多问题上他并没有给出系统的答案，但提出问题往
往比回答问题更重要：提出问题是理论探索创新的前提和起点，
需要眼光和厚积，而解答问题可以百家争鸣，更需要长时间实践
的检验。

以上只是我读总序的初浅体会，借以怀念汤先生与我的师生
情意，也表达我对他"老骥伏枥，志在千里；烈士暮年，壮心不
已"的由衷敬佩。

汤一介学术年表简编（2024 年版）

杨立华、江力整理编纂，李中华审定

1927 年，1 岁

2 月 16 日（农历丁卯年正月十五）生于天津，祖籍湖北黄梅，书香门第。祖父汤霖，清光绪十六年（1890 年）庚寅恩科进士，历任甘肃平蕃、渭源诸县知县及乡试同考官；父亲汤用彤是中国近现代融汇中西、接通梵华的学术大师、"哈佛三杰"之一，先后担任东南大学、南开大学、北京大学、国立西南联合大学教授，北京大学文学院院长、校务委员会主席（代理校长），新中国成立后担任北京大学副校长、中国科学院学部委员。

1931 年，5 岁

此前自天津迁南京，本年随父到北平，住南池子缎库胡同 3 号。同年入中南海东侧艺文学校幼儿园，次年转东华门孔德学校幼儿园。

1933 年，7 岁

小妹患病离世。入孔德小学。

1937 年，11 岁

6 月 10 日（农历丁丑年五月初二），弟一玄出生。

1939 年，13 岁

年初，转学灯市口育英小学就读六年级。

6 月 21 日，长兄一雄因手术麻醉事故病故，年 23 岁。

年底，随母张敬平自北平出发，经天津、上海、香港，转越南海防、河内。

1940 年，14 岁

年初，随家人由越南经滇越路到昆明，至昆明宜良县，入读县立中学初一。

1941 年，15 岁

夏，随家人由宜良搬离，转学至西南联大附中。

1943 年，17 岁

春，西南联大附中读初二，阅读斯诺《西行漫记》，与同学做伴赴延安未成被接回昆明。

夏，转重庆南开中学读高一。其父用彤先生先后写三封信，以"做学问就像登山，爬得越高，看得越远，治学当如是"语劝学。

1944 年，18 岁

秋，大妹一平肾衰竭离世。

9 月 22 日，参与创办重庆南开中学文艺性壁报《文拓》。

1945 年，19 岁

1 月，重庆南开中学未毕业回昆明自学。

1946 年，20 岁

秋，回北平就读育英中学插班读高三，入北京大学先修班。

11 月 4 日，由北平小石作 3 号搬入东厂胡同 1 号。

1947 年，21 岁

夏，入读北京大学哲学系，其间选修胡世华教授"数理逻辑""演绎哲学方法论"，汤用彤先生"英国经验主义""大陆理性主义"等课程。撰写《论内在关系与外在关系》文章。

10 月 26 日，在《平明日报》发表《月亮的颂歌》。

入北大学生自治会、腊月社。

1949 年，23 岁

5 月，参加北京大学新民主主义青年团，与胡启立、乐黛云等在校团委工作、共事。

11 月，加入中国共产党。

1950 年，24 岁

撰写读书笔记《读洛克、巴克莱书的札记》。

1951 年，25 岁

1 月，在北大提前毕业分配至北京市委党校做教员，讲授"中共党史""联共（布）党史""马克思主义哲学"课程。

1952 年，26 岁

9 月 13 日，与乐黛云结婚。

秋季，全国高校院系调整，随父任职的北京大学自沙滩搬至燕园。

1953 年，27 岁

7 月 22 日，女儿汤丹出生。

1956 年，30 岁

10 月，调入北京大学哲学系中国哲学史教研室工作，担任用彤先生学术助手，负责协助整理用彤先生著作。

1957 年，31 岁

1 月 22 日至 26 日，参加北京大学哲学系"中国哲学史座谈会"，提交了第一篇学术论文《谈谈哲学遗产的继承问题》，并执笔《北京大学中国哲学史座谈会的工作总结（草稿）》。

《谈谈哲学遗产的继承问题》发表于《中国哲学史讨论辑》。6 月，协助汤用彤先生完成《魏晋玄学论稿》，由人民出版社出版发行。

12 月 24 日，公子汤双出生。

1958 年，32 岁

2 月，乐黛云受到"反右倾运动"冲击，被划为"极右派"。5 月 18 日，协助汤用彤先生复函中华书局，提出整理《高僧传》办法并征询编辑部意见。

1959 年，33 岁

撰写《关于研究中国哲学史特点的一点意见》，发表于《光明日报》1959 年 3 月 22 日。

撰写《先秦天道观与阶级斗争》，发表于《光明日报》1959 年 5 月 10 日。

撰写《老子思想的阶级本质、老子宇宙观的唯心主义本质》，发表于《老子哲学讨论集》，中华书局 1959 年出版。

本年，写作《周易略例研究的提纲》（手稿）。

1961 年，35 岁

10 月，与汤用彤先生合作撰文《寇谦之的著作与思想——道教史杂论之一》，发表于《历史研究》第 5 期。

同年，撰写《关于庄子思想的几个问题》，刊于《庄子哲学讨论集》，中华书局 1961 年版。

1962 年，36 岁

5 月 4 日，《人民日报》头版刊发新华社消息：《北大许多知名学者关怀后一代师资的成长》的文章，提及汤用彤、汤一介父子教研近况。

撰写《关于墨子思想的核心问题》，刊于《文汇报》1962 年 7 月 20 日。

撰写《嵇康和阮籍的哲学思想》刊于《新建设》1962 年 9 月。

撰写《论裴頠的〈崇有论〉》，刊于《光明日报》1962 年 11 月 9 日。同年撰写《孔子思想在春秋末期的作用》，刊于《孔子讨论文集》，山东人民出版社出版。

1963 年，37 岁

5 月 1 日劳动节，陪同汤用彤先生应邀上天安门城楼观礼，第一次见到毛泽东、周恩来等新中国领导人。

1964 年，38 岁

5 月 1 日，父亲汤用彤先生因心脏病发作去世，临终遗言"五一节万岁"。

6 月，起草长函致哲学系郑昕主任转陆平校长，专门就汤用彤先生遗稿搜集和整理，提出了初步规划意见。

撰写《读〈道藏〉札记》，发表于《历史研究》1964 年第 3 期。

1965 年，39 岁

发表《关于研究中国哲学史发展规律的问题一文的几点意见》（汤一介、孙长江、方克立、庄印四人署名"司马文"），刊于《文汇报》1965 年 3 月 16 日。

《中国封建社会发展的社会根源是什么？》（系合写，合作者待查）发表于《光明日报》1965 年 4 月 23 日。

本年，撰文《中庸的唯心主义体系和形而上学思想》（手稿提纲）。

1966 年，40 岁

"文革"开始，学校停课。运动一开始，便因为反对聂元梓的五二五大字报被打成"黑帮"，被批斗。

1969 年，43 岁

秋，与乐黛云下放江西鲤鱼洲"五七"干校劳动。

1971 年，45 岁

夏，返回北大，主持哲学系教育改革小组。组织编写了上、下两册《中国哲学史》（俗称"黄皮书"）。

1973 年，47 岁

本年，按照学校时任领导要求，进入清华北大两校"大批判组"工作，曾任材料组组长。

1974 年，48 岁

本年，参与整理马王堆帛书《老子》。

1975 年，49 岁

当选四届全国人大代表并出席开幕式。

1976 年，50 岁

"文革"结束，因参加清华北大"大批判组"工作接受审查。

1978 年，52 岁

审查结束，重新开展学术研究。

1979 年，53 岁

参加在太原召开的中国哲学学术会议。

1980 年，54 岁

9 月，恢复讲课资格，授课"魏晋玄学与佛教、道教"。讲授课程受到师生欢迎。

1981 年，55 岁

评为北京大学哲学系副教授。

撰写《略论早期道教关于生死、神形问题的理论》，发表于《哲学研究》1981 年第 1 期。

撰写《论中国传统哲学范畴体系的诸问题》，刊于《中国社会科学》第 5 期。

1982 年，56 岁

撰写《论早期道教的发展》，发表于《世界宗教研究》1982 年第 4 期。

1983 年，57 岁

赴美到哈佛大学做访问学者。

8 月，出席加拿大第十七届世界哲学大会，发表《关于儒家思想第三期发展可能性的探讨》讲演，引起台湾地区以及海外学界关注，现场由杜维明先生翻译。

10 月，专著《郭象与魏晋玄学》由湖北人民出版社出版。

撰写《论中国传统哲学中的真善美问题》，刊于《中国社会科学》第 4 期。

1984 年，58 岁

8 月，参加在美国夏威夷召开的"亚洲哲学与比较哲学研讨会"，作"佛教传入中国的问题"主题发言。

9 月，回国后自北京大学赴深圳参与创办深圳大学，创建国学研究所任所长，成为改革开放后最早倡导国学的大陆学者。

10 月，国内首家以"中国文化走向世界，世界文化走向中国"为宗旨的民间学术团体"中国文化书院"在京成立，被推举为首任院长。

本年，为北大哲学系开设"中国早期道教史"课程。

1985 年，59 岁

3 月，主持中国文化书院第一期"中国传统文化讲习班"，邀请梁漱溟、冯友兰等多名海内外著名学者参与讲学。

年底，参与主持湖北黄州"纪念熊十力先生诞辰一百周年学术讨论会"。

同年，晋升为教授、博士生导师。

出席第四届国际"中国哲学会"会议，并筹划开启两岸学术交流。

以"魏晋南北朝时期的道教"为题开课，深受本科生和研究生欢迎。

主编《中国文化与中国哲学》集刊创刊，至 1989 年共出四期。

1986 年，60 岁

撰写《从印度佛教的传入看中国文化的发展》，刊于《光明日报》1986 年 1 月 20 日。

撰写《佛教与中国文化》，刊于《文汇报》1986 年 1 月 21 日。

撰写《论〈道德经〉建立哲学体系的方法》，刊于《哲学研究》1986 年第 1 期。

与萧萐父合写《〈熊十力论著集〉编者弁言》，刊于《武汉大学学报》1986 年第 1 期。

同年，在北京大学哲学系主持开办中西文化比较研究生班，在北大乃至全国高校率先实施硕博连读制。

1987 年，61 岁

夏，赴美出席第五届"国际中国哲学"研讨会，并任中国代表团团长。

同年，到山东曲阜孔子故里参加"文革"后第一个国际儒学学术会议。

1988 年，62 岁

4 月，专著《魏晋南北朝时期的道教》由陕西师范大学出版社出版，12 月在台湾地区出版，后更名《早期道教史》再版。

《文化多元化趋势——访汤一介、乐黛云教授》，刊于《天津日报》1988 年 9 月 21 日。

9 月，接待台湾地区资深"立法委员"胡秋原访问中国文化书院一行，这也是 20 世纪 80 年代以来汤一介先生暨书院同人在海峡两岸以及海外文化交流方面的常规重要学术活动，对推动和促进海峡两岸及海内外文化交流方面产生重要影响。

10 月，发表论文集《中国传统文化中的儒道释》，由中国和平出版社出版。

1989 年，63 岁

5 月，主编"五四"研讨会论文集《论传统与反传统》，在台湾联经出版社出版。

撰写《五四与知识分子》，发表于《明报月刊》。

12 月，撰写《论"天人合一"》，刊于北京大学哲学系编《人与自然》，北京大学出版社出版。

1990 年，64 岁

撰写《再论中国传统哲学的真善美问题》，刊于《中国社会科学》第 3 期，《新华文摘》1990 年第 7 期转载。

同年，获加拿大麦克马斯特大学（McMaster University）荣誉博士学位。

1991 年，65 岁

2 月，编选汤用彤先生著《理学·佛学·玄学》，由北京大学出版社出版。

9 月，英文论文集 *Confucianism, Buddhism, Daoism, Christianity, and Chinese Culture* 在美国出版。

1992 年，66 岁

撰写《论老庄哲学中的内在性与超越性问题》，发表于《中国哲学史》1992 年第 1 期。

同年，编选汤用彤先生著作《理学·佛学·玄学》，台北淑馨出版社出版。

本年，担任国际中国哲学会主席（1992—1994）。

1993 年，67 岁

8 月，主编纪念汤用彤先生诞辰百周年纪念论文集《国故新知》，由北京大学出版社出版。

10 月 23 至 25 日，组织"北京大学中国哲学暨文化研究所"

与"中国文化书院"在香山卧佛寺饭店举办了"中西印文化的融合及发展前景——纪念张申府、汤用彤、梁漱溟三先生百年诞辰国际学术研讨会"，来自美、荷、法、日、韩、瑞士等国家及港、台、大陆地区学者共 140 余人参加。

1994 年，68 岁

《评亨廷顿〈文明的冲突？〉》，刊于《哲学研究》1994 年第 3 期，《新华文摘》第 6 期转载。

6 月，在《中国文化》杂志发表《昌明国粹，融化新知——纪念汤用彤先生诞生 100 周年》纪念文章。

7 月，讲稿《孔子和他的弟子们》入《中华文化讲座丛书（第二辑）》，由北京大学出版社出版。

10 月，组织整理汤用彤编《汉文佛经中的印度哲学史料》，由商务印书馆出版。

10 月，撰写《"文化热"与"国学热"》，刊于《二十一世纪》1995 年十月号。

11 月 12 日，贺函《祝冯契先生八十华诞》，刊于《华东师范大学校刊》。

同年，撰写《读〈南冥集〉所得》，刊于韩国《南冥学研究论丛》1995 年第三辑。

撰写《读冯契同志〈智慧说三篇〉导论》，刊于《学术月刊》1995 年第 6 期。

同年，到台湾政治大学开会，拜访星云法师，商谈《汤用彤全集》出版事宜，并在佛光山作讲演。

1995 年，69 岁

9 月，自传《在非有非无之间》由台湾正中书局出版。

12 月，编选《汤用彤选集》，天津人民出版社出版。

12 月，编选《汤用彤集》，中国社会科学出版社出版。

主持中国文化书院期间，支持梁启超之孙梁从诫创办公益环保组织"绿色文化分院"（自然之友）设立。

同年，依托北京大学哲学系，与陈鼓应教授募资重修北大治贝子园，成为"北京大学中国哲学暨文化研究所"与"中国文化书院""两位一体"的机构所在地。

1996 年，70 岁

1 月，央视专访文字稿刊于《精神的田园："东方之子"学人访谈录》。

7 月，《汤一介学术文化随笔》，中国青年出版社出版。

8 月 11 日至 16 日，参与组织（与陈鼓应先生）道家道教文化国际学术研讨会，参会学者有柳存仁、饶宗颐、季羡林、施舟人等百余人。

同年，任荷兰莱顿大学汉学院"胡适讲座"主讲教授。

专访稿《在全球意识观照下发展中国文化——访汤一介教授》刊于《开放时代》1996 年 11、12 期合刊。

1997 年，71 岁

4 月，发起并主持首届"汤用彤学术讲座"，活动由中国文化书院，北京大学中国哲学暨文化研究所等主办，北京大学校长签发邀请函。

撰写《儒、道、佛的生死观念》，刊于《天津社会科学》1997年 5 期。

撰写《涵养须用敬，进学在致知》，刊于《今晚报》1997 年 6月 17 日。

撰写《和而不同的原则的价值资源》，刊于《北大校刊》1997年 7 月 5 日。

撰写《禅宗的觉与迷》，刊于《中国文化研究》1997 年秋之卷（第 3 期）。

同年，赴香港中文大学新亚学院"钱宾四学术讲座"担任主讲人。

1998 年，72 岁

春节期间，去海南岛度假，有咳血症状，经医检为肺结核，住院治疗数月。

5 月 2 日，发起并主持第一届蔡元培学术讲座在北京大学治贝子园举行，主办单位为"中国文化书院""北京大学中国哲学暨文化研究所"等，北京大学校长、汤一介先生签发邀请函。

同年，提出能否创建中国的"解释学"。

同年，合编《百年中国哲学经典》丛书出版。

1999 年，73 岁

4 月，《当代学者自选文库·汤一介卷》，安徽教育出版社出版。

同年，专著《郭象》（台湾东大图书股份有限公司）、《佛教与中国文化》（宗教文化出版社）出版。

《昔不至今》、《非实非虚集》、*La Morte*（《生死》，与法国艾克沙维·李比雄合著）出版。

2000 年，74 岁

7 月，《郭象与魏晋玄学（增订本）》，由北京大学出版社出版。

8 月 6 日，应邀参加湖南卫视《新青年》栏目"新青年千年论坛"，在山东曲阜孔庙杏坛进行 90 分钟现场直播讲学。

9 月，组织编辑七卷本《汤用彤全集》，由河北人民出版社出版。

10 月，出席在北大举办的《汤用彤全集》出版座谈会。

同年，在记者专访中列出最喜爱的五本书是："《论语》《庄子》《陶渊明集》《绞刑架下的报告》《生死》（与李比雄合著）"。

2001 年，75 岁

2 月，与李比雄合著《生死》，由上海文化出版社出版。

4 月，主编《汤用彤全集》七卷本荣膺"第五届国家图书奖"。

9 月，论文集《和而不同》由辽宁人民出版社出版。

《我的祖父汤霖——读〈颐园老人生日燕游图自序〉》，刊于《书摘》2001 年第 6 期。

2002 年，76 岁

9 月，组织编撰的《国学举要》丛书共八卷出版。

10 月，向北京大学提出《儒藏》编纂构想，得到北京大学校方以及张岱年、季羡林先生的支持。

11 月，主持《儒藏》编纂与研究工程项目讨论会。

2003 年，77 岁

领衔《儒藏》工程获得教育部批准立项，担任首席专家、总编纂。并代表北京大学统筹整合文科院系力量并联合有关高校三十余所，中国、日本、越南、韩国等四国 400 余位学者参与，正式启动《儒藏》编纂与研究工程。

春，首次中风住院。

同年，开始筹划建立北京大学儒学研究院。

主编《20 世纪西方哲学东渐史》14 卷，由首都师范大学出版社出版，获第 14 届中国图书奖（2004 年）。

2004 年，78 岁

春，在协和医院查出"肝硬化"，后异常指标曾回落至正常范围。

6 月，北京大学正式成立实体性质机构"北京大学《儒藏》编纂与研究中心"，任《儒藏》编纂与研究项目首席专家兼北京大学《儒藏》编纂与研究中心主任。

《在西方学术背景下的魏晋玄学研究》（与胡仲平合写）刊于《中国哲学史》2004 年第一期。

2005 年，79 岁

撰写《不同文明的共存与共融》，刊于《人民日报（海外版）》2005 年 7 月 27 日。

撰写《"和而不同"与"文明共存"》，刊于《人民日报（海外版）》2005 年 8 月 9 日。

同年，应韩国金刚大学金裕赫校长邀请赴韩讲学。

接任张岱年先生，担任中华孔子学会第二任会长（2005—2014）。

2006 年，80 岁

2 月，《我的哲学之路》由新华出版社出版。

3 月，《早期道教史》由昆仑出版社出版。

12 月，《魏晋玄学论讲义》由鹭江出版社出版。

同年，担任第 29 届奥运会文化总顾问。

被评为北京大学资深教授。

获日本关西大学荣誉博士学位。

2007 年，81 岁

1 月，八十华诞纪念文集《探寻真善美》出版。

5 月 1 日，协助北京大学校史馆开始举办"书生本色学者风范"系列之"汤用彤先生生平图片展"。

6 月下旬，赴武汉大学出席第 15 届国际中国哲学大会，并作主题报告。

9 月，散文随笔集"大家文丛"《哲学与人生》，由中国广播电视出版社出版。

2008 年，82 岁

7 月，论文集《反本开新》出版。

8 月，主编"二十世纪学术文库"《魏晋玄学研究》卷（与胡仲平合编），湖北教育出版社出版。

2009 年，83 岁

6 月 12 日，主编《汤用彤学记》并序。

7 月，主持《儒藏》"精华编"第 1 册出版。

同年，论文集《儒学十论及外五篇》北京大学出版社出版。

专著《郭象与魏晋玄学》（第三版）北京大学出版社出版。

2010 年，84 岁

5 月，倡议推动编辑出版的《中国文化书院导师文集》工程启动（历时十年，计 40 卷），以"师道师说"为主题，担任总策划、名誉主编。

6 月 29 日，北京大学儒学研究院成立，出任首任院长。

11 月上旬，到上海参加"第四届世界中国学论坛"。

11 月，主编《汤用彤学术精选集》四册出版。

2011 年，85 岁

4 月 17 日，被聘为国务院参事室（中央文史研究馆）馆员。

6 月，论文集《天》（与汪德迈合著）由北京大学出版社出版。

8 月，主编九卷本《中国儒学史》（与李中华合编），北京大学出版社出版。

9 月 16 日，与乐黛云、汤一玄等，共同出席向北京大学捐赠汤用彤、汤一介藏书仪式。

9 月 27 日，出席山东曲阜第四届世界儒学大会，并获得 2011 年度"孔子文化奖"。

9 月 28 日，设立于北京广化寺的什刹海书院成立，担任创院院长。

11 月，担任文化顾问的"复兴之歌"国家大剧院独唱音乐会公演，与乐黛云出席观摩。

2012 年，86 岁

4 月 7 日，在北大朗润园寓所会见自台湾来访的最后一代衍圣公、首任大成至圣先师奉祀官孔德成先生之孙孔垂长，并主持北京大学"儒学的复兴——两岸学者学术研讨会"。

5 月，主编《会通中印西》由东方出版中心出版。

6 月 30 日，出席《中国儒学史》（九卷本）出版座谈会。

10 月 4 日，荣获"吴玉章人文社会科学终身成就奖"（中国人民大学）。

10 月 29 日，荣获"北京大学哲学系百年庆典哲学教育终身成就奖"。

同年，开始推动筹建湖北黄梅"汤用彤先生纪念馆"。

2013 年，87 岁

2 月 24 日，在 86 周岁生日宴会上发表讲话，总结一生经验教训。

3 月初，被初步确诊由长期的肝硬化已转化为肝癌，住进北医三院。

3 月 14 日，主编《中国儒学史》获北京市第 12 届哲学社会科学优秀成果特等奖。

12 月，论文集《瞩望新轴心时代——在新世纪的哲学思考》出版。

12 月 21 日，出席"汤一介先生学术思想研讨会暨先生新作《瞩望新轴心时代》发布会"并讲话。

同年，与中国人民大学出版社签约国家社科出版基金项目

"中国近现代思想家文库"之《汤用彤卷》。

2014 年，88 岁

1 月 20 日，学术论文《略论儒家的"以人为本，道行天下"》发表于《北京大学学报》（哲学社会科学版）2014 年第 1 期。

3 月，获得香港世界杰出华人奖。

4 月，编订《汤一介集》十卷本，由中国人民大学出版社正式出版。

5 月 4 日，习近平总书记来到北大人文学苑研究室看望并促膝交谈，讨论《儒藏》编纂情况，盛赞他为弘扬中华优秀传统文化作出了大贡献。

6 月 19 日，出席《汤一介集》新书座谈会并做发言。

6 月 27 日，出席《儒藏》"精华编"百册出版发行仪式。

7 月 21 日，出席《中华佛教史》（季羡林、汤一介主编）新书发布仪式。

8 月，演讲集《儒释道与中国文化》出版，随笔集《燕南园往事》（与乐黛云、汤丹、汤双合著）出版并获得江苏省人民政府出版奖。

8 月，中央电视台央视新闻联播《践行社会主义核心价值观》典型人物汤一介专题报道。

9 月 9 日，祖籍湖北黄梅汤用彤纪念馆落成。晚 9 时，于北医三院病逝，10 日北京大学举行公祭。

9 月 15 日，追悼会在八宝山举行，党和国家领导人习近平、胡锦涛、李克强等敬献了花圈，胡启立、释永信、许智宏等各界人士上千人专程赶来送别。

次年，骨灰安葬于北京万佛陵园，遗著《我们三代人》《中国文化书院导师文集·汤一介卷》出版。

注：此表由杨立华、江力整理编纂，由李中华审定。如上材料参照乐黛云、李中华、胡仲平、杨浩、赵建永、王文利等研究资料或修改意见，以及参阅汤一介先生著作整理完成，特此致谢。